NACHBAR GROSSBRITANNIEN

Ein Handbuch für die feine Art des Umgangs mit Briten

Frankfurter Allgemeine
ZEITUNG FÜR DEUTSCHLAND

Michael Page

2. Auflage

Satzherstellung: Druckerei Rindt, Fulda
Druck: UNION-DRUCK Halle GmbH, Halle
Verarbeitung: Kunst- und Verlagsbuchbinderei GmbH, Leipzig
Printed in Germany 1993
ISBN: 3-929368-03-X

INHALTSVERZEICHNIS

Abschnitt 4

VERGÜTUNG

Abschnitt 5

Vorwort

NACHBAR GROSSBRITANNIEN – EIN LEITFADEN FÜR DEN FEINEN UMGANG MIT BRITEN

ist bereits das dritte Buch einer Serie der Frankfurter Allgemeinen Zeitung, die sich mit Deutschland und seinen Nachbarn befaßt. Eine Serie, die sicherlich die Interessen einer großen Leserschaft wecken wird.

Die logische Erweiterung dieser Serie ist Großbritannien gewidmet, einem der großen deutschen Handelspartner. Die Verbindungen zwischen Deutschland und Großbritannien haben sich in den letzten Jahren vertieft und beständig zugenommen; sie sind vielfältiger geworden, nicht nur in Anbetracht der Entwicklung des europäischen Binnenmarktes.

Nicht nur auf der privaten Ebene, sondern insbesondere im geschäftlichen Bereich verstärken sich die Kontakte. Mehr und mehr deutsche Unternehmen investieren in der englischen Wirtschaft und umgekehrt nehmen die Aktivitäten englischer Firmen auf dem deutschen Markt zu. Immer mehr deutsche Fachkräfte arbeiten in der englischen Industrie und aus England sind Spezialisten in deutschen Firmen tätig.

Ich kann aus eigener beruflicher Erfahrung bestätigen, daß sich der Markt – wenn auch nicht immer in der erwarteten Schnelligkeit – zu einem internationalen Forum entwickelt hat.

Dieses Buch ist als Leitfaden für deutsche Unternehmen und Personen geschrieben worden, die mit England in Geschäftsverbindungen stehen oder in England arbeiten. Es stellt den englischen Arbeitsmarkt aus der Sicht der Personalberater dar, beschreibt einzelne Landstriche und ihre unterschiedlichen Wirtschaftszweige und Charakteristiken. Das Buch gibt einen Überblick über den Stellenmarkt, Positionsbeschreibungen sowie Bildungs- und Berufsqualifikationen; es analysiert Methoden und Techniken in der Anwerbung von Fach- und Führungskräften auf höherer und mittlerer Ebene und liefert Informationen über die Gehalts- und Honorarstruktur des englischen Arbeitsmarktes.

Für alle Fragen außerhalb der behandelten Themen oder solcher, die in diesem Buch nicht ausreichend beantwortet werden, stehe ich Ihnen gern zur Verfügung.

Eduard Hoeberichts
Geschäftsführer von MICHAEL PAGE
DEUTSCHLAND

ABSCHNITT 1

GEOGRAPHIE

REGIONALER FÜHRER ZUM VERSTÄNDNIS GROSSBRITANNIENS UND SEINER WIRTSCHAFT

GROSSBRITANNIEN

Der Name Großbritannien wurde nachweislich erstmals im Jahre 1604 erwähnt, nachdem James VI von Schottland als James I von England die Nachfolge von Elizabeth I angetreten hatte. Jedoch erst nach dem Zusammenschluß der Parlamente von England und Schottland im Jahre 1707, unter der Herrschaft von Königin Anne, wurde die Bezeichnung offiziell angewandt.

Großbritannien besteht aus drei Ländern: England, Wales und Schottland. Auf einer geographischen Ausdehnung von 130 360 km^2, 20 767 km^2 bzw. 78 768 km^2 leben hier etwa 46 Mio., 3 Mio. bzw. 5 Mio. Menschen.

Wales und Schottland sind hügelig und gebirgig, wobei der Ben Nevis in Schottland mit 1343 m der höchste Berg Großbritanniens ist. Es gibt zahlreiche – wenn auch im allgemeinen recht kleine – Flüsse und Seen. Mit 290 km ist die Severn der längste Fluß, und der größte See ist Loch Lomond im westlichen Zentral-Schottland, der eine Fläche von rund 70,5 km einnimmt.

England ist ein kleines Land; die größte Entfernung von Norden nach Süden beträgt nur etwa 560 km Luftlinie. Es hat keine großen Gebirge oder weiten Grasebenen, nirdendwo liegt das ganze Jahr über Schnee, und es gibt keine Wüsten oder großen Wälder oder Seen; aber es ist ein Land, das dennoch viele und unterschiedliche Landschaften bietet. Nie ist es sehr warm oder sehr kalt; selten sinken die Temperaturen unter -4 ° C oder steigen über 29 ° C.

Land und Leute sind von Geschichte und Tradition durchdrungen. Die ersten tausend Jahre sind eine Geschichte von Eroberungen, die in der Eroberung durch die Normannen im Jahre 1066 gipfelt, dem letzten Einfall in das bristische Festland. Die Einverleibung der verschiedenen Nationalitäten der frühen Invasoren hat jedoch eine reiche Palette von Sitten, Bräuchen und Sprachformen ergeben, welche die Brite von heute geformt haben.

Es ist nicht möglich, Großbritannien als ein Ganzes zu betrachten; dafür sind die Abweichungen zu groß. Aber ein kurzer Überblick über die Hauptregionen und deren größere Ortschaften oder Städte sollte doch zu einem besseren Verständnis des Landes und seiner Wirtschaft führen.

LONDON UND DER SÜDOSTEN
LONDON – DIE HAUPTSTADT

Wie die meisten Hauptstädte hat auch London mit dem Rest des Landes nicht vieles gemein. Die Sprache ist dieselbe – obgleich man in der Metropole die meisten Sprachen der Welt hören kann – aber darüber hinaus unterscheidet sich die Stadt in fast jeder Hinsicht sehr vom Rest des Landes. Wirtschaftlich gesehen ist sie das Nervenzentrum des Landes, und trotz der hohen Grundstückskosten haben viele Unternehmen noch immer ihren Hauptsitz innerhalb Londons oder in den Randbezirken. Offensichtlich haben die steigenden Raumkosten den größten Teil der Schwerindustrie dazu gezwungen, Fabrikgelände in weniger teuren Gegenden zu finden, besonders in den «greenfield sites» in weniger urbanisierten Teilen Großbritanniens.

Das Wachstum der Stadt hat dazu geführt, daß ihre Grenzen sich so sehr ausgeweitet haben, daß es jetzt schwierig ist, ihre Peripherie zu bestimmen. Die kürzliche Fertigstellung der M25, eines Schnellstraßenrings um London herum, hat eine inoffizielle Definition des Großraums London ermöglicht: der Teil, welcher innerhalb des Schnellstraßenrings liegt. Dennoch muß auch dieser Bereich in zwei getrennten Teilen angesehen werden: dem Zentrum nd dem Großraum London.

Beim Zentrum von London denkt man im allgemeinen an die City und das West End, die beide ihren eigenen, sich unterscheidenden Charakter haben. Mit City bezeichnet man ein Gebiet von etwa 2,8 km^2 im Herzen von London, in welchem der Finanzsektor untergebracht ist, der die Bank of England (die Grand Old Lady in der Threadneedle Street) und andere Unternehmen bis hin zum kleinsten Gewerbe innerhalb der Finanzbranche oder unterstützender Branchen sowie den Handelssektor, umfaßt. Dieses dicht bevölkerte Gebiet nehmen Banken, Versicherungsgesellschaften, Börsenmakler, Termingeschäftsunternehmen, Steuerberater, Anwälte und viele andere Unternehmen jeder Größenordnung und Nationalität ein.

Während des ganzen Tages bebt die City vor Aktivität, aber zu Beginn des Abends ist sie buchstäblich verlassen. Ihre ganze Existenz scheint sich um kommerzielle Aktivitäten zu drehen, und obgleich es einige Wohngebiete gibt, ist die Zahl der Leute die dort wohnen, sehr gering.

In den Randbezirken der City geht die Entwicklung in dem Maße weiter, wie Art und Umfang des Geschäftslebens sich ändern. Im Osten und die Themse abwärts von der London Bridge über den Tower bis hin nach Woolwich sind die Docks, die einmal entscheidend für das Überleben der Stadt waren, stillgelegt worden. Wie zu erwarten war, hat diese verfallene aber ideal gelegene Grundstückszeile die Erschließungsunternehmer angelockt, und sie hat sich nun in einen riesigen Komplex verwandelt, der Büroräume, Wohnungen und eine Reihe Freizeitaktivitäten bietet.

Die Docklands Development Corporation wurde 1981 ins Leben gerufen; seitdem haben über 600 ha herrenloses Land wieder einen Besitzer gefunden, wurden £ 502 Mio. für neue oder verbesserte Infrastruktur ausgegeben und haben sich 1100 neue Unternehmen etabliert, die 26 000 neue Arbeitsplätze schufen und bis zum Jahre 2001 weitere 150 000 in Aussicht stellen. Zur Zeit ist der öffentliche Nahtransport noch nicht ausreichend, obwohl an der Verbesserung dieser Situation gearbeitet wird.

Die Docklands Light Railway wird ausgebaut, und im Juli 1991 wurde die £ 292 Mio. teure Erweiterungsstrecke für den Verkehr freigegeben, die den Anschluß an Londons Haupt-U-Bahn-Netz brachte. Für 1993 ist die Fertigstellung eines £ 650 Mio. teuren Straßensystems geplant, und ein vorgeschlagenes £-300-Mio.-Projekt zur Überbrückung der Themse im Osten Londons wird das Gebiet dem Verkehr aus dem Südosten erschließen und eine schnellere Verbindung zum Kanaltunnel herstellen. Die Docklands haben noch zwei weitere wichtige Verkehrswege. Einer ist der London City Airport, der bei einer Entfernung von weniger als 10 km vom Stadtmittelpunkt seines Erfolges hätte sicher sein sollen. Leider haben Umweltschutz-Einwände dazu geführt, daß er nur für Luftfahrzeuge mit Propellerantrieb zugelassen wurde, so daß das geringe Fluggastaufkommen den Betrieb aus wirtschaftlicher Sicht unrentabel machte. Dennoch wird die Flugbahn weiter ausgebaut, und für Mitte 1992 erhofft man einen Düsenflugbetrieb, der die jetzt erreichbaren Flugziele um Städte wie Stockholm, Frankfurt, Düsseldorf, Berlin und Mailand erweitert. Schließlich erlaubt ein Fluß-Bus-Service eine schnelle und angenehme Art des Reisens von den Docklands ins Stadtzentrum, ohne die Frustration über verstopfte Straßen und überfüllte U-Bahn-Wagen.

Einen Teil der Anziehungskraft dieser großartigen Stadt macht die Verschmelzung alter, traditioneller Aktivitäten mit dem modernen, hochtechnisierten Geschäftsleben aus. In gewisser Weise hat dies Wachstum und

Entwicklung im Laufe der Jahrhunderte sichtbar vor Augen geführt. Leider stirbt dieses Charakteristikum Londons langsam aus, da viele der traditionellen Gewerbe nicht mehr in der Lage sind, innerhalb des ständig schrumpfenden verfügbaren Raumes zu existieren.

Am deutlichsten wird dies vielleicht am Beispiel der alten Lebensmittelmärkte. Noch 1975 waren alle großen Lebensmittelmärkte im Zentrum der Stadt untergebracht. Aber in jenem Jahr mußte Covent Garden, der Obst- und Gemüsemarkt, als erster umziehen. Dieser Markt – der Schauplatz von George Bernard Shaws Meisterwerk «Pygmalion» sowie des womöglich noch berühmteren Musicals «My Fair Lady» – befand sich weniger als 200 m vom «Strand» entfernt, einer Hauptverkehrsstraße durch die City. Praktisch 24 Stunden am Tag war der Markt ein Ameisenhaufen an Geschäftigkeit, und in den frühen Morgenstunden waren die engen Gassen vom und zum Markt verstopft mit Last- und Lieferwagen, die sich gegenseitig schubsten, um Platz zum Auf- oder Abladen ihrer Produkte zu finden. Selbst die Gesetze wurden den Bedürfnissen der Markthändler angepaßt, denn in diesem Gebiet hatten die Pubs eine Sonderlizenz zum Verkauf von Alkohol während der ganzen Nacht.

Auch der Fischmarkt Billingsgate mußte von seinem ursprünglichen Standort in der Nähe des Towers in die West India Docks umsiedeln, in ein Gebiet, welches einstmals bevölkert und erfolgreich war und sich dem Schiffshandel widmete, jetzt aber als neu erschlossenes Gebiet eine Reihe von Aktivitäten beherbergt.

Nur der Fleischmarkt in Smithfield existiert noch.

Ein weiteres Opfer des Raummangels und der Raumkosten ist die Zeitungsbranche, traditionell beheimatet in der Fleet Street und deren näheren Umgebung, einer Fortsetzung des «Strand». Hier hatten die meisten Inlandszeitungen ihre Druckhäuser, und ähnlich wie bei den Lebensmittelmärkten waren die engen Londoner Straßen verstopft von großen LKWs; der einzige Unterschied war, daß die LKWs hier Zeitungspapier für die Pressen anlieferten, statt Obst und Gemüse für die Großhändler. Da es sich um auch hier um eine Branche handelte, deren Betrieb rund um die Uhr ging, galten auch für die Pubs in dieser Gegend ähnliche Ausnahmen wie bei den Märkten. Dies war möglicherweise ein Grund, warum die Lebenserwartung eines Journalisten um so vieles kürzer war als in den meisten anderen Berufen.

Westlich der City ändert die Stadt ihren Charakter; hier weichen die Finanzinstitute Schmuckgeschäften, Anwälten und den Gerichten. Und hier fügen sich auch die großen preiswerten Londoner Hotels für die minderbemittelten Touristen in die Reihen viktoranischer Häuser ein, die bereits seit langem in Büros unterschiedlicher Größe umgewandelt wurden.

Mit einem reichhaltigen Angebot an Kinos, Theatern, Nachtclubs, Restaurants und fast jeder anderen Art von Großstadtvergnügungen, die man sich denken kann, ist das West End das Freizeit- und Vergnügungszentrum Londons.

Bis vor relativ kurzer Zeit wurde die britische Film- und Schallplattenindustrie von der Wardour Street und von der Denmark Street im Herzen Sohos aus kontrolliert, dem Amüsierviertel Londons. Viele Nachwuchssänger wurden in den zahlreichen Kaffeehäusern entdeckt, die in diesem Teil der Stadt verstreut sind.

In der Nähe befinden sich die Haupt-Einkaufsgebiete des Londoner West End: Bond Street, Oxford Street und Regent Street bieten eine riesige Auswahl an Produkten, vom billigen Flitter bis zum absoluten Luxus.

Weiter im Westen befinden sich die wohlhabenden Viertel Knightsbridge, Kensington und Chelsea, wo teure Geschäfte um die Kundschaft der Anwohner der ebenfalls teuren Grundstücke in dieser Gegend wetteifern. Hier befindet sich auch Harrods, nicht gerade ein billiges Kaufhaus, aber doch mit einem großen Angebot hochwertiger Produkte.

Die Entwicklung Londons erfolgte entlang der Themse, aber in erster Linie auf dem Nordufer. Während die Gegend südlich des Flusses sehr stark bevölkert ist, befindet sich das wahre Herz der Stadt nördlich davon.

Trotz seiner Größe und der Grundstückskosten gibt es in London eine überraschend große Anzahl Parkanlagen und freier Plätze. Nördlich vom West End liegt Regens Park, wo der Londoner Zoo beheimatet ist. Am Ende der Oxford Street liegt Marble Arch, einstmals der Eingang zum Hyde Park, jetzt der westliche Abschluß des West End. Südlich von Piccadilly und wenige Meter vom Ritz Hotel entfernt liegt Green Park. Sie alle nehmen Gelände in erstklassiger Lage im Zentrum Londons ein, aber sie bieten eine lebenswichtige Zufluchtstätte vor dem Gehetze und dem Lärm der Stadt. Zusätzlich zu diesen drei großen und bekannten Parks gibt es in London noch zahlreiche kleinere, oftmals im Zentrum großer Plätze mit Häusern aus der Viktorianischen oder der Regentschaftsepoche (des Prince of Wales), die jetzt als Büros oder andere Geschäftsräume benutzt werden.

Wie viele andere Hauptstädte läßt sich London am besten zu Fuß kennenlernen; so kommt man in den Genuß der zahlreichen kleinen Straßen, Gassen und ehemaligen Stallungen, welche oftmals historische Gebäude von großem Interesse beherbergen. Im Unterschied zu vielen anderen Städten jedoch kann man in London relativ sicher durch die Straßen schlendern – bei einiger Vorsicht und Vernunft sogar bei Nacht.

In dem Maße, wie der Transport zu Wasser der Straße, der Schiene und der Luft wich, hat sich London nach Westen in Richtung Heathrow ausgedehnt, wo sich der wichtigste britische Flughafen befindet. Der Import-Export-Handel hat die Docks von London verlassen, um leichten Zugang zu dem geschäftigsten Flughafen der Welt zu haben. Weniger als 25 km vom Zentrum Londons entfernt, ist Heathrow in ein Schnellstrapennetz eingebunden, auf dem man schnell in alle Teile Großbritanniens gelangt. So überrascht es nicht, daß nicht nur in den in der Nähe des Flughafens gelegenen Ortschaften, sondern auch viele Kilometer im Umkreis eine sehr große Unternehmensansiedlung aufgeblüht ist.

Eine der bedeutendsten Entwicklungen hat entlang dem M4-Korridor stattgefunden, in unmittelbarer Umgebung der Schnellstraße von London über den Flughafen Heathrow nach Bristol im Südwesten. Hier hat sich die Elektronikindustrie etabliert. Als Großbritanniens Antwort auf Kaliforniens Silicon Valley ist sie in dieser Gegend gewachsen und expandiert; in ihrem Kielwasser folgten zahlreiche andere Branchen.

DER SÜDOSTEN

London ist traditionell die Stadt gewesen, wo man Arbeit finden und sein Glück machen konnte. Dies hat die Menschen unweigerlich angezogen, und so sind die Stadt und ihre Umgebung rapide gewachsen, indem immer mehr Menschen sich entschlossen, in dieser Gegend zu wohnen und immer mehr Unternehmen sich ansiedelten, um das wachsende Arbeitskräftepotential zu nutzen. In dem Maße, wie der Raum begrenzt wurde, verlagerte sich alles in konzentrischen Kreisen nach außerhalb, und so entstand die wohlhabendste Region Großbritanniens.

Der Südosten umfaßt ein Gebiet südlich und östlich bis zur Küste von Kent mit den Hafenstädten Dover und

Folkestone. Südlich und westlich entlang der Küste bis Portsmouth und Southampton und weiter bis Oxford im Westen, nördlich bis zu der neuen Stadt Milton Keynes und östlich bis zur Küste von Essex.

Dieses ganze Gebiet des Landes wird als innerhalb der zumutbaren Entfernung von Zentral-London für Pendler angesehen – immer unter der Annahme, daß der Pendler bereit ist, eine Zeit von bis zu zwei Stunden und mehr für die Fahrt zur Arbeit sowie für die Rückfahrt in Kauf zu nehmen, wozu eine überraschend große Anzahl Menschen bereit ist.

Es ist klar, daß diese Erreichbarkeit von London für die Leute einen sehr großen Anreiz darstellt, sich zu entscheiden, im Südosten zu wohnen. Es ist nicht mehr die Norm, die Entwicklung einer lebenslangen Berufslaufbahn in einer einzigen Firma anzustreben; folglich empfiehlt es sich, in einem Gebiet zu wohnen, das zahlreiche Möglichkeiten einer Berufslaufbahn ohne die Notwendigkeit eines Umzugs bietet. Der Südosten bietet solche Möglichkeiten in fast allen Industrie- und Handelsbranchen, mit Ausnahme solcher Branchen wie Kohlebergwerken, Ölquellen und vielen Branchen der Schwerindustrie aus geographischen oder wirtschaftlichen Gründen.

Viele der größeren britischen und ausländischen Unternehmen sind in der Region präsent. Etwa 15 km östlich von London, in Dagenham, hat Ford einen seiner größten Betriebe, während in Hatfield und Stevenage, 30 bzw. 50 km nördlich der Stadt British Aerospace größere Fabriken hat. In Luton, ebenfalls etwa 50 km nördlich von London, hat Vauxhall seine Haupt-Fahrzeug-Produktionsstätte. In dem Maße, wie die Flughäfen von Luton und Stansted östlich von London ausgebaut werden, nehmen die industriellen und Handelsaktivitäten in den umgebenden Gebieten zu.

Im gesamten Land in der Umgebung Londons und dort, von wo aus man London erreichen kann, haben sich Unternehmen jeder Größenordnung etabliert, wenngleich die Hersteller dazu tendierten, in den Süden zu gehen und ihre Aktivitäten auf das Gebiet um Gatwick zu konzentrieren, so Londons zweiter Flughafen liegt. Zur Unterstützung des Flughafens wurde ein ausgezeichnetes Straßennetz geschaffen, welches Zugang zu London, zur Südküste und den wichtigsten Hafenstädten am Ärmelkanal verschafft.

Weiter südlich, in den Küstenstädten Brighton, Southampton, Bournemouth und Portsmouth, kam es zu einem recht dramatischen Wachstum in der Finanzbranche; viele Versicherungsgruppen und Banken zogen in diese Städte. Über die Hälfte von Sussex, der Grafschaft unmittelbar südlich von London, ist jedoch ein Gebiet von besonderer Naturschönheit, und das Umweltbewußtsein beschränkt unweigerlich die industrielle und wirtschaftliche Entwicklung die hier stattfinden kann. Die Verkehrsverbindungen sind auch etwas mangelhaft, ganz sicher in Bezug auf den Ost-West-Transport, der oftmals Überlandsfahrten entlang enger Straßen erfordert, bevor man Anschluß an Schnellstraßen oder selbst nur Hauptstraßen findet. Selbst das Eisenbahnsystem ist dergestalt, daß es oftmals schneller geht, in nördlicher Richtung nach London hineinzufahren und von dort aus nach Osten oder Westen, als es auf einer direkteren Route zu versuchen.

Viele Gebiete im Südosten machen sich eine recht aggressive Vorgehensweise bei der Anwerbung von Kapitalanlegern zu eigen. Ein gutes Beispiel hierfür ist das North Kent Enterprise Office, das vor kurzem 30 Industriegrundstücke annoncierte, von denen viele wertvolle Steuervorteile bieten. Southampton wirbt für Leichtindustrie-Grundstücke an seiner Peripherie, die bei Eröffnung des Ärmelkanaltunnels 1993 besonders interessant für solche Unternehmen sein werden, die ihren Handel mit dem europäischen Festland ausbauen möchten.

In dem Maße, wie die Städte in der näheren Umgebung von London unter ähnlichen Problemen zu leiden beginnen wie die Hauptstadt, nämlich Platzmangel und steigende Kosten, verlagert sich die Entwicklung weiter außerhalb. Trotz seiner Lage etwa 120 km nördlich von London ist die Stadt Peterborough für Pendler bequem erreichbar und hat ein wesentliches Wirtschaftswachstum erfahren. In Cambridge, 80 km nördlich von London gelegen und Heimat einer der beiden bekanntesten Universitäten Großbritanniens, hat sich eine umfangreiche Elektronikindustrie etabliert. Südlich und westlich von Cambridge wurde die neue Stadt Milton Keynes errichtet, die einer Bevölkerung von 185 000 Wohnung und Arbeit brachte.

MILTON KEYNES – EINE NEUE STADT

Durch ihre Lage 75 km nördlich von London und 100 km südöstlich von Birmingham liegt die Stadt für Arbeitgeber und Arbeitnehmer gleichermaßen ideal. Interessant an dem Konzept dieser Stadt ist, daß sie auf dem Reißbrett entstanden ist und erst seit 1967 existiert. Das Zentrum ist modern und damit nicht jedermanns Geschmack – aber offensichtlich erfolgreich. Über die vergangenen etwa 20 Jahre hinweg hat sich die Geschäftswelt rapide entwickelt; britische und ausländische Unternehmen haben sich dort niedergelassen. Hier ist auch die Heimat eines mehr zukunftorientierten britischen Projekts der Offenen Universität, die jedermann die Möglichkeit bietet, eine Universitätsausbildung zu erlangen, die ihm anderweitig versagt würde. Die Lehrgänge sind so strukturiert, daß sie ein durch Radio- und Fernseh-Studienprogramme unterstütztes Studium zu Hause ermöglichen.

Vorwiegend aufgrund der attraktiven billigen Wohnbzw. örtlicher Arbeitsmöglichkeiten und – für den Fall, der der weitere Ausbau der Karriere angestrebt wird, ist die Erreichbarkeit sowohl Birminghams als auch Londons ist es in erster Linie eine Ansiedlung für junge Leute. Zur Zeit sind etwa 96 999 Menschen in der Stadt und im näheren Umkreis beschäftigt, hiervon etwa 70% im Dienstleistungsgewerbe und 25% in Produktionsunternehmen. Der Produktionssektor besteht aus einer Vielzahl kleiner Feinmechanik-Betriebe und größerer Unternehmen wie z.B. Coca Cola. Ein klarer Vorteil für die Unternehmen liegt in der Verfügbarkeit eines großen Angebots von Anwesen verschiedener Größenordnung auf zweckmäßig angelegten Industriegrundstücken.

Die Attraktivität des Gebietes liegt in der Anordnung von um ältere Stadtzentren verstreuten kleineren Dörfern.

Durch seine Nähe zur M1-Schnellstraße und den Anschluß an ein schnelles E-Zug-System bietet Milton Keynes Zugang zum übrigen Großbritannien und dem europäischen Festland.

DER SÜDWESTEN UND WALES

Mit einer Ausdehnung von Prestatyn im Norden von Wales, durch die (zumindest nach britischen Gesichtspunkten) gebirgige Region Snowdonia durch die Täler von Avon und Wye, die Cotswold Hills umfassend bis hinunter zur Halbinsel Devon/Cornwall ist dies eines der schönsten Gebiete des Landes.

Obwohl der Südwesten mehr wegen seiner touristischen Sehenswürdigkeiten bekannt ist, bietet er doch eine wachsende Chance sowohl für Arbeitnehmer wie auch für Arbeitgeber. Während es zahllose Dörfer und kleine Marktstädtchen gibt, gibt es auch mehrere größere

Städte oder Großstädte, die über die letzten Jahre hin angefangen haben, ihre Möglichkeiten zu erkennen, eine wesentlich bessere Lebensqualität bieten zu können, als dies in den wichtigsten bristischen Städten der Fall ist.

In dieser besonderen Region ist sicherlich Bristol die wichtigste Stadt.

BRISTOL

Der Fluß Avon gibt dieser Grafschaft von etwa 1400 km^2 mit einer Bevölkerung von etwas über einer Dreiviertel Million Einwohnern seinen Namen. An der Mündung des Flusses gelegen, ist Bristol weniger als 200 km von London und 150 km von Birmingham entfernt; daher schätzt man, daß etwa 20 Mio. Menschen innerhalb einer Pendlerzone von zwei Stunden vom Stadtzentrum entfernt leben.

So überrascht es nicht, daß Bristol angesichts seiner Lage und des großen Arbeitskräftepotentials beachtliche Investitionen angezogen hat.

Die Verkehrsverbindungen sind ausgezeichnet: Kurz vor der Stadt kreuzen sich die Schnellstraßen M4 und M5 und bieten schnellen und direkten Zugang zu London und dem Südosten, dem Südwesten, Wales, den Midlands und dem Norden.

Zwei an Hauptstrecken gelegene Bahnhöfe verbinden Bristol direkt mit den meisten der wichtigsten Städte auf den britischen Inseln, wobei die Fahrtzeit nach London nur 70 Minuten beträgt.

Der Flughafen von Bristol gehört zu den schnellstwachsenden regionalen Flughäfen des Landes und bietet derzeit planmäßige Flüge nach mehreren britischen Städten und Städten auf dem europäischen Festland einschließlich Paris (2 Stunden), Amsterdam (2 Std. 10 Min.) und Düsseldorf (2 Std.).

Die Docks von Bristol sind an das Schnellstraßensystem angeschlossen und fertigen fast alle Ladungen einschließlich Sammel- und Containerladungen ab, wobei sie über ein Angebot aller modernen Verlade- und Frachteinrichtungen verfügen.

Im Vergleich mit dem Südosten sind die Kosten relativ gering; die Mieten für Büroräume in erstklassiger City-Lage betragen etwa ein Drittel der Mieten für vergleichbare Anwesen in der Londoner Innenstadt. Wohngrundstücke, von modernen Appartements bis zu großen, einzeln stehenden Häusern, kosten etwa ein Drittel weniger als entsprechende Grundstücke in London. Büro-, Wohn- und Industrieimmobilien stehen alle zu vernünftigen Preisen zur Verfügung.

Wichtige britische und ausländische Unternehmen sind in dem Gebiet vertreten, wobei Firmen wie British Aerospace, Rolls Royce, Imperial Tobacco, Bendix Westinghouse und Cadburys Schweppers zusammen Arbeitsplätze für über 20 000 Beschäftigte bieten.

Deutlich vorherrschend ist die Produktionsbranche, die in Bristol etwa 80 000 Leute beschäftigt; hiervon etwa ein Viertel in den eher «traditionellen» Branchen wie Papier, Druck, Verpackung, Lebensmittel und Getränke, und ein weiteres Viertel in der Technik.

Das Verteidigungsministerium hat Pläne bekannt gegeben, ein Erschließungsgelände von 44 ha zu übernehmen, um seine Versorgungsabteilung umzusiedeln, wodurch weitere 5500 Arbeitsplätze in dem Gebiet geschaffen werden. Die Lloyds Bank hat ihren Hauptsitz von London nach Bristol umgesiedelt, und die National Westminster Life Assurance sowie die Clerical Medical haben sich ebenso dort niedergelassen.

Ausländische Investitionen werden gefördert, und es gibt zahlreiche Unternehmen in ausländischem Besitz, die meisten nordamerikanischer Herkunft, aber die zweitgrößte Gruppe hat deutsche Eigentümer. Zu ihnen gehören: Agfa Gevaert, Allianz Legal, Auma Actuators, B.A.S.F., Berger Traffic Markings, Klöckner Moeller und Leybold Heraeus.

Trotz des Schwergewichts auf der Herstellungsindustrie, oder vielleicht gerade deshalb, besitzt Bristol einen aufstrebenden und expandierenden Handelssektor. Angeblich ist Bristol der zweitwichtigste Finanzplatz in Großbritannien, und eine Vielzahl der bedeutenden Banken, Versicherungsgesellschaften und anderer Finanzunternehmen hat sich in der Stadt und in ihrem Umkreis etabliert.

Es ist klar, daß jedwede industrielle Tätigkeit Unterstützung braucht, und in einer Gemeinde mit einem prozentual hohen Anteil an Unternehmen im Dienste der Verteidigung ist Hochtechnologie eine unverzichtbare Voraussetzung. Die Präsenz von British Aerospace und Rolls Royce hat Firmen wie Hewlett Packerd, Dupont Electronics, Inmos und GEC Avionics angezogen, die alle ein umfassendes High-Tech-Wissen mitgebracht haben.

Diese Betriebe haben auch eine Vielzahl von Hilfsdiensten im Transport- und Kommunikationswesen sowie im Einzelhandel geschaffen.

Der Tourismus ist noch immer ein sehr wichtiger Teil der Wirtschaft dieser Region, aber wie man sehen kann, stellt er keineswegs die Haupteinkommensquelle für die Leute von Bristol und der Umgebung dar.

Die rapide Expansion innerhalb des Gebietes hat auch Vorteile für die Ausbildungseinrichtungen für alle Altersgruppen mit sich gebracht. Gemeinsam mit dem Polytechnikum von Bristol streben die Universitäten von Bristol und Bath die Schaffung einer Atmosphäre an, in der Industrie und Bildung zusammenarbeiten können. Dies macht sich besonders bemerkbar durch ihren Einsatz bei Forschungsprojekten in Zusammenarbeit mit High-Tech-Unternehmen wie Hewlett Packard.

Davon, daß auch die kulturellen Interessen nicht vernachlässigt wurden, zeugt die Anzahl der vorhandenen Theater, Konzerthallen und Museen. Die Bristol Arts School verfügt über einen beneidenswerten Ruf und unterstützt die Entwicklung der Künste in dem Gebiet. Wer könnte bezweifeln, daß eine Stadt, die darüber hinaus auch noch die World Wine Fair (internationale Weinmesse) beherbergt, in höchstem Maße zivilisiert ist!

Es kann wenig Zweifel daran bestehen, daß Bristol und seine Umgebung über vieles verfügen, was sie empfehlenswert macht: aufstrebende Industrie- und Handelsgewerbesektoren, eine etablierte Tourismusbranche, schnelle und direkte Verkehrsverbindungen, verfügbare Arbeitskräfte und eine Lebensqualität, die durch die Naturschönheiten der Umgebung noch gesteigert wird.

Westlich und südlich von Bristol liegen die beiden Grafschaften Devon und Cornwall, die über einige der dramatischsten und abwechslungsreichsten Landschaften im Süden verfügen. Dartmoor, ein weites, offenes Heidemoorland, übersät mit Büschen und Heidekraut, beherbergt Massen von Schafen und Wildponys. Das Darmoor-Pony ist ein kleines und sehr zähes Pferdchen mit zottigem Haar, das sich bei jung und alt gleichermaßen größter Beliebtheit erfreut.

Das Heideland hat eine ganz echte Schönheit, die sich je nach Jahreszeit verändert: im Winter trostlos, verlassen und ein bißchen finster, doch mit dem Wechsel der Jahreszeiten ebenfalls wechselnd zu einer anziehenden, farbenprächtigen und einladenden Landschaft. Im Frühling, Sommer und Frühherbst stellt Dartmour für Spaziergänger, Reiter und Naturliebhaber im allgemeinen eine fast unwiderstehliche Versuchung dar.

Ungeachtet seiner Schönheit ist Dartmoor auch bekannt aus einem ganz anderen und weniger angenehmen Grund: wegen seines Gefängnisses. Dieser dunkle Steinbau mit winzigen Fenstern macht einen grausigen und bedrohlichen Eindruck – wahrscheinlich um sich den Insassen anzupassen, als deren Unterkunft er erbaut wurde. Dartmoor ist ein Hochsicherheitsgefängnis und beherbergt die gefährlicheren unter den Straftätern des Landes.

Cornwall ist wiederum anders, mit einer langen, schroffen Küstenlinie mit vereinzelten Meeresarmen und -buchten, bestürmt von der vollen Macht des Atlantischen Ozeans. Die kornische Küste ist wild und aufregend, ein Bild, das noch verstärkt wird durch ihre Geschichte von Seeräuberei und Schmuggel. Während Cornwall einst auf seine Fischerei und den Zinnabbau als seine Hauptindustrien angewiesen war, lebt es jetzt hauptsächlich vom Tourismus. Die Fischerei ist noch immer ein wichtiges Element der regionalen Wirtschaft, aber nicht mehr das wichtigste.

Überall entlang der Küste gibt es malerische kleine Fischereihäfen am Fuße steiler, schmaler Pfade. Im Landesinnern kann man liebliche kleine Steinhaus-Dörfchen finden, in denen es einen Dorfladen, ein Postamt und wahrscheinlich eine Anzahl von Pubs gibt. Die Straßen sind sehr schmal, und einige der Hügel, welche sie überqueren, sind eindrucksvoll steil und machen die erreichbaren «olde-world»-Teehäuser, in welchen man einen traditionellen «Cornish cream tea» trinken kann, zu einem höchst willkommenen Rastplatz, wo man Mut und Kraft zur Fortsetzung der Reise sammeln kann.

Aus industrieller Sicht kann die Devon/Cornwall-Halbinsel nicht als Schwerpunkt gesehen werden. Außer Plymouth, der größten Stadt westlich von Bristol, gibt es nur sehr wenige Städte von nennenswerter Größe. Außerdem ist man bestrebt, die natürliche Schönheit der Gegend nicht durch ein größeres Industrialisierungsprogramm zu zerstören.

PLYMOUTH

Ursprünglich drehte sich die Wirtschaft in Plymouth um die Marinewerften in Devonport und war fast vollkommen davon abhängig; aber diese Zeit ist längst vergangen. Es ist die einzige Stadt an der Südküste, die vom «Assisted Area Status»-Programm profitierte, wodurch die Inanspruchnahme wesentlicher Hilfsgelder von der Regierung und von der Europäischen Gemeinschaft zum Eigenbedarf und für eigene Investitionen ermöglicht wurde.

Bereits über 25 internationale Unternehmen haben sich in Plymoth niedergelassen und befassen sich mit einer Vielzahl von Produktionen und Aktivitäten, von der Herstellung von Papiermaschinen bis zur Produktion von Mikrochips. Die Elektronikindustrie, vertreten durch Firmen wie GEC Plessey, British Aerospace, Wandel und Goltermann, Hellermann Electric, Vitronics, Toshiba und Murata, hat sich mit deutlicher Präsenz in der Stadt etabliert.

Der Tourismus leistet einen bedeutenden Beitrag zur Wirtschaft von Plymoth und im Südwesten, was sich sicher auch in Zukunft nicht ändern wird und schafft gegenwärtig Arbeitsplätze für etwa 6000 Menschen in der Stadt und ihrer Umgebung.

Die Küstenregion von Plymoth, die sich über 17 km Länge von der Mündung des Flusses Tamar bis zum Plym erstreckt, bietet nicht nur eine Vielzahl an Freizeit- und sportlichen Aktivitäten, sondern stellt auch ein gewaltiges Potential für die wirtschaftliche und industrielle Entwicklung dar.

In gewissem Maße erfolgte die Konzentration auf die Produktionsbranche in Plymouth auf Kosten des Büro- und Dienstleistungssektors. Es gibt jedoch neue deutliche Anzeichen dafür, daß diese Entwicklung korrigiert wird durch größere Erschließungsprojekte, die 200 000 m^2 Bürofläche schaffen. Außerdem sind mehrere neue Erschließungsprojekte in Arbeit, die zusätzliche Einkaufszentren schaffen.

Wenn auch in geringerem Umfang, bietet Plymouth doch ähnliche, wirtschaftliche Gelegenheiten wie Bristol, während es möglicherweise eine noch bessere Lebensqualität bietet. Mit Blick auf einen der besten Häfen der Welt, bietet die Stadt leichten Zugang zu Dartmoor und die erquickende Landschaft der umliegenden Gebiete. Plymouth hat sicher viele Vorteile, die es zu einem wünschenswerten Wohn- und Arbeitsplatz machen.

Der Rest der Devon/Cornwall-Halbinsel bietet sehr wenig in Bezug auf industrielle oder wirtschaftliche Aktivitäten. Die einheimische Bevölkerung findet ihren Lebensunterhalt noch immer in den traditionellen Wirtschaftszweigen wie Zinnabbau, Fischerei und Landwirtschaft; dies sind aber nicht mehr die Hauptbestandteile der Wirtschaft dieser Grafschaft.

WALES

Wales ist auf drei Seiten vom Meer umgeben: vom Irischen Meer im Norden und Nordwesten, dem St.-Georges-Kanal im Südwesten und dem Kanal von Bristol im Süden. Es ist ein Land der Hügel und Berge, obgleich sein höchster Gipfel, der Mount Snowden, sich nur bis in eine Höhe von 1086 m erhebt. Damit ist er dennoch der höchste Berg von England und Wales.

Obwohl es eine Bevölkerung von etwa 3 Mio. hat, leben etwa zwei Drittel der Einwohner im Süden. Im nördlichen Teil des Landes gibt es wenig industrielle Entwicklung, wohl aber viele Seebäder, die während der Sommermonate eine große Anzahl von Besuchern anlocken.

Das walisische Klima neigt zu Milde und Feuchtigkeit mit heftigen Regenfällen in den Höheren Regionen, besonders im Norden. Dieser Niederschlag nützt nicht nur den Walisern, sondern auch den Leuten von Liverpool und Birmingham in England, die zwecks Wasserversorgung in großem Maße auf die walisischen Wasservorräte angewiesen sind. Diese Reservoirs in Vrynwy und im Elan-Tal sind auch die Standorte großer Wasserkraftwerke.

Die Waliser sind ein keltisches Volk und verwenden große Anstrengungen auf den gesicherten Fortbestand der ursprünglichen walisischen Sprache, einer ganz anderen Sprache als das Englische. Jedoch sprechen alle mit Ausnahme von etwa 2000 Menschen Englisch als Hauptsprache, wenngleich viele auch einige Kenntnisse des Walisischen haben. Sie sind ein musikalisches Volk und feiern besondere Feste, Eisteddfodau, zur Erhaltung walisischer Musik und Literatur. Das berühmteste davon ist das Royal National Eisteddfod of Wales, das vollkommen in Walisisch abgehalten wird und bei dem es Wettstreits in Musik, Gesang, Prosa und Dichtung gibt.

Die traditionellen Hauptwirtschaftszweige in Wales waren Kohle, Zinnblech, Metallverarbeitung, Stahl, Land- und Forstwirtschaft, wobei die Kohle den größten

Einzeleinfluß auf die Entwicklung des Landes hatte. Im Nordwesten waren die Schiefersteinbrüche einmal eine Quelle für Arbeitsplätze, aber wie in der Kohleindustrie gab es auch hier während der letzten Jahre einen wesentlichen Rückgang. Ähnlich spielten auch die Woll- und Flanellbranchen einmal eine wichtige Rolle, aber heute existieren nur noch wenige Spinnereien, nachdem im 19. Jahrhundert der Abstieg begonnen hatte.

Die Waliser sind begeisterte Anhänger eines engeren Zusammenschlusses mit dem übrigen Europa und sind eine der fünf dynamischen europäischen Regionen, die ihre Ressourcen auf dem Joint-Venture-Markt zusammentun. Unternehmen aus allen fünf Regionen, zu denen auch Baden-Württemberg, Rhne-Alpes, die Lombardei und Katalonien gehören, treffen sich, um gemeinsam neue Produkte und Marketingstrategien auszuarbeiten.

Viele ausländische Firmen sehen in Wales ein Sprungbrett nach Europa, besonders die Japaner, die mit Firmen wie Sony, Hitachi und Orion – die alle bereits Fabriken dort haben – stark in diesem Land vertreten sind.

Um die Einrichtung von Arbeitsplätzen höherer Qualität in Forschung und Entwicklung zu fördern, hat sich die Welsh Development Agency mit dem Imperial College London zu einem Joint Venture zusammengeschlossen, um den Imperial Park zu schaffen, ein £-250-Mio.-Projekt in der Nähe von Newport. Mit einer Fläche von beinahe 70 ha wird dies der größte Wissenschaftspark westlich von London sein. Das Projekt dürfte bis zum Ende des Jahrhunderts mehr als 8000 Arbeitsplätze schaffen und hat bereits zwei kanadische Unternehmen angezogen: Newbridge Networks und Northern Telecom, die ihre Europa-Hauptsitze in dieser Region eingerichtet haben.

Die wichtigsten Städte in Wales, die alle an der Südküste liegen, sind Cardiff mit einer Bevölkerung von etwa 260 000, Swansea mit 170 000 und Newport mit knapp über 100 000 Einwohnern. Der Naturhafen von Milford Haven im äußersten Südwesten des Landes bietet ausgezeichnete Anlegeplätze für Tankschiffe, was zum Bau von Ölraffinerien in dem Gebiet geführt hat.

Im Nordosten haben die Kohlefelder von Clwyd das Wachstum anderer Wirtschaftszweige gefördert, insbesondere Stahl, Ziegelsteine, Chemikalien, Papier und Textilien; aber der Großteil der industriellen und wirtschaftlichen Entwicklung hat im Süden stattgefunden.

CARDIFF

Cardiff, ein Seehafen an der Mündung des Flusses Taff in den Kanal von Bristol, entstand als römisches Lager zur Bewachung der Überfahrt und beherbergt heute einen der perfektesten römischen Torwege, die es in Großbritannien noch gibt.

Die Stadt hat eine bewegte Geschichte. Sie war die Heimat von Piraten, die unter der Regierung von Queen Elizabeth I und King James I Kanonen für die spanische Armada lieferten. Erst im 19. Jahrhundert, als die Kohle eine wachsende Bedeutung in der Weltwirtschaft übernahm, begann Cardiff zu wachsen. In der Folge baute man riesige Fabriken zur Herstellung von Stahl und Zinnblech und es entstanden Mühlen, Brauereien, technische Betriebe sowie Betriebe zur Herstellung von Kleidung, Chemikalien, Ziegelsteinen und Keksen.

Die Stadt selbst hat eine Anzahl interessanter Sehenswürdigkeiten. Dazu gehört eine normannische Burg, deren Hauptteil heute vom 'College of Music and Drama' benutzt wird. Gleich nördlich der Burg, im Cathays Park, steht die schönste Gruppe öffentlicher Gebäude in ganz Großbritannien: Hier befinden sich die

Stadtverwaltung, das Gericht, das Walische Nationalmuseum und ein Teil der University of Wales.

Cardiff entwickelt sich zu einem Spitzen-Finanzplatz im Vereinigten Königreich und ist eine der beiden einzigen Städte außerhalb Londons, wo es eine Niederlassung von N.M. Rothschild gibt. Die Stadt hat über 50 000 Unternehmen der Finanzbranche, die mehr als 75 000 Leute beschäftigen. Mehrere größere britische Banken und Versicherungsgesellschaften haben dort Niederlassungen, ebenso eine Anzahl europäischer Firmen wie die Société Générale, der hypothekenvermittelnde Zweig der Banque Nationale de Paris, Axa, die französische Versicherungsgesellschaft und die deutsche Versicherungsgesellschaft DAS.

Cardiff, verschwistert mit Stuttgart, ist begeistert von der Idee eines einzigen europäischen Marktes. Man veranstaltete eine «Europa-Woche» mit über 100 Veranstaltungen von Sportwettkämpfen und Konzerten bis zu Wirtschaftsseminaren und Export-Fachseminaren und mit dem Ziel, die walisische Hauptstadt auf den einzigen europäischen Markt 1991/92 vorzubereiten.

Das neueröffnete European Business Centre hält Lehrgänge für kleinere Unternehmen ab und bietet die Möglichkeit zur Benutzung eines Übersetzungscomputers, der Briefe und Bestellungen entziffert, die in einer anderen europäischen Sprache geschrieben sind und eine sofortige Übersetzung ins Englische anfertigt.

Einer der ungewöhnlicheren Ansprüche Cardiffs auf Berühmtheit ist seine wachsende Bedeutung im Mediengeschäft. Mit 200 Unternehmen und über 6000 Beschäftigten gilt die Stadt jetzt als eines der größten britischen Medienzentren.

Während Cardiff einst der Welt größter Kohlehafen war, ist sein Hafenviertel jetzt verfallen, aber der Cardiff Bay Development Corporation wurde jetzt die Aufgabe übertragen, die Stadt wieder mit ihrem Hafenviertel zu vereinigen. Es ist geplant, mit Mitteln im Bereich von £ 2 Mrd. über 1000 ha zu erschließen, auf denen etwa 6000 Häuser gebaut werden und 800 000 m^2 Büro- und Industriegewerbefläche entstehen sollen, was innerhalb der nächsten 15 Jahre 30 000 neue Arbeitsplätze schaffen wird.

Cardiff ist eine kompakte Stadt mit angemessenen Verkehrsverbindungen in Form häufig fahrender Züge, leichten Zugangs zur Schnellstraße M4 und zu einem internationalen Flughafen. Dazu sind die Kosten für Unterkunft sehr gering; die Mieten liegen bei unter einem Viertel wie für vergleichbare Unterkünfte in der Londoner Innenstadt. Raum steht zur Verfügung, nicht nur innerhalb der Stadt selbst, sondern auch in den ländlicheren und attraktiveren Gegenden in unmittelbarer Umgebung.

DIE MIDLANDS UND EAST ANGLIA

Wie der Name vermuten läßt, sind die Midlands, die gewöhnlich als zwei Unterregionen – der Osten und der Westen – angesehen werden, die Mitte Englands. Sie erstrecken sich über eine Fläche von Stoke-on-Trent durch Nottingham bis zur Ostküste, hinunter bis zu eine Linie südlich der Wash und bis zur Mündung des Flusses Avon im Westen.

Die Midlands sind eine merkwürdige Mischung aus bester englischer Landschaft und großen industrialisierten Städteregionen. Die schönere Landschaft ist die der westlichen Midlands, die ein Gebiet von 13 000 km² einnehmen. Hierzu gehören: das Land Shakespeares, welches das übbige grüne Tal des Flusses Avon umgibt: die Cotswolds, ein Gebiet mit malerischen alten Dörfern, deren Hütten und Pubs aus dem örtlichen honigfarbenen Stein erbaut sind, mit Bruchsteinmauern eingefaßten wogenden Feldern und allerorts Städten mit einigen von Englands schönsten Kathedralen sowie Kurorten, der Wald von Dean, das Wye-Tal, einige der schönsten britischen Hügellandschaften, die dramatischen Landschaften von Englands erstem Nationalpark sowie die Töpfereien in Stoke-on-Trent, Heimat der weltbekannten Wedgwood-, Royal-Doulton- und Spode-Keramiken, und natürlich Birmingham, die zweite Großstadt.

BIRMINGHAM

Die Stadt liegt in einer als Black Country bekannten Region mit einem faszinierenden industriellen Erbe von versteckten Kanälen, alten Hinterhof-Werkstätten und einer Geschichte traditioneller Industriezweige wie der Glasbläserei, die dort noch immer in Blüte steht.

Die Gesamtbevölkerung der Midlands liegt bei knapp über 5,2 Mio., aber hiervon leben etwa 2 Mio. in Birmingham und seiner unmittelbaren Umgebung.

Die Verkehrsverbindungen in der Stadt sind ausgezeichnet. Nur 1,5 km vom Zentrum entfernt existiert ein Schnellstraßennetz, es gibt direkte Bahnverbindungen mit den meisten britischen Großstädten, und von einem großen internationalen Flughafen gibt es Direktflüge nach den meisten anderen europäischen Handelsstädten.

Große Industrie- und Wirtschaftsprojekte, die auf über £ 2 Mrd. geschätzt werden, sind entweder vor kurzem fertiggestellt worden oder befinden sich in unterschiedlichen Stadien von der Planung bis zur Fertigstellung.

Der größte Einzel-Arbeitsbereich ist die Produktion, wobei Metallwaren und Fahrzeuge an der Spitze liegen. Andere Schlüsselsektoren der Wirtschaft von Birmingham sind Vertrieb und Versorgung, Finanz- und Wirtschaftsdienste sowie Transport und Kommunikation.

Der Stadtrat von Birmingham erkannte vor mehreren Jahren die Notwendigkeit der Erweiterung der wirtschaftlichen Grundlage der Stadt, um deren Abhängigkeit von der Produktion zu verringern. Der Erfolg ihrer Bemühungen spiegelt sich wider im Wachstum der Handelsaktivitäten und in Investitionen in größere Unternehmen wie z.B. das £-180-Mio.-Bauprojekt des International Convention Centre, dem ersten am Reißbrett entstandenen Bauunternehmen für ein Innenstadt-Konferenzzentrum des Landes. Durch das ICC wurden viele weitere Bauvorhaben in unmittelbarer Umgebung angeregt, so auch das Nationale Hallenstadion (National Indoor Arena) mit 13 000 Sitzplätzen. Eine der Großbanken des Landes, die Trustee Savings Bank, verlegte ihren Sitz nach Birmingham, und der neue Bürokomplex im Stadtbereich Colmore Circus/Snow Hill beherbergt die Hauptniederlassung einer großen Versicherungsgesellschaft, der Wesleyan and General.

Auch die Motorenindustrie spielt noch eine große Rolle in dieser Region: Die Rover Group, Lucas Industries und andere Großunternehmen haben alle dort ihre Betriebsbasis.

Birmingham bietet eine Menge; die Parkanlagen und Gärten einschließlich des Botanischen Gartens in Edgbaston sowie die ummauerten architektonischen Gärten von Schloß Bromwich sind eine Attraktion der Stadt. Hier ist auch die Heimat nationaler Spitzentruppen der darstellenden Künste wie z.B. des Birmingham Royal Ballet, The D'Oyly Carte Opera und des City of Birmingham Symphony Orchestra. Mit vielen Freizeitzentren, Schwimmbädern und Golfplätzen ist bestens für Sport- und Freizeitmöglichkeiten gesorgt.

Über eine Reihe von Jahren hin hat man sich viel Mühe gegeben, Birminghams Image zu verbessern, und die Ergebnisse sind beeindruckend.

Während die westlichen Midlands auch einiges an reizvoller Landschaft zu bieten haben, können sie mit der ihrer westlichen Nachbarn nicht konkurrieren. Sherwood Forest ist zwar die Heimat des legendären Robin Hood, aber der Wald hat sich deutlich gelichtet, seit Robin mit seinen Merry Men dort umherstreifte.

Die Midlands umfassen fünf englische Grafschaften auf einem Areal von etwa 15 000 km^2 und haben eine Bevölkerung von knapp über 4 Millionen; hiervon leben knapp über eine Million in den fünf großen Städten oder Großstädten Leicester, Nottingham, Derby, Northampton und Lincoln.

Durch diese Gegend führen zwei Hauptverkehrsstraßen: die Schnellstraße M1 und die A1, die sich allmählich zu einer Straße mit Schnellstraßencharakter entwickelt. Von jeder der fünf Städte aus lassen sich London und Birmingham leicht erreichen. London am nächsten gelegen ist Northampton (187 km), und Derby ist am weitesten entfernt (267 km). Mit der einzigen Ausnahme von Lincoln liegen alle weniger als 80 km von Birmingham entfernt.

Die Verkehrsverbindungen sind im allgemeinen ausgezeichnet. Nach vielen der wichtigsten britischen Städte gibt es häufige Zugverbindungen. Der East Midlands Airport liegt 16 km von Derby, Nottingham und Leicester entfernt. Er ist Großbritanniens viertgrößtes Eingangstor für Frachtsendungen und bietet Direktflüge nach Amsterdam und anderen britischen Hauptflughäfen. Und die Häfen der Ostküste liegen nur zwei oder drei Stunden von jeder Stadt entfernt.

In den East Midlands gibt es eine Vielzahl von wirtschaftlich genutzter Gebiete, von kleinen ländlichen Industriebetrieben und Gewerbezentren zu Landschaftsparks, großen Industriegrundstücken und Geschäftsstädten.

Die guten räumlichen und anderen Entwicklungsmöglichkeiten haben mehr als 200 Unternehmen in ausländischem Besitz in die Region gezogen, so u.a. Toyota, Silkolene, Cord Chemical und Putzeimer in Derbyshire, Caterpillar Tractor, Panasonic, Black and Decker und Honeywell in Leicestershire, American Express, Karsten, John Deere und Spraysafe in Lincolnshire, Volvo, Ford und Coca Cola in Northamptonshire und Kodak, Nestlé, Juki und Kato Precision in Nottinghamshire.

Es gibt eine breite Palette von Wirtschaftsunternehmen, bei denen kleinere Firmen mit weniger als 500 Beschäftigten vorherrschen. In der Produktion arbeiten etwa 33% der erwerbstätigen Bevölkerung. Sie stellen eine Vielzahl verschiedener Produkte her, wie z.B. Flugzeugmotoren, Elektronikgeräte, Lebensmittelverarbeitung und Verpackungen. Hier ist auch Großbritanniens viertgrößte Region der Strickwaren-, Kleidungs- und

Schuhindustrie, die etwa 120 000 Menschen beschäftigt. Auch Technik, Lebensmittelverarbeitung und Pharmaprodukte sind überall in der Region gut vertreten.

Von wachsender Bedeutung sind die Forschungseinrichtungen. Viele Firmen kommen in den Genuß der Zusammenarbeit im Forschungsbereich, und in der Region gibt es drei Wissenschaftsparks. 1987 wurde der Highfields Science Park in Nottingham eröffnet, der nun über 30 Unternehmen aus verschiedenen Branchen umfaßt, u.a. Computer-Software-Design und Unternehmensberatung. Ebenfalls 1987 eröffnete die Loughborough University auf ihrem Gelände ein Technologiezentrum, wo jetzt etwa 16 Firmen im Bereich neue Technologie tätig sind. Das dritte Zentrum befindet sich in Northampton, wo sich zur Zeit 10 Firmen mit der Entwicklung neuer Technologien beschäftigen.

Die East Midlands verfügen mit drei Universitäten, zwei Politechnika und zwei Fachhochschulen über ein starkes Bildungspotential. Außerdem bietet jede Stadt und Großstadt gute Möglichkeiten der Grundschul- und Sekundarausbildung.

Eine der Hauptattraktionen der Region ist die Verfügbarkeit von Grundstücken zu relativ niedrigen Kosten – trotz der Nähe zu Städten wie London und Birmingham. In Verbindung mit der reizvollen Landschaft, ausgezeichneten Einkaufsmöglichkeiten und einem reichhaltigen Angebot an Sport- und Freizeitmöglichkeiten hat dies zur wachsenden Beliebtheit der East Midlands geführt.

EAST ANGLIA

Während East Anglia das flachste Gebiet Großbritanniens ist, rühmt es sich doch einiger reizvoller Landschaften, vom Constable Country in Suffolk, der südlichen der beiden Grafschaften, aus welchen die Region besteht, bis zu den Inlandswasserwegen, den Broads, in Norfolk.

East Anglia war eine eher verschlafene und unterentwickelte Gegend Großbritanniens auf dem Buckel des britischen Festlands und umgeben von den East Midlands, London, dem Südosten und dem Ärmelkanal. Seine Haupthäfen in Felixstowe und Harwich sowie der Tourismus waren vor vor ganz kurzer Zeit wahrscheinlich seine einzigen wirtschaftlichen Pluspunkte.

Während der 1980er Jahre jedoch fand es sich als die am schnellsten wachsende Region in Großbritannien wieder. Dieser Wandel erfolgte aufgrund eines Zusammentreffens von Ereignissen; sicher nicht das geringste davon war die Erkenntnis des Entwicklungspotentials der Region. Die Grundstückspreise waren unterbewertet, und viele Anreize für Neugründungen und Umsiedlungen zogen eine Vielzahl von Unternehmen in diese Gegend.

Während dieses Wachstum nicht aufrecht erhalten wurde, gibt es doch ermutigende Anzeichen dafür, daß die Entwicklung der 1980er Jahre sehr wohl echte und andauernde Vorteile mit sich brachte, die ein künftiges Wachstum in der Region unterstützen werden. Sowohl die Verbesserung des Straßennetzes und der Bau der Schnellstraße M25, wie auch die Elektrifizierung des Eisenbahnnetzes, haben East Anglia verkehrsmäßig geöffnet. Die Docks von Felixstowe wurden umgewandelt zum größten Containerhafen mit Einrichtungen für den Ro-Ro-Verkehr (Be- und Entladen der Schiffe durch LKW-Züge, die direkt auf das Schiff fahren) und die Abfertigung von Schüttladungen. Der Ro-Ro-Verkehr wird in solchem Maße genutzt, daß die Hersteller ihre Produkte an demselben Tag in den Geschäften in Holland haben, an dem sie verpackt werden.

Die beiden größten Städte sind Ipswich im Süden und Norwich im Norden, die beide in Wartestellung sind, um die Vorteile zu nutzen, welche die Schaffung des (europäischen) Einheitsmarktes mit sich bringen wird.

DER NORDOSTEN

Von allen Gebieten Großbritanniens bestand der Nordosten aus verstädterten Häusern und grauen, verlassenen und verfallender Industrieanlagen, deren Skyline von Rauch und Dampf ausstoßenden Industrieschornsteinen durchbrochen wurde.

Während des Großteils des vergangenen Jahrhunderts rühmte sich der Nordosten aller Qualitäten, die ihn zu einem Zentrum der Schwerindustrie machte. Unter der atemberaubenden Landschaft lag Schicht auf Schicht ergiebige Kohle; drei große in die Nordsee mündenden Flüsse verschafften der Region eine direkte Verbindung mit Nordeuropa und sicherten über Generationen Arbeitsplätze im Schiffbau.

Aber wie im Falle von Glasgow und Liverpool waren auch hier die Tage als Zentrum der traditionellen Industrie gezählt. Mit dem Anbruch des Zeitalters des Flugzeugs waren Schiffswerften veraltet, und mit Großbritanniens Anschluß an den Rest der Welt im Bereich des «whitecollar trade» (Handel vom Schreibtisch/Büro aus) begann der Niedergang der Kohlebergwerke und Stahlwerke. Jetzt ist nur noch eine handvoll Kohlegruben in Betrieb und obwohl British Steel noch immer im Nordosten ansässig ist, sind die Zulieferbetriebe, die im Schatten der Stahlwerke existierten, nahezu ausgestorben.

Jetzt ist jedoch ein neues Zeitalter im Norden Englands angebrochen. Die Depression, die Hand in Hand ging mit nie zuvor dagewesenen Arbeitslosenzahlen, wurde bekämpft, und der Investitionsfluß in die Computerchip-Industrie hat hier für neues Leben gesorgt. Der Nordosten mit den schönen Landschaften von Northumberland, Weardale, Teesdale und den North Yorkshire Dales (Tälern) ist auch ein Ort emsiger touristischer Aktivitäten geworden und ist nach London der meistbesuchte Teil Großbritanniens.

Der Nordosten kann in zwei Hauptgegenden aufgeteilt werden: Tyneside/Wearside und Teesside.

TYNESIDE/WEARSIDE

Tyneside ist der Großbereich von Newcastle, Gateshead, North und South Shields. Seine Geschichte gründet sich größtenteils in den obengenannten Wirtschaftszweigen. Mit dem Nachlassen des Bedarfs an Schwerindustrie im Verhältnis zu dem überwältigenden Bedürfnis, umweltfreundlichere Alternativen zu finden, geriet die Region in einen Strudel des Verfalls. Die Arbeitslosenzahlen schnellten in die Höhe, und damit einher ging der soziale Abstieg, der so viele andere große Industriestädte verunstaltet hatte. Im Fall von Tyneside war dieser Abstieg rascher und heftiger.

In den 1980er Jahren begann Tyneside, Vertrauen in die eigenen Ambitionen und Ideale zu gewinnen. Angesichts des sozialen und wirtschaftlichen Abstiegs taten sich die örtlichen Behörden und die örtlichen Unternehmen zusammen und begannen eine Strategie zu planen, welche dem Gebiet wieder eine solide wirtschaftliche und soziale Grundlage geben würde. Eine der sich daraus ergebenden Initiativen war die Tyneside Development Corporation, die mit Vollzeit-Beschäftigten ausgestattet wurde, die alle Fachleute in ihrem Bereich waren und deren Aufgabe es war, sowohl einheimische als auch ausländische neue Industrieunternehmen zu fördern und eine neue Ära der Selbstbestimmung zu fördern.

Newcastle ist die berühmteste Stadt in der Region und besitzt ein echtes Gefühl der Unabhängigkeit sowohl in seiner Kultur, wie auch in seiner Umwelt. Während der letzten Jahrzehnte ist die Bevölkerung der Stadt in so starkem Maße angewachsen, daß es jetzt unmöglich ist, zu sagen, wo Newcastle aufhört und seine Vorstädte anfangen. Während des größten Teils seiner Geschichte hat sich das Arbeitsleben an den Ufern der Tyne abgespielt. Die Tyne ist ein großer Fluß, der von Brücken überquert wird, die wegen ihrer Konstruktion erwähnenswert sind und im Laufe der Jahre in Liedern unsterblich gemacht wurden.

Während Generationen existierten zu beiden Seiten der Tyne Schiffswerften und obwohl die meisten davon jetzt verschwunden sind (einige existieren noch, um Großbritanniens Verteidigungsbedarf zu decken), lockt die Schaffung von Freimarktzonen jetzt die Industrie wieder an das Flußgelände zurück. Am wichtigsten oder zumindest am sichtbarsten ist das Wirtschaftszentrum auf dem alten Elswick-Gelände, das einstmals von Vickers eingenommen wurde, der Firma, die ein Fünftel der Granaten lieferte, welche die Alliierten im ersten Weltkrieg abfeuerten, und die 30 000 Männern Arbeit gab. Dann kaufte die Tyne and Wear Development Corporation das Land vom Stadtrat von Newcastle und begann mit einer Strategie zur Wiederbelebung für das 670 000 Quadratfuß große Anwesen. Jetzt sind 80% des Projekts vermietet und Analytiker sagen zuversichtlich voraus, daß sich das Gebiet nach seiner Fertigstellung mit 4000 Arbeitsplätzen und einer Investition von £ 140 Mio. brüsten kann.

Aber es ist nicht damit getan, Land zu kaufen, darauf zu bauen und einfach darauf zu warten, daß es Lebenszeichen von sich gibt. Die TWDC garantiert auch, daß sie eine echte Zukunft für das Anwesen und für die Ortsansässigen abgesichert hat. Wenn man die TWDC als einen Wirtschaftsbaum bezeichnet, dann sind dessen Äste die Northern Development Company, der Tyneside Training and Enterprise Council, die Business and Enterprise Agencies von Newcastle sowie örtliche Verwaltungsbehörden und Fachorganisationen. Zu den Unternehmen, die bereits für Tyneside tätig sind, gehören Vickers, NEI Parsons, British Airways, Cellnet und British Coal.

Das Stadtzentrum von Newcastle ist sowohl eindrucksvoll, als auch schön. Die Universität liegt im Zentrum der Stadt, was bedeutet, daß eine kosmopolitische und junge Atmosphäre herrscht. Was die Architektur betrifft, so hat Newcastle einige der schönsten Gebäude und Denkmäler, die man außerhalb Londons sehen kann. In seinen Einkaufszentren – dem Eldon Centre im Herzen von Newcastle und dem MetroCentre im nahegelegenen Gateshead (einstmals der größte Geschäftskomplex Europas) – findet man alles, was man nur irgend braucht, unter einem Dach.

Das öffentliche Verkehrssystem ist gut ausgebaut. Die Metro, das Gegenstück zur Londoner Underground, ist sauber, schnell und leistungsstark. Busse fahren regelmäßig in die Innenstadt und zurück. Es gibt einen internationalen Flughafen mit regelmäßigem Zubringerdienst nach London und den meisten der wichtigen europäischen Hauptstädte. Die A1 (M) ist eine schnelle Südverbindung von London und Zubringer für die Hauptschnellstraßen nach Schottland.

Tyneside liegt fast wie eine Insel inmitten einer reizvollen Landschaft. Die herrlichen Panoramen, die man in Northumberland findet, liegen weniger als eine Stunde vom Stadtzentrum entfernt und in südlicher Richtung liegen die wogenden Landschaften von Teesdale, Weardale und die Hochmoore von North York weniger als eine Stunde entfernt.

Im Gegensatz zu anderen Städten ist das Geschäftszentrum von Newcastle auch das Freizeit- und Vergnügungszentrum. Wenn nicht nur das Getriebe der Großstadt ein notwendiger Teil des Lebens ist, sondern auch ländlicher Frieden und Stille ein Bedürfnis sind, dann kann es nur wenige Orte geben, die diesen Bedürfnissen besser gerecht werden als Newcastle.

WEARSIDE

Sunderland, das für die als Wearside bekannte Gegend steht, ist möglicherweise weniger anziehend als Newcastle. Wo Newcastle eine Lebensart bedeutet, ist Sunderland funktional. Da es eine Hafenstadt ist, ist seine Landschaft bei weitem weniger bemerkenswert als die seiner Rivalin Tyneside. Sunderland aber ist ein äußerst erfolgreiches Industriezentrum und ist durch hohe Investitionen in der Lage, mit guten Chancen mit anderen Industriezentren in Großbritannien zu konkurrieren. Ein Maßstab für die Wertschätzung die Sunderland erfährt, wurde im Februar 1992 deutlich, als Großbritannien sich bereit sah, die Stadt zu seiner neusten Großstadt zu erklären.

Nicht durch einen Glücksfall wurde «the City of Sunderland» Wirklichkeit. Die Tyne and Wear Development Corporation, die sich so sehr für Newcastle eingesetzt hatte, vernachlässigte ihre Verpflichtungen gegenüber Wearside nicht. Sunderland, dessen Geschichte in so großem Maße durch die Seefahrt bestimmt wurde, litt unter denselben Bedingungen wie Newcastle, hatte dieselben sozialen und wirtschaftlichen Probleme und folgte einer Rettungsstrategie, die nicht weniger wirksam war als die von Newcastle.

Währen der letzten Jahre konnten wir beobachten, wie der japanische Auto-Gigant Nissan seinen gesamten britischen Betrieb nach Sunderland verlegte; dieser Schritt stellte wahrscheinlich die größte Investition im Norden Englands dar. Ohne Zweifel war dies ein großer Fang, aber auch andere Investitionen – wenngleich in geringerem Umfang – sollten nicht übersehen werden. Sunderland hat eine blühende Geschäftswelt, die erfolgreich überall im Lande und im übrigen Europa konkurriert.

TEESSIDE

In vielfältiger Weise ist Teesside komplexer als Newcastle oder auch Sunderland. Middlesbrough ist die «Hauptstadt» des Gebietes und ist in wirtschaftlicher und industrieller Hinsicht vielfältiger als jede der beiden Städte im Norden.

Teesside ist eine größere Hafenstadt; aber während ein großer Prozentsatz seiner Industrie vom Meer abhängig ist, hat die Stadt ihr Wirtschaftsprogramm auch breit aufgefächert. ICI, das weltweit führende Chemie-Unternehmen, hat seinen Sitz noch immer in Teesside; British Steel ist in der Stadt stark präsent und kleinere Trabanten-Unternehmen zeugen von einer großen Variabilität des Handels in dieser Stadt.

Während der 60er Jahre flossen 20% aller industriellen Entwicklungsinvestitionen in Großbritannien nach Teesside und sorgten so für eine Periode substantiellen Wachstums. Danach zwang der Trend zur Hi-Tech-Industrie in einem Zeitraum von zwei Jahren Tausende von Arbeitern in die Arbeitslosigkeit.

In der schlimmsten Zeit stieg die Arbeitslosigkeit auf nahezu 25%, ohne echte Hoffnung, Ambitionen oder Ideale. Middlesbrough schien auf die schlimmste Rezession aller Zeiten zuzusteuern ... isoliert, verzweifelt und hoffnungslos.

Es wurde jedoch eine bemerkenswerte Anstrengung unternommen, um eine Periode des Wiederaufbaus zu fördern. Die Teesside Development Corporation wurde ins Leben gerufen und mit ihr kamen langsam aber sicher neue Hoffnung und neue Investitionen, die allmählich aus eigener Kraft neue schufen.

Nach eigenen Schätzungen wird die TDC Ende der 1990er Jahre Investitionen im privaten Sektor in Höhe von £ 1 Mrd. verursacht, 20 000 Arbeitsplätze geschaffen und dabei die Arbeitslosenquote auf 12% gesenkt haben.

Middlesbrough selbst ist keine besonders anziehende Gegend des Norden Englands, andererseits leben nur wenige Menschen innerhalb der Grenzen des Stadtzentrums. Jenseits der Industriefassade liegen einige der schönsten Küsten-Badeorte und Landschaften, die man in der Region sehen kann.

Was die Verkehrsverbindungen betrifft, so ist Teesside wahrscheinlich gegenüber den anderen größeren Städten und Großstädten des Nordostens benachteiligt. Obwohl es wie Newcastle über einen internationalen Flughafen verfügt, sind seine Straßen und Zugverbindungen nicht von derselben Qualität. Middlesbrough ist an die A67 angeschlossen, einen zweispurigen Zubringer der A1(M). Die Routen nach Süden sind jedoch nicht gerade direkt und die nach Norden noch weniger.

Middlesbrough ist auch insofern gegenüber Newcastle benachteiligt, als es keinen wirklichen IC-Anschluß hat. Obwohl die Zugverbindungen von größeren Express-Bahnhöfen nach Middlesbrough regelmäßig, schnell und leistungsfähig sind, bedeutet dies, daß es keinen direkten Bahnanschluß nach London oder Schottland gibt.

Dieser Nachteil scheint jedoch die Wiedergeburt Teessides nicht behindert zu haben und der Standard der Verkehrsverbindungen ist ausreichend, um neue Investitionen zu ermutigen und mit großer Zuversicht in die Zukunft zu schauen.

Während Middlesbrough ohne Zweifel das Zentrum von Teesside ist, gibt es auch andere nennenswerte Gebiete. Westlich der Stadt liegt Darlington, das zwar nicht gerade ein großes Handelszentrum ist, sich aber dennoch einer eigenen Blütezeit erfreut. Der amerikanische Kommunikations-Riese Millicom, unterzeichnete einen Vertrag zur Verlegung seines britischen Hauptsitzes auf eines der zwei Industriegelände der Stadt. Darlington ist auch als Standort für ein neues Einkaufszentrum vorgesehen, daß es mit dem Metro Centre hinsichtlich der Versorgung des Südens der Region durchaus aufnehmen kann.

Nur fünf Meilen außerhalb Darlingtons liegt Aycliffe, eine der vielen neuen Städte Großbritanniens, mit vielen kleineren Unternehmen japanischer Inlandsinvestitionen. Die Elektronik-Firma Fujitsu investiert £ 400 Mio. in ein neues Technologiezentrum, das Tausende von Arbeitsplätzen für die in der Umgebung wohnende Bevölkerung schaffen wird.

DER NORDWESTEN

Der Nordwesten kann zu Recht behaupten, eine der faszinierendsten Regionen Großbritanniens zu sein. In früher Geschichtszeit wurde der Nordwesten ein Grenzgebiet im römischen Großbritannien. Er erlebte einige der erbittersten Schlachten im englischen Bürgerkrieg von 1640 und war der Ort, wo der kühne Bonnie Prince Charlie Anspruch auf eine Krone erhob, die ihm das Schicksal vorenthalten hatte. Die industrielle Revolution hatte ihre Wurzeln zum Großteil im Nordwesten wo Männer, Frauen und sogar Kinder in den zahlreichen Kohlebergwerken, Baumwollspinnereien und Fabriken arbeiteten. Hier ist der Schauplatz der Werke des großen englischen Romanschriftstellers D. H. Lawrence. Vielleicht gibt gerade sein Werk den besten Einblick in den Nordwesten um die Wende zum 20. Jahrhundert. Mit Francis Egerton, dem Third Duke of Bridgewater, und seinem Ingenieur James Brindley nahm der Handel jedoch eine neue Richtung durch die Aufnahme der Arbeiten am Manchester Ship Canal, wodurch die Binnenschiffahrt in Großbritannien eingeführt wurde.

In neuerer Zeit hat der Nordwesten durch die Erfindung des ersten wirtschaftlich verwendbaren Computers an der Universität Manchester weltweite Wichtigkeit erlangt.

In Bezug auf Produktionsleitung und Beschäftigung ist der Nordwesten mit einem lokalen Bruttosozialprodukt von über £ 40 Mrd. eine der wichtigsten Industrieregionen Großbritanniens. Über 2 Mio. Menschen sind in der Region beschäftigt. 27% der Arbeitsplätze entfallen im Nordwesten auf die Produktion, und der nationale Durchschnitt liegt bei 23%.

Nach dem Rückgang der traditionellen Industrie ist die Industrie jetzt vielfältiger. Die Produktion liegt mit 660 900 Beschäftigten an der Spitze, Hotel- und Gaststättengewerbe machen 21% der Arbeitsplätze aus und Banken, Finanz- und Wirtschaftsdienste haben 242 000 Angestellte.

Technik, Textil, Plastik, Druck, Öl und Chemikalien sind alle gut vertreten. Der Nordwesten hat auch eine bedeutende Elektronik-Industrie angelockt, deren wohl bekanntester Vertreter die GEC Plessey ist.

Auch die Transportwirtschaft macht einen wesentlichen Teil der wirtschaftlichen Sicherheit des Nordwestens aus. Die British Aerospace hat ihren Sitz in Woodford, wo 1986 das propeller-turbinen-getriebene Mittel-Kurzstrecken-Flugzeug startete. Warton in Lancashire ist das Hauptquartier der militärischen Abteilung von BA. Erwähnenswert unter den größeren Aufträgen waren die Verträge für das Kampfflugzeug Tornado.

Wie in allen anderen Gegenden Großbritanniens, schrumpft auch in dieser Region die Schiffbau-Industrie, obwohl sie den Zuschlag für den Vertrag zum Bau des dritten britischen Trident-U-Boots erhielt.

Zu den übrigen erwähneswerten Unternehmen, die im Nordwesten tätig sind, gehören Ford, Vauxhall, Shell, die pharmazeutische Abteilung von ICI, Glaxo, British Nuclear Fuels und Fox's Biscuits.

MANCHESTER

Manchester wird von seinen Einwohnern als die zweite Großstadt Großbritanniens angesehen. Es ist die Wiege der industriellen Revolution, und ein Großteil des Museumsraumes der Stadt ist diesem Teil ihres Erbes gewidmet.

Das Museum of Science and Industry beherbergt zwölf Galerien einschließlich einer, die sich auf die Geschichte des Museumswesens spezialisiert hat, dem alten Liverpool Road Station, dem ältesten Passagierbahnhof der Welt.

Manchesters Kunstszene ist so aktiv, wie man dies von einer Stadt erwarten würde, die eine Unmenge erfolgreicher Pop- und Rockgruppen, Maler und Bildhauer hervorgebracht hat. Seine Kunstgalerien beherbergen einige der eindrucksvollsten Sammlungen von Werken außerhalb Londons. Das Lowry Centre in Salford stellt einen faszinierenden Tribut an das Werk L. S. Lowrys dar.

In Sachen Vereinbarkeit von Unterhaltung und Geschäft hat Manchester ebenfalls die Antwort bereit: das GMex Centre, ein idealer Veranstaltungsort sowohl für Konzerte als auch für Geschäftskonferenzen und insbesondere für Ausstellungen.

Manchesters Stadtzentrum nimmt eine deutlich kontinentale Atmosphäre an. Die zweckmäßig erbauten Einkaufszentren sind übersät mit Straßencafés und Bistros, Spezialitätengeschäften und – um dem ganzen einen größeren Eindruck von Ruhe zu vermitteln – einer großen Anzahl Büsche und Blumen.

Natürlich gibt es im Sport – und besonders im Fußball – keinen anderen Ort in Großbritannien, wo man so viele Mannschaftsfans findet. Das wahrscheinlich berühmteste Clubstadion der Welt, Manchester United, zieht noch immer regelmäßig Massen von über 40 000 an. Fußball ist unumstritten eine Lebensart, sobald es Samstagnachmittag wird.

Inmitten dieser blühenden Stadt gibt es eine tragende Geschäfts- und Industriekommune, die viel für das Überleben der Region getan hat.

Ein Großteil des Erfolgs liegt in einem umfassenden Verkehrssystem begründet. Ein komplexes Schnellstraßennetz mit vielen Kreuzungen und breiten Fahrbahnen verschafft Zugang zu allen Orten des Landes. Die M62 verbindet Manchester im Osten mit der M1 und im Westen mit Merseyside; die M6 verschafft direkten Zugang nach Birmingham, und die Manchester Ring Road (Ringstraße) wird dem Privat- und Frachtverkehr freie Fahrt bringen.

Der internationale Flughafen von Manchester gilt als einer der schnellstwachsenden im Lande. 60% der gesamten britischen Industrie sind innerhalb einer Fahrzeit von zwei Stunden von der Stadt aus zu erreichen.

Durch die Elektrifizierung der Eisenbahn läßt sich London innerhalb drei Stunden von Manchester aus erreichen. Es sind bereits Vorbereitungen im Gange für den Bau der Ligh Rapid Transit Railway (Schmalspurschnellbahn), die Inlandsreisen schneller und rationeller machen wird.

Während die Kanäle noch immer als Transportwege einem nützlichen Zweck dienen, bieten sie auch einige der schönsten Landschaften außerhalb des Stadtzentrums, die man im Nordwesten finden kann.

Was Wirtschaft und Industrie anbetrifft, so sind 80 der 100 Spitzenunternehmen Großbritanniens im Großraum von Manchester vertreten, und 20 von ihnen haben hier ihren Hauptsitz.

Die Universität von Manchester ist eine der führenden Forschungsinstitutionen des Landes und beherbergt außerdem die größte medizinische Hochschule des Landes mit drei Lehrkrankenhäusern.

LIVERPOOL

Liverpool, ohne Zweifel der wichtigste Hafen außerhalb Londons, ist auch das Verwaltungszentrum der als Merseyside bekannten Region.

Die Stadt liegt am nördlichen Ufer des Flusses Mersey, und auf der Südseite dieser großen Wasserstraße liegt der andere Teil des Hafens von Liverpool, Birkenhead. Die Docks von Liverpool erstrecken sich über eine Länge von 11 km entlang der Mersey und sind ein blühender Konzern, der Tag und Nacht in Betrieb ist, während Schiffsladungen in alle Länder der Welt verschickt werden, oder von dorther ankommen.

Auf den ersten Blick fällt einem bei dieser Großstadt ins Auge, daß sie voller Hochhäuser ist. Zu den eindrucksvollsten gehören das berühmte Royal Liver Building und die Dock Board Offices.

Die Universität ist für ihren hohen Standard berühmt, und eine Vielzahl an Colleges und Hochschulen bieten ausgezeichnete Ausbildungsmöglichkeiten.

Der Wiederaufbau hat das Gesicht Liverpools stark verändert. Die engen, überfüllten Straßen entlang der Docks, in denen einst eine große chinesische Gemeinde untergebracht war, wurden durch neuere Gebäude ersetzt. Aber trotz dieser phasenweisen Aufwertung hat Liverpool nichts von seinem Charakter oder Charme verloren.

Fußball ist eine Religion in Merseyside! Liverpool, die erfolgreichste Club-Elf der Welt sowie Everton spielen in dieser Stadt. Es ist eine wohlbekannte Tatsache, daß ganze Familien nach ihrer Anhängerschaft zu einer der beiden Fußball-Größen aufgesplittert sind.

Seit den Tagen des Königs John im dreizehnten Jahrhundert wurde Liverpool als Ausgangsbasis nach und von Irland benutzt, aber mit der Öffnung der Welt durch die Umsegelung in den folgenden Jahrhunderten etablierte sich Liverpool als Haupthafen für den Handel mit Amerika.

Liverpool war das Zentrum des Baumwollhandels. Aus den Vereinigten Staaten erreichten den Hafen Schiffe mit Rohbaumwolle, die dann in Spinnereien und Fabriken in Lancashire verarbeitet wurde. Heute gehören zu den Einfuhrprodukten Liverpools Tabak, Getreide, Zucker, Früchte, Gummi, Tiefkühlfleisch, Vieh, Felle und Pelze.

Die Stadt ist ein großes Produktionszentrum, viele Fabriken befinden sich in ihr und um sie herum.

Gemeinsam mit Birkenhead verfügt sie über wichtige Schiffswerften, Herstellungsbetriebe, technische und chemische Werke.

Etwa 660 000 Menschen leben in der Stadt, und der Großraum hat eine Bevölkerung von über 1,2 Millionen.

Liverpool ist an ein schnelles, leistungsstarkes und direktes Verkehrsnetz angeschlossen. Die M6 und die M62 verbinden die Stadt mit dem Süden sowie mit Manchester und den Häfen im Osten. Nach Norden und Süden gibt es direkte Eisenbahnverbindungen.

YORKSHIRE

Yorkshire ist Englands größte Grafschaft mit einer Ausdehnung von Sheffield im Westen bis Scarborough an der Ostküste, von Richmond im Norden bis Harrogate im Süden. In der Grafschaft gibt es viele verschiedene Industriezweige. Yorkshire verfügt auch über einige der schönsten Landschaften, die man auf den britischen Inseln sehen kann.

Die größten Industriezentren sind Sheffield, berühmt für die Produktion rostfreien Stahls, York, das den Großteil seiner Einkünfte vom Tourismus erzielt, aber auch den britischen Hauptsitz des Süßwarenherstellers Nestlé beherbergt, Leeds, das wahrscheinlich die Industriehauptstadt der Region ist und wo eine Vielzahl von Produktions- und Handelszentren untergebracht ist sowie die Textilzentren von Ortschaften wie Wakefield, Barnsley und Halifax.

Yorkshire hat seinen ganz eigenen Charme und Charakter. Wegen seiner ungewöhnlichen Geographie – Yorkshire ist ein Kontrast aus dicht bevölkerten Gebieten und weiten, offenen, wogenden Landschaften – macht die Landwirtschaft einen großen Teil seiner Wirtschaft aus.

Die Täler («Dales») von North Yorkshire sind von Steinmauern umgeben, innerhalb derer sich Felder voller Rinder und Schafe befinden. Vielleicht der herrlichste Anblick in England sind die Yorkshire Dales in der Zeit der Geburt der Lämmer.

LEEDS

Heute arbeiten fast 360 000 Menschen in der Region Leeds. 23% sind in der Herstellungsindustrie beschäftigt und 70% im Dienstleistungsgewerbe. Diese Zahlen liegen im nationalen Trend. In Leeds ist jedoch kein einzelner Wirtschaftssektor vorherrschend. Yorkshire Television, die Yorkshire Bank, die Leeds Permanent Building Society und die Supermarkt-Kette Asda haben alle ihren Hauptsitz in der Stadt. Die Barclays Bank, NatWest, Lloyds und Midland haben, alle Regionalniederlassungen in Leeds und Alle wichtigen Regierungsabteilungen sind hier vertreten.

Die Arbeitslosenquote in Leeds liegt wesentlich unter dem nationalen Durchschnitt. Im Verhältnis zu den wichtigsten Städten und Großstädten Großbritanniens hat nur Edinburgh eine niedrigere Arbeitslosenquote.

Eine der Stärken der Stadt liegt in ihren Verkehrsverbindungen – Straßen, Eisenbahn, Flug- und Wasserverkehr sowie auch die Telekommunikations- und Postdienste.

Hinsichtlich der Straßenverbindungen liegt Leeds ideal zwischen der M62 nach Manchester und Liverpool und der M1 nach Schottland und London. Leeds ist auch an ein ICE-Netz hoher Qualität angeschlossen und ist ein ausgewähltes Ziel der europäischen Hochgeschwindigkeits-Bahnverbindungen.

Es gibt zwei Flughäfen, die man zu Leeds rechnen kann. Der erste ist Leeds/Bradford, der hauptsächlich für Inlandsflüge benutzt wird. Der zweite ist Manchester, von wo aus die Frachtbedürfnisse der Stadt erfüllt werden. Frachtsendungen kommen jedoch auch in Leeds/Bradford an und werden von dort aus befördert, Internationale Fluglinien fliegen nach allen wichtigen Hauptstädten Europas.

Die Häfen am Fluß Humber sind 70 Meilen von Leeds entfernt. Sie übernehmen 10% des britischen Seehandels. Zu ihren Passagierschiff-Zielen gehören Skandinavien und Nordeuropa.

SHEFFIELD

Während des letzten Jahrzehnts hat Sheffield eine wesentliche Verlagerung in seinem Hauptindustriesektor erfahren. Zu Beginn der 1980er Jahre war die Stadt stark auf ihre traditionellen Industriezweige Stahl, Kohle und Technik angewiesen. Diese Industriezweige sind inzwischen geschrumpft. Obwohl die Nachfrage nach Schwerindustrie keinesfalls so stark ist wie zuvor, sind diese Industriezweige modernisisert worden und bilden noch immer einen wesentlichen Bestandteil der Wirtschaft Sheffields.

Mit dem Wandel der industriellen und wirtschaftlichen Prioritäten hat sich auch ein Wandel in der Art der Arbeitnehmerschaft vollzogen. Während in Sheffield zuvor eine größtenteils ungelernte Arbeiterschaft von Handwerkern vorherrschte, verfügt es nun über gut ausgebildete Hi-Tech-Arbeitnehmer.

Mit einer Bevölkerung von knapp über einer halben Million Einwohner ist Sheffield Englands viertgrößte Stadt. Es ist das größte Kultur- und Wirtschaftszentrum von South Yorkshire. Wenn es auch keinen eigenen Flughafen hat (aber Leeds/Bradford, Manchester und East Midlands liegen nahe bei), sind seine Verkehrsverbindungen doch sehr gut. Die Stadt hat direkten Anschluß an die Schnellstraße M1, die Bahnverbindungen sind schnell, direkt und leistungsfähig.

Das soziale Gefüge in Sheffield ist durchschnittlich. Die Arbeiter sind auf den Norden und den Osten konzentriert, in den Vorstädten im Süden und im Westen leben vorwiegend Facharbeiter. Durch die Universität und das Polytechnikum gibt es auch eine große studentische Bevölkerung in der Stadt.

Während der letzten Jahre hat es eine Anzahl von Entwicklungsprojekten gegeben. Meadowhall hat das Metro Centre in Newcastle als das größte Einkaufs- und Freizeitzentrum in Europa abgelöst. Vor kurzem war Sheffield Gastgeber der internationalen Studenten-Olympiade (World Student Games). Die Wiederbelebung heruntergekommener Gegenden ist in Gang und Wirtschaftsexperten sind eifrig darum bemüht, größere Wirtschaftsinvestitionen in die Stadt zu locken. Zum bisherigen Erfolg zählen die Umsiedlungen der Midland Bank und der Norwich Union Insurance Group.

Durch seine Lage im Süden der Region hat Sheffield Zugang zum Südosten, was seine regionalen Rivalen nicht haben. Aufgrund seiner geographischen Lage in Großbritannien wurden ernsthafte strategische Überlegungen vorgenommen, um Sheffields Erfolg in einem äußerst umkämpften europäischen Gesamtmarkt abzusichern.

In kultureller Hinsicht hat Sheffield viel zu bieten. Sein Stadtzentrum ist zugleich reizvoll und funktional. Der hohe studentische Bevölkerungsanteil verleiht dem Stadtleben eine kosmopolitische und vibrierende Atmosphäre.

Mit einer Vielzahl von Clubs, Galerien, Museen und Konzertveranstaltungen ist bestens für Kunst und Freizeit gesorgt.

Das offene Land im Nordwesten läßt das beschauliche Leben in greifbare Nähe rücken. Es wird viel getan, um für Sheffield nicht nur als Wirtschaftszentrum zu werben, sondern auch als Tourismuszentrum.

SCHOTTLAND

Schottland, die nördlichste der britischen Inseln, besteht aus seinem Festland und etwa 780 Inseln. Es gibt dort vier unterschiedliche Landbereiche: die Highlands, die Northeast Lowlands, die Central Islands und die Southern Uplands. Die Highlands im Norden und Westen sind der wildeste, einsamste und in vielerlei Hinsicht der schönste Teil Schottlands.

Schottland ist ein tief in großer Tradition, Geschichte und Legende verwurzeltes Land. Es rühmt sich, den höchsten Berg Großbritanniens zu haben, den 1343 m hohen Ben Nevis und natürlich das Monster von Loch Ness.

In Schottland leben mehr als fünfeinhalb Millionen Menschen, aber aufgrund der unregelmäßigen Geographie des Landes wohnen zwar in den Stadtgebieten über 800 Menschen auf einem Quadratkilometer, in anderen Teilen des Landes jedoch kommen auf einen Quadratkilometer lediglich drei Einwohner.

Schottlands Schönheit lockt jedes Jahr Millionen Urlauber an, aber der Tourismus ist nur ein Teilbereich seiner Wirtschaft. Drei große Städte erbringen den Hauptteil seiner industriellen und wirtschaftlichen Leistung: Glasgow, Edinburgh (die Hauptstadt) und Aberdeen.

GLASGOW

Als Glasgow zur europäischen Kulturstadt 1990 ernannt wurde, schüttelte es ein für allemal das Image der Stadt als eine Metropole grauer, unwirtlicher Gebäude in engen, heruntergekommenen Gegenden ab. Seine Wiedergeburt war in solchem Maße das Ergebnis sorgfältigen, ja peinlich genauen Planens, Forschens und Marketings, daß es jetzt erfolgreich mit anderen Handels- und Industriezentren Englands wetteifern kann.

Wie viele andere Städte – z.B. Newcastle und Dundee – war auch Glasgow in den siebziger Jahren gezwungen, sich an den Niedergang der Schiffbauindustrie anzupassen. Jahre hindurch hatte die Stärke der Stadt in ihrem Ruf als einer der wichtigsten Häfen der britischen Inseln bestanden. Der Fluß Clyde hatte Glasgows Wirtschaft so lebenswichtige Bedeutung gehabt, daß eine Reihe Projekte zur Erweiterung und Vertiefung in Angriff genommen worden waren, um großen Handelsschiffen und Tankschiffen das Benutzen der Docks in den Häfen der Stadt zu ermöglichen.

Anfang bis Mitte der siebziger Jahre waren die Schifffahrtslinien nicht mehr erste Wahl für die Beförderung von Frachten. Der Luftweg war schneller, praktischer und daher aus realistischer Sicht kostensparender. Als nun die Clyde nicht mehr Glasgows wirtschaftliche Lebensader war, mußten die Bürger der Stadt eine Änderung herbeiführen, um anderen Wirtschaftszweigen den Vorrang zu geben. Glasgow kam dabei die Tatsache zu Hilfe, daß es Schottlands größte Stadt ist. Seine Größe und Bevölkerungszahl ließen es automatisch für Inlandsinvestitionen in Betracht kommen; der Arbeitsmarkt war in einer Depression, Arbeitnehmer waren leicht zu finden – Arbeit hingegen, manchmal über Jahre hinweg, nicht.

Die industrielle Umwandlung erfolgte langsam. Während beinahe eines Jahrzehnts litt Glasgow an einer isolierten Rezession. Die der Stadt durch das Absterben der Schiffbauindustrie aufgezwungene Wirtschaftsdepression erzeugte Apathie unter den Bürgern Glasgows.

Angesichts der Aussicht auf sichsteigernden wirtschaftlichen und sozialen Verfall unternahm der Stadtrat positive Schritte, um den Zufluß einer frischen, neuen Industrie zu ermutigen. Erschließungsgebiete wurden ausgewiesen, vorbereitet und gefördert; Sozialleistungen in Form von Zuschüssen und von den Behörden angeregte Neuentwicklungspläne wurden immer mehr Menschen zugänglich. Bald begann Glasgow, Zeichen der Erholung in allen Lebensbereichen zu zeigen.

Jetzt, da die Stadt einen Beitrag zum europäischen Gesamtmarkt leistet, ist sie in einer besseren Position als je zuvor, um auf höchster Ebene zu handeln und wetteifern.

Produktion und Technik haben die größtenteils überflüssigen Schiffswerften abgelöst, und in der Produktion sind jetzt 16% der Arbeitnehmer in Glasgow beschäftigt, während nur unter acht Prozent in der Technik arbeiten.

Obwohl der Schiffbau nicht mehr Glasgows Schlüsselindustrie ist, hat er doch immer noch seinen Platz. Zwei Werften kümmern sich jetzt um die kaufmännischen und schiffsmäßigen Aspekte des Lebens auf See.

Aber wenn Glasgow auch wirtschaftlich gelitten hat, so hat es doch immer seinen Status als Großbritanniens renommiertestes Bildungszentrum beibehalten. Bei einer Bevölkerung von nur 696 000 rühmt es sich zweier Universitäten und eines Polytechnikums – alle äußerst erfolgreich. Jährlich verlassen etwa 15 000 Schulabgänger seine 297 Sekundar- und Grundschulen; die Mehrheit erzielt einen durchschnittlichen oder besseren Abschluß.

Im Vergleich zu vielen Gegenden Großbritanniens erfreut sich Glasgow relativ geringer Lebenshaltungskosten; die Preise für Wohnraum und Lebensmittel liegen unter dem nationalen Durchschnitt.

Ihre ausgezeichneten Verkehrsverbindungen machen die Stadt zu einer der ersten Wahlen für die Umsiedlung aus den landlosen Gegenden des Südosten Englands. Durch seine zwei Bahnhöfe, die direkte Verbindungen mit allen größeren Städten des britischen Festlands herstellen, einen Flughafen mit häufigen Inlands-, Kontinental- uind internationalen Flügen sowie durch ein Schnellstraßennetz mit direkter Verbindung zu den meisten Gebieten liegt Glasgow wenige Stunden von den meisten Ländern und Städten entfernt.

Künste und Freizeit haben mehr und mehr Bedeutung gewonnen. Die Stadt rühmt sich mehrerer großer Konzert- und Konferenzzentren, Museen, Galerien und Kinos; sie ist die Heimat der wirklich großartigen schottischen Fußballmannschaften «Rangers» und «Celtic». Es gibt große Gegenden freier Flächen einschließlich des Glasgow Green, den man für den ältesten öffentlichen Park des Landes hält und weniger als 25 km vom Stadtzentrum entfernt liegt Loch Lomond, einer der bekanntesten Seen der britischen Inseln.

EDINBURGH

Mit einer Bevölkerung von nur 429 000 ist Edinburgh, die Hauptstadt von Schottland, eine relativ kleine Stadt, aber wahrscheinlich eine der schönsten auf den britischen Inseln. Die Gebäude sind aus architektonischer Sicht ansprechend, die Straßen sind sauber und gut angelegt, und die Aussichten sind sensationell. Die Stadt hat Privatgärten und öffentliche Parkanlagen im Überfluß; viele der Gebäude gehören zu den besseren Beispielen der Georgischen und Viktorianischen Architektur; die Skyline wird vom Schloß und den zahlreichen Türmen der Kathedrale beherrscht; und das ganze wird eingerahmt von der Silhouette der Pentland Hills.

Edinburgh ist aber bei weitem mehr als nur eine schöne Stadt. Es hat eine blühende Geschäftswelt, die den Verfall im Produktionsbereich erfolgreich überstanden hat durch den Wiederaufbau ihrer Wirtschaft auf der Technologie und der Dienstleistungsindustrie, während sie viele ihrer tradtitionellen Wahrzeichen im Bereich Brauerei, Druck und Pharmazeutik beibehalten hat.

Von den 230 000 Beschäftigten sind etwa 76% im Dienstleistungsgewerbe, 16% in der Produktion und 6% im Baugewerbe. Die Stadt beherbergte Dawson International, den größten Verarbeiter von Kaschmirwolle in der Welt und Hersteller von Qualitäts-Strickwaren mit so international anerkannten Marken wie Pringles of Scotland und Ballantyne Cashmere. Die GEC Ferranti konstruiert Flugelektronik, Lasergyroskope und Radar für den europäischen Kampfdüsenjäger. Zu den Leistungen auf dem Gebiet der Elektronik der Firma Racal gehören Design und Produktion von Mikrowellenkomponenten, Sicherheit und neueste Kommunikationsmittel. (Die Brauerei) Scottish and Newcastle Breweries ist der größte Hersteller in Schottland und führend in der Kontrolle der Fermentierung über Computer. Pillans and Wilson haben Europas modernste Farbdruckanlage. United Distillers ist das gewinnträchtigste Spirituosen-Unternehmen und führender Exporteur Großbritanniens im Lebensmittel- und Getränkesektor. Die Royal Bank of Scotland ist Mitglied eines Verbandes von neun europäischen Banken und außerdem die rentabelste Bank in Großbritannien.

Edinburgh fördert das Wachstum der europäischen Wirtschaft und zieht viele europäische Unternehmen an sowie auch eine Reihe multinationaler Organisationen wie die Digital Equipment Corporation, Hewlett-Packard und Johnson & Johnson, die Edinburgh als ein Sprungbrett für Europa ansehen. Edinburgh verwaltet auch das zweitgrößte Aktienportportefeuille in der Europäischen Gemeinschaft.

Die Lebensqualität ist hoch in Edinburgh. Es ist eine kompakte Stadt mit einem Innenstadtbereich auf einer Fläche von etwa 2,5 km^2. Dies bedeutet, daß mehr Leute zu Fuß zur Arbeit oder nach dem Ausgehen nach Hause gehen, als dies in den meisten anderen Städten normal wäre. Bemerkenswert ist, daß ein hoher Prozentsatz der Bevölkerung im Stadtzentrum wohnt, wo die mittelalterliche Altstadt vor kurzem in Wohnungen umgebaut wurde. Die Neustadt aus dem 18. Jahrhundert ist schon immer vornehmlich eine Wohngegend gewesen. Wohnvorstädte aus Viktorianischer Zeit umschließen das Zentrum.

Für die Bildungsbedürfnisse wird insofern gut gesorgt, daß Edinburgh, obwohl es nur weniger als ein Fünftel der schottischen Bevölkerung beherbergt, das größte Weiterbildungs-College, zwei von Schottlands acht Universitäten und eine seiner beiden Polytechnika hat und außerdem der Hauptsitz von Schottlands Offener Universität ist.

Die Verkehrsverbindungen der Stadt sind ausgezeichnet; die Schnellstraßen M8, M9 und M90 kreuzen einander gerade westlich der Stadt. Eine neue Umgehungsstraße führt den Verkehr um die Stadt herum zur A1, der Hauptstrecke nach London und in Richtung Süden. Der internationale Flughafen nur 10 km westlich der Innenstadt hat Direktflüge in die wichtigsten Städte Großbritanniens und Europas. Die Flugzeit beträgt nach Paris und Düsseldorf 1 Stunde 35 Minuten, nach Köln 3 Stunden 5 Minuten und nach Brüssel 2 Stunden 20 Minuten. Durch den Anschluß an das schnelle IC-Eisenbahnnetz liegt London nur 4 Stunden vom Süden entfernt und Aberdeen 2 Stunden 25 Minuten vom Norden.

Auch Künste und Kultur sind nicht vergessen. Edinburgh erhebt den Anspruch, die Kulturhauptstadt der Welt zu sein. Das jährliche Kunstfestival genießt sicher internationale Anerkennung. Die Stadt ist jedoch jedes Jahr Gastgeber für neun internationale Festivals einschließlich Jazz, Folk und Film. Als Hauptstadt Schottlands beherbergt die Stadt das Nationalmuseum, und sein eigenes Kunstzentrum ist Schauplatz internationaler Ausstellungen.

Edinburgh ist in der Tat eine glückliche Stadt mit niedriger Arbeitslosigkeit, einem gesunden wirtschaftlichen Umfeld und eine Lage, die leichten und schnellen Zugang zu in dramtischer Weise andersartigen Landschaften sowohl am Meer als auch im Inland verschafft.

Die Schnellstraße M 90 führt von Edinburgh in nördlicher Richtung über den Fluß Forth und zu dem Fluß Tay, wo die zweispurige A 85 in westlicher Richtung nach Dundee fährt – eine Reise von knapp 100 km.

Nördlich und östlich von Dundee ist das gesamte Schottland sehr dünn besiedelt, mit Ausnahme von Aberdeen, das auch an der Ostküste liegt und mit dem Auto etwa 200 km von Edinburgh und 100 km von Dundee entfernt ist.

ABERDEEN

Aberdeen ist die Öl-Hauptstadt Großbritanniens und hat als solche in großem Maße profitiert. Seine Bevölkerung ist von 60 000 Mitte der 1970er Jahre auf knapp über 210 000 angestiegen. Die Arbeitslosigkeit liegt deutlich unterhalb des nationalen Durchschnitts, sein Bruttosozialprodukt liegt über 30% höher als der britische Durchschnitt.

Die Wichtigkeit des Öls hat auch rapide Verbesserungen der Verkehrsverbindungen für die Stadt mit sich gebracht. Der Flughafen gilt als der mit dem drittgrößten Flugaufkommen in Großbritannien und der Hubschrauberflugplatz als der geschäftigste der Welt. Regelmäßige Flüge gehen von und nach London, anderen größeren britischen Städten, Skandinavien und dem Rest Europas.

Über £ 27 Mio. wurden investiert für Abfertigungseinrichtungen für Aberdeens Hafen. Es gibt Passagier- und Frachtlinien nach Skandinavien, Europa und den Orkney- und Shetland-Inseln; besondere Einrichtungen existieren für den Fischfang, für den Frachttransport und für das Öl. Es exisitert auch eine Schienenverbindung zum Hafen.

Trotz des Fehlens von Schnellstraßen ist der Transport auf Schiene und Straße sehr gut. Da das Straßennetz nicht verstopft ist, bieten die zweispurigen modernen Straßen nach Glasgow und Edinburgh schnellen Anschluß an das Schnellstraßensystem in südlicher Richtung. durch regelmäßige IC-Personen- und Frachtzüge entsteht eine Verbindung mit den meisten britischen Städte, den Fährhäfen und dem Kanaltunnel.

Das Ölgeschäft mit allen Nebenbranchen sorgt in Aberdeen für etwa 20% der Gesamtbeschäftigung. Es gibt 15 Hauptfirmen, zu denen Shell, BP, Occidental, Mobil, Total und Conoco gehören. Unterstützt werden sie von einer Reihe nationaler und internationaler Unternehmen, welche spezialisiert sind auf Bohren, Plattformwartung, Lieferschiffe, Hubschraubereinsätze, Bohrlochvermessungen und die Herstellung von Bohrausrüstungen.

Der durch das Nordsee-Öl hervorgerufene Wohlstand hat natürlich eine Vielzahl von Unternehmen aus anderen Branchen in die Gegend gelockt. Unter den größeren Arbeitgebern in Aberdeen gibt es zahlreiche Unternehmen im Bereich Versand – einschließlich Schiffbau – Einzelhandel, Druck, Transport, Lebensmittelverarbeitung, Baugewerbe und Hersteller von Papier und Textilien.

Ein weiterer Nutzen des Ölbooms war die £-18-Mio.-Investition in öffentlich zugängliche Forschung und Entwicklung auf einem 9 ha großen Technologiegelände in Küstennähe, das Aberdeen Science and Technology Centre für £ 3 Mio., das National Hyperbaric Centre, das sich mit größeren Projekten der Sicherheitsforschung befaßt, das Robert Gordon's Institute of Technology, welches den ersten von der Industrie gestifteten Lehrstuhl für Offshore-Technik hatte, und der neue Lehrstuhl für Offshore-Sicherheit an der Universität von Aberdeen.

Auch der Einzelhandel ist tragend: In den letzten zehn Jahren wurden drei größere Einkaufszentren gebaut. Es gibt eine breite Palette unabhängiger und Spezialgeschäfte sowie die meisten der größeren Multis mit ihren großen Geschäften in den Innenstadtzentren. Supermärkte und örtliche Vorstadtläden für den täglichen Bedarf stehen zur Verfügung.

Als Hauptzentrum für den gesamten schottischen Nordosten bietet Aberdeen eine breite Palette von Bildungs- und Ausbildungseinrichtungen einschließlich der Universität, der Hochschule für Medizin, dem Northern College of Education für die Lehrerausbildung und verschiedenen Bildungseinrichtungen im Grundschul-, Sekundar- und Studienbereich. Aufgrund der internationalen Aspekte de Ölindustrie gibt es auch amerikanische, niederländische und französische Schulen, um die Bedürfnisse dieses Teils der Gemeinschaft zu befriedigen.

Um das Bild dieser wohlhabenden und wachsenden Stadt abzuschließen, hat Aberdeen gut entwickelte Kunst-, Freizeit- und Kultureinrichtungen, ausgezeichnete Wohnmöglichkeiten und die Möglichkeit, qualitativ gute Gesundheitsfürsorge für jedermann zu leisten.

ABERDEEN
GLASGOW
PERTH
EDINBURGH
NEWCASTLE
GATESHEAD
BRADFORD
LEEDS
HULL
MANCHESTER
SHEFFIELD
LIVERPOOL
STOKE-ON-TRENT
NOTTINGHAM
DERBY
BIRMINGHAM
WARWICK
STRATFORD-UPON-AVON
MILTON KEYNES
SWANSEA
OXFORD
LONDON
CARDIFF
READING
WINDSOR
BRISTOL
CHATHAM
SOUTHAMPTON
PORTSMOUTH
EXETER
PLYMOUTH

ABSCHNITT 2

BERUFSBILDER

EINFÜHRUNG

In Großbritannien wächst der Stellenmarkt, der von der Personalbeschaffungsindustrie bedient wird, von Jahr zu Jahr. Die Personalbeschaffungsindustrie hat auf die zunehmende Nachfrage nach qualifizierten, besser ausgebildeten und fähigeren Mitarbeitern reagiert. Die Stellenvermittlungsbranche, die in der Vergangenheit Personalbeschaffungsdienste angeboten hat, die sämtliche Fachbereiche abdeckte, ist abgelöst worden von spezialisierten Beratungsunternehmen, die über ein Team von Beratern mit detaillierten Kenntnissen über einen bestimmten Stellenmarkt verfügen.

Im vorliegenden Abschnitt werden diese besonderen Stellenmärkte kurz erläutert mit Hinweisen auf die erforderlichen Einstiegsbedingungen und möglichen Aufstiegschancen. Ein großer Teil dieses Abschnitts befaßt sich mit den Stellenmärkten, die unter den Begriff «akademische Berufe» fallen. Hierbei handelt es sich um die traditionellen Bereiche, die von der akademischen Erwerbsbevölkerung des Landes beschickt werden. Im einzelnen gehören dazu Beschäftigte auf den Gebieten Rechtswissenschaft, Rechnungswesen, Lehramt, Bankwesen, Medien und Architektur. Das Konzept des «akademischen Berufsstandes», das sich auf den Dienst an der Gemeinschaft gründet, findet sich nicht nur in Großbritannien, aber es wird sehr stark von den verschiedenen Entscheidungsgremien und Interessenverbänden unterstützt, die die Mitgliedschaft und die Richtlinien innerhalb dieser Berufsgruppen regeln und überwachen.

Andere Stellenmärkte werden nur relativ kurz angesprochen, um einen gewissen Einblick in ihre Arbeitsweise sowie einen Überblick über die am meisten verbreiteten Beschäftigungssektoren zu geben, die es heute in Großbritannien gibt.

DIE AKADEMISCHEN BERUFE

RECHNUNGSWESEN

Die unter das Rechnungswesen fallenden Tätigkeiten gehören zu den ältesten Berufen mit hohem Ansehen im Vereinigten Königreich. Über viele Jahre hinweg hat sich Großbritannien einen guten Ruf auf dem Gebiet der Ausbildung von einigen der weltbesten Wirtschaftsprüfer erworben, und viele im Vereinigten Königreich ausgebildete Fachleute haben wichtige Positionen inne und verfügen über beträchtliche Befugnisse in den Vorstandsetagen der Industrie und an den Schalthebeln der Macht. Die Qualität der Ausbildung und der hohe Standard der Prüfungspläne garantiert dem im Vereinigten Königreich ausgebildeten Wirtschaftsprüfer in Wirtschaft und Regierung weltweit einen sicheren Platz.

Das Rechnungswesen läßt sich in zwei Hauptfachbereiche unterteilen. Zunächst haben wir den Finanzbuchhalter. Er stellt sicher, daß die von den Arbeitgebern geführten Unterlagen den gesetzlichen Bestimmungen entsprechen. Er erstellt die Bilanzen über Einkünfte und Ausgaben des Unternehmens und legt den Aktionären, dem Registerführer der Aktiengesellschaften und den Steuerbehörden die Abschlüsse vor.

Beim zweiten Fachbereich handelt es sich um das entscheidungsorientierte Rechnungswesen. Der Fachmann auf diesem Gebiet gehört zu den Führungskräften eines Unternehmens, die für einen leistungsfähigen und gewinnbringenden Betrieb verantwortlich sind. Es werden detaillierte Analysen und Unterlagen über Kosten und Einkünfte eines Unternehmens erstellt. Diese Kosten- und Leistungsrechnungen bilden die Grundlage der Kosten- und Preispolitik eines Unternehmens sowie einer Gewinnplanung und sind infolgedessen unerläßlich für die Zielformulierung, um eine kontinuierliche Leistungsfähigkeit oder Rentabilität zu sichern.

BESCHÄFTIGUNGSBEREICHE

Wirtschaftsprüfer sind überwiegend in drei Bereichen tätig: – als Freiberufler, in Industrie und Handel und auf dem öffentlichen Sektor.

FREIBERUFLICHE TÄTIGKEIT

Hierzu gehört die Mitarbeit in einem Wirtschaftsprüfungsunternehmen. Das kann eine der internationalen Firmen sein, wie Price Waterhouse oder Arthur Andersen oder eine kleinere Firma oder auch die Tätigkeit als selbständiger Wirtschaftsprüfer. Bei diesen

Positionen spricht man immer davon, daß der Wirtschaftsprüfer «in der Praxis» arbeitet. Die Tätigkeit auf freiberuflicher Basis kann sehr unterschiedlich aussehen. Je größer die Firma, desto spezialisierter wird die Arbeit. Der Trend der letzten Jahre geht dahin, daß jeder einzelne Wirtschaftsprüfer auf ein Fachgebiet spezialisiert ist. Umgekehrt muß der Wirtschaftsprüfer, der in einer kleinen Firma oder bei einem Einzelunternehmen arbeitet, «ein Experte» für alles sein! Folglich kann man davon ausgehen: je größer die Firma, desto höher der Prestigewert der Mandanten. Es ist höchst unwahrscheinlich, daß eine große Aktiengesellschaft einen kleinen Betrieb mit ihrer Abschlußprüfung oder Bilanzerstellung beauftragen wird.

FACHGEBIETE

REVISION

Die Hauptaufgabe des freiberuflichen Wirtschaftsprüfers ist die Prüfung der Geschäftsbücher des Mandanten. Per Gesetz muß jede Gesellschaft im Vereinigten Königreich ihre Geschäftsbücher von einem unabhängigen Wirtschaftsprüfer, der den Aktionären unmittelbar Bericht erstattet, prüfen lassen. Die Durchführung dieser Revisionen kann viele Wochen in Anspruch nehmen, und in größeren Unternehmen führt der Wirtschaftsprüfer auch während des ganzen Geschäftsjahres des Mandanten Zwischenprüfungen durch.

COMPUTERGESTEUERTE REVISION

Der Einsatz von Computern zur Führung der Geschäftsunterlagen einer Gesellschaft hatte zur Folge, daß man spezialisierte Prüfer mit eingehenden Computerkenntnissen benötigte, die diese Kenntnisse dazu verwenden, die Computersysteme des Mandanten zu befragen und zu prüfen, um die Genauigkeit der Buchhaltung zu verifizieren. Diese Befragung wird natürlich mit Hilfe von Computerprogrammen vorgenommen, die von dem mit dem Computer arbeitenden Prüfer besonders konzipiert und bestätigt werden, um dabei eine größtmögliche Leistungsfähigkeit, Vollständigkeit und Genauigkeit zu ermöglichen.

BESTEUERUNG

Die komplizierten Steuersysteme, die jetzt in den meisten industrialisierten Ländern gelten, haben zu einer Nachfrage nach Fachleuten geführt, die sowohl Einzelpersonen als auch Gesellschaften in allen Steuerfragen beraten können. Dazu gehört unter anderem: Beachtung der Gesetze, Ratschläge zur Steuereinsparung, steuerwirksame Programme, Unterstützung im Umgang mit den verschiedenen Steuerbehörden, Auslegung der Steuergesetzgebung und entsprechende Beratung sowie die Auswirkungen dieser Gesetze auf die besondere Situation des Mandanten. Unter den Wirtschaftsprüfern ist der internationale Steuerfachmann einer der begehrtesten und höchstbezahlten Vertreter des Rechnungswesens.

BERATUNG

Alle großen Firmen und auch einige der kleineren bieten ihren Mandanten jetzt eine wachsende Palette von Beratungsdiensten an, u.a. betriebliche Planung, Beratung bei Akquisitionen, Unternehmensfinanzierung, Computersystemkonzepte, Auswahl von Führungskräften, Rentabilitätsanalyse, Leitungsstruktur etc. Die großen

Firmen bieten diese Art von Dienstleistungen besonders den Regierungsstellen, der Privatindustrie (z. B. Telecom, Wasser-, Gas- und Elektrizitätswerke etc.) wie auch den Kommunalbehörden an. Die Kosten für diese Art der Beratung sind zumeist sehr hoch, und einige der internationalen Firmen beziehen inzwischen hohe Honorareinkünfte aus solchen Dienstleistungen.

ZAHLUNGSUNFÄHIGKEIT

Ein freiberuflicher Wirtschaftsprüfer kann sich auf die Tätigkeit eines Liquidators, Konkursverwalters oder Geschäftsführers eines in Konkurs geratenen Unternehmens spezialisieren. Dieser Wirtschaftsprüfer wird häufig von einem Hauptgläubiger, wie zum Beispiel einer Bank, ernannt. Er wird mit der Abwicklung der Angelegenheiten dieses Unternehmens zum größtmöglichen Nutzen der Gläubiger beauftragt. Dazu kann die Fortsetzung der Handelstätigkeit und der Versuch gehören, das Geschäft als arbeitendes Unternehmen zu veräußern, wie auch die Auflösung und Abwicklung des Geschäfts, die Einziehung der Vermögenswerte und die Realisierung einer möglichst großen Summe zur Verteilung an die Gläubiger nach dem Gesetz über die Zahlungsunfähigkeit. Dies kann ein höchst lukratives Geschäft für den Wirtschaftsprüfer sein, und angesichts des Konkurses einiger Großunternehmen im Vereinigten Königreich in den letzten Jahren hat sich dies als Wachstumsbranche erwiesen.

BERUFLICHER WERDEGANG

Freiberuflich tätige Wirtschaftsprüfer können Partner in großen Firmen werden oder weiter auf eigene Rechnung arbeiten. Ersteres kann mehrere Jahre dauern, je nach der Größe der Firma sogar sieben bis zwölf Jahre. Trotz der Marktbeherrschung durch die großen Firmen kann ein Freiberufler dennoch sein eigenes Geschäft aufmachen, indem er Mandanten ausfindig macht und so einen umfangreichen Privatkundenstamm aufbaut. Bei den großen Unternehmen hat die Spezialisierung jedoch, wie bereits erwähnt, zu einer gestiegenen Nachfrage nach Wirtschaftsprüfern geführt, die bereit sind, sich auf ganz bestimmte Arbeitsfelder zu spezialisieren. Folglich bestehen sehr gute Aufstiegschancen im Bereich Besteuerung, computergesteuerte Revision, Zahlungsunfähigkeit und Beratung.

EINSTIEGSBEDINGUNGEN UND QUALIFIKATIONEN

Freiberufliche Wirtschaftsprüfer müssen berufliche Qualifikationen aufweisen, die hauptsächlich von drei Instituten und einem Verband vorgegeben werden:

The Institute of Chartered Accountants in England und Wales

The Institute of Chartered Accountants of Scotland

The Institute of Chartered Accountants of Ireland

The Association of Certified and Corporate Accountants.

Um sich für diese Qualifikationen ausbilden zu lassen, benötigt man für die «Chartered Institutes» einen Universitätsabschluß und für den Verband eine Zulassungsprüfung. Man kann seinen Abschluß an der Universität oder an einem Polytechnikum in jedem beliebigen Fach ablegen, obgleich es leichter ist, in eine Wirtschaftsprüfungsfirma einzusteigen, wenn man auch einen Abschluß in den relevanten Fächern nachweisen kann.

Die Praktikanten müssen mindestens drei Jahre lang bei einer Wirtschaftsprüfungsfirma arbeiten und sich während dieser Zeit den von dem jeweiligen Institut vorgeschriebenen Prüfungen unterziehen. Die Ausbildung kann auf der Grundlage eines zeitlich begrenzten Bildungsurlaubs erfolgen, und zwar in Form von Kursen bei externen Lehrinstituten, durch Eigenstudien sowie durch praktische Erfahrungen und Hilfestellung durch Kollegen und Mitarbeiter in der Firma.

Der Prüfungsplan ist bei allen drei Instituten in etwa gleich, aber jedes Institut setzt seine eigenen Schwerpunkte. Die Prüfungen umfassen sämtliche Fächer des Rechnungswesens im Detail und gelten allgemein als sehr schwierig. Folglich liegt die Durchfallquote bei den Studenten in den Abschlußprüfungen selten unter 50 %.

Der freiberufliche Wirtschaftsprüfer gehört zu einer angesehenen und etablierten Berufssparte, die einen wesentlichen Beitrag zur Gesellschaft im Vereinigten Königreich leistet.

DER WIRTSCHAFTSPRÜFER IN INDUSTRIE UND HANDEL

Die Wirtschaftsprüfer bilden das Rückgrat für Aufbau, Verwaltung und finanzielle Redlichkeit in der großen Palette von Gesellschaften, die in Industrie und Handel tätig sind.

Dieser Wirtschaftsprüfer liefert dem Arbeitgeber finanzielle und wirtschaftliche Informationen. Er arbeitet an der Formulierung kurz- und langfristiger Zielsetzungen mit, er plant und sichert Finanzierungen und Kredite zur Förderung der Geschäftstätigkeit und überwacht und motiviert einen oft sehr großen Mitarbeiterstab für diese Aufgaben. Zu seinem Aufgabenbereich gehört auch die Analyse von finanziellen Transaktionen und Tätigkeiten, die Erstellung der Bilanzierung und interner Zwischenabschlüsse, die Durchführung interner Überwachungsverfahren und das Wachen über die finanzielle Integrität der Gesellschaft. Darüber hinaus ist er verantwortlich für die Vorlage der Bücher sowie für Mitteilungen an die Aktionäre. Im Grunde genommen hat er Einfluß auf die gesamte Geschäftstätigkeit des Unternehmens und bestimmt sie bis zu einem gewissen Grade.

BERUFLICHER WERDEGANG

Wirtschaftsprüfer, die in einem Unternehmen arbeiten, streben im allgemeinen danach, in den Firmenvorstand vorzurücken. Ein Leiter der Finanzen gehört fest zur Geschäftsführung, die die Gesellschaft leitet, und für die meisten Wirtschaftsprüfer ist diese Position das höchste Ziel. In den letzten Jahren haben viele Wirtschaftsprüfer die Erfahrung gemacht, daß ihre Ausbildung und ihr Fachwissen sie dazu befähigt hat, ihren Kompetenzbereich zu erweitern und allgemeinere Aufgaben der Geschäftsführung zu übernehmen. Es ist nicht ungewöhnlich, daß ein ausgebildeter Wirtschaftsprüfer zum Geschäftsführer ernannt wird.

EINSTIEGSBEDINGUNGEN UND QUALIFIKATIONEN

Wirtschaftsprüfer, die sich dadurch qualifiziert haben, daß sie die Prüfungen an den «Chartered Institutes» bestanden haben, haben die Möglichkeit, statt als Freiberufler tätig zu sein, in Industrie und Handel Karriere zu machen, und von seiten der Unternehmen besteht eine große Nachfrage nach ihnen. Weiter gibt es neben dem Übergang von den «Chartered Institutes» in ein Unternehmen noch die Möglichkeit, daß diejenigen, die ein Diplom oder einen Hochschulabschluß anstreben, die entsprechenden Qualifikationen dafür erwerben können, während sie bei den Gesellschaften arbeiten. Die begehrtesten Qualifikationen sind die, die am «Chartered Institute of Management Accountants» und an der «Association of Certified and Corporate Accountants» erworben werden.

LEITER DER KOSTEN- UND LEISTUNGSRECHNUNG

Dieser Wirtschaftsprüfer gehört dem «Chartered Institute of Management Accountants» an. Voraussetzung für die Mitgliedschaft ist ein Diplom oder Hochschulabschluß. Die Studenten müssen ein einschlägiges Praktikum von drei Jahren nachweisen und bis zu vier Prüfungsteile dieses Instituts bestehen. Die Ausbildung erfolgt durch Kursteilnahme, tage- oder blockweise Freistellung für die berufliche Fortbildung sowie Hilfestellung durch den Arbeitgeber und Erfahrungen am Arbeitsplatz. Der CIMA-Nachweis (CIMA = Chartered Institute of Management Accountants) hat einen hohen Stellenwert in Industrie und Handel.

DER VERBAND «ASSOCIATION OF CERTIFIED AND CORPORATE ACCOUNTANTS»

Aufnahmebedingung ist hier ein Diplom oder ein Hochschulabschluß, und der Verband legt die Qualifikation durch Prüfungen fest. Allgemein gilt, daß der Prüfungsplan mehr auf Finanzbuchhaltung als auf Kosten- und Leistungsrechnung abgestellt ist. Folglich können Mitglieder dieses Verbandes sowohl freiberuflich arbeiten als auch in Industrie und Handel tätig werden.

DER WIRTSCHAFTSPRÜFER IM ÖFFENTLICHEN DIENST

Bei dem «Chartered Institute of Public Finance and Accountancy» handelt es sich um ein Institut, das speziell für die Wirtschaftsprüfer gegründet wurde, die in den öffentlichen Dienst gehen wollen, z. B. Regierung oder Kommunalverwaltung, Bildungssektor, Staatlicher Gesundheitsdienst etc. Der Wirtschaftsprüfer im öffentlichen Dienst hat die Aufgabe, die Finanzen auf diesem Sektor zu verwalten und zu überwachen, den wirkungsvollen Einsatz der Mittel sicherzustellen und dafür zu sorgen, daß der Gegenwert bei diesen Dienstleistungen gewahrt ist. Jahresabschlüsse werden für die Revision erstellt, und eine der Hauptaufgaben ist die Vorlage von Kosten- und Haushaltsvoranschlägen für den Bereich, in dem die Mittel eingesetzt werden sollen.

Die Wirtschaftsprüfer im öffentlichen Dienst bleiben meistens in diesem Sektor. Ein ehrgeiziger Wirtschaftsprüfer kann innerhalb der Leitungsstruktur dieser Behörden schnell aufsteigen, und angesichts der riesigen Geldbeträge, die im öffentlichen Sektor ausgegeben werden, kann er in der Tat eine sehr große finanzielle Verantwortung tragen.

Voraussetzung für die Aufnahme in den öffentlichen Dienst ist entweder ein Diplom oder ein Hochschulabschluß.

Drei als anspruchsvoll geltende Prüfungsteile müssen bestanden werden.

RECHTSWISSENSCHAFTEN

LAWYER.

In Großbritannien gibt es zwei deutlich voneinander abgegrenzte Rechtssysteme. Das schottische Rechtssystem geht zurück auf die Zeit, als Schottland eine eigenständige Nation war und auf die Zeit vor der Vereinigung der Monarchien Schottlands und Englands im Jahre 1603, der die Vereinigung der Parlamente im Jahre 1707 folgte. Folglich unterscheiden sich die Einstiegsqualifikationen sowie die Ausbildung und Anwendung des Rechtssystems in Schottland und den anderen Teilen des Landes in vielfacher Hinsicht.

Beide Systeme unterscheiden beim Beruf des Rechtsanwalts zwischen «Barrister» und «Solicitor» (England und Wales) oder «Advocate» und «Lawyer» (Schottland). In beiden Fällen steht der «Solicitor» oder «Lawyer» in direktem ersten Kontakt mit dem Mandanten, bearbeitet die laufenden Rechtssachen und gibt Rat und Beistand. Der «Barrister» oder «Advocate» hat keinen direkten Publikumsverkehr. Die Anweisungen kommen von einem «Solicitor» oder «Lawyer» im Auftrag eines Mandanten, und der «Barrister» oder «Advocate» kann diesen Mandanten vor Gericht nur vertreten, wenn sich dies direkt aus den Anweisungen des «Solicitors» oder «Lawyers» ergibt.

«BARRISTER» UND «ADVOCATE»

Die wichtigste Aufgabe eines «Barrister» oder «Advocate» besteht in der Vertretung des Mandanten vor den höheren Gerichten des Landes. In England und Wales bezieht sich dies auf alle höheren Gerichtshöfe, in Schottland dagegen nur auf den Obersten Gerichtshof.

Die erfolgreiche Darlegung eines Falles vor Gericht erfordert viel Planung und Vorbereitung, u. a. Gespräche mit den Mandanten, Durchsicht und Auswertung von Zeugenaussagen, Kenntnisse von und Bezugnahme auf Präzedenzentscheidungen und Gesetze etc. Die meisten Rechtsanwälte arbeiten auf dem Gebiet des Strafrechts, Familien- oder Vertragsrechts und befassen sich mit anderen Streitfällen ohne strafrechtlichen Hintergrund. Der Begriff «chancery work» umfaßt Tätigkeiten in Trustsachen und auf dem Gebiet des Gesellschafts-, Erbschafts- und Sachenrechts. In England und Wales ist es üblich, daß sich ein «Barrister» auf eines oder mehrere der obengenannten Fachgebiete spezialisiert und sich einen Namen als Fachmann auf diesem bestimmten Fachgebiet macht (was auch höhere Honorare bedeutet). In Schottland dagegen ist es nicht üblich, daß sich ein «Advocate» spezialisiert, und er ist fast immer ein «Alleskönner», der sämtliche Fälle abdeckt, die rechtshängig werden.

Die Arbeit vor Gericht nimmt jedoch weniger als 50 % ihrer Zeit in Anspruch. Rechtsgutachten werden von «Solicitors»/«Lawyers» im Auftrag von Mandanten eingeholt, und viele nicht strafrechtliche Fälle werden aufgrund von Gutachten geregelt, die ein «Barrister» oder «Advocate» erstellt hat. Ähnlich sieht es im Sachen-, Vertrags-, Erbschafts-, Steuer- und Gesellschaftsrecht aus, wo ein Großteil der Arbeit verwandt wird auf das Studium und die anschließende Vorlage von Gutachten und umfassenden Unterlagen.

Ein «Barrister» ist zumeist selbständig, arbeitet aber in Gemeinschaftskanzleien, wobei man sich Büro und Verwaltungsapparat teilt. Diese Kanzleien werden als «Chambers» bezeichnet. «Barristers» und «Advocates» arbeiten jedoch mehr und mehr für Großfirmen in speziellen Rechtsabteilungen. Außerdem sind sie für Regierungs- und Kommunalbehörden tätig.

Das Gerichtswesen in England und Wales ist in sechs verschiedene Zuständigkeitsbereiche unterteilt. Man nennt sie «circuits» (Gerichtsbezirke), wobei jeder «circuit» seinen eigenen Bestand an «Barristers» hat. In Schottland ist dieses «circuit»-System, obwohl vorhanden, um einiges kleiner, und da der Oberste Gerichtshof Schottlands seinen Sitz in Edinburgh (der Hauptstadt von Schottland) hat, gibt es dort die meisten «Advocates».

BERUFLICHER WERDEGANG

Von über 5.000 «Barristers» in England und Wales sind 3.000 als Juristen in Industrie, Handel und Regierung beschäftigt. In Schottland beträgt die Zahl der «Advocates» insgesamt etwa 250, wobei viele von diesen ebenfalls in Industrie, Handel und Regierung arbeiten. Immer mehr «Barristers» und «Advocates» verlassen den «circuit» und schlagen eine berufliche Laufbahn ein, die nichts mit der Juristerei direkt zu tun hat, für die ihre Ausbildung jedoch von entscheidendem Vorteil ist.

Nach etwa 15 Jahren Praxis hat ein erfolgreicher «Barrister» oder «Advocate» die Chance, Anwalt der Krone zu werden. Diese Ehre kann später zur Ernennung zum Richter führen, anfangs an den unteren Gerichten, aber nach einiger Zeit bis zu den höchsten Gerichten des Landes.

EINSTIEGSBEDINGUNGEN

Für die Ausbildung zum «Barrister» benötigt ein erfolgreicher Kandidat einen überdurchschnittlich guten Hochschulabschluß. Die Zulassung zur Ausbildung setzt voraus, daß man einen Platz in einer der Abteilungen der Gerichtsverwaltung, «Inns of Court» (die vier Rechtsschulen in London) genannt, bekommt. Es wird ein Kurs von 12 Monaten absolviert, der von der für die Ausbildung von Juristen zuständigen Sparte organisiert wird. Nach diesem Kurs und dem erfolgreichen Abschluß der vorgeschriebenen Prüfungen wird der Student in den Berufsstand aufgenommen. Dies nennt man «to be called to the bar» (Zulassung zur Anwaltschaft). Nach einer Ausbildungszeit auf full-time-Basis unter der Führung eines erfahrenen und qualifizierten «Barristers» (was als «Lehrzeit» bezeichnet wird), ist der Student berechtigt, als «Barrister» zu praktizieren.

SCHOTTLAND

Die Ausbildung zum «Advocate» teilt sich in vier klar voneinander abgegrenzte Abschnitte. Zunächst einmal muß man den erforderlichen Bildungsgrad erworben haben, um zur Ausbildung zugelassen zu werden. Dies ist normalerweise ein juristisches Examen an einer schottischen Universität. Der nächste Schritt ist ein Kurs von 12 Monaten auf full-time-Basis an einer Universität, gefolgt von einer Ausbildung bei einem «Lawyer», die zwei Jahre dauert. Abschließend, nach einer Tätigkeit von neun Monaten als Assessor bei einem qualifizierten «Advocate», unterzieht sich der Student der Abschlußprüfung und wird, wenn er diese besteht, als «Advocate» zugelassen.

«SOLICITOR» UND «LAWYER»

In England und Wales ist der «Solicitor» ein hochangesehenes und getreues Mitglied der Gesellschaft. Die Juristen wachen streng über ihren Ruf als finanziell integer und vertrauenswürdig gegenüber ihren Mandanten. Ein freiberuflich tätiger «Solicitor» verbringt seine Zeit damit, seine Mandanten auf vier Hauptgebieten zu beraten und ihnen Beistand zu leisten. Dabei handelt es sich um: Grundstücksgeschäfte (Abfassung von Eigentumsübertragungsurkunden), Erbschaftsangelegenheiten (Nachlaßsachen), Gerichtsverfahren (Prozesse) und Wirtschafts- und Handelsrecht. Im folgenden werden diese Gebiete näher beleuchtet:

GRUNDSTÜCKSGESCHÄFTE

Dieser Bereich umfaßt den Kauf und Verkauf von Immobilien. Der «Solicitor» wird tätig im Auftrag des Käufers wie des Verkäufers. Er holt Informationen über den Grundbesitz ein und prüft sämtliche Aspekte im Hinblick auf die Gültigkeit der Transaktion. Der «Solicitor» befaßt sich auch oft mit der Finanzierung des betreffenden Grundstücks.

ERBSCHAFTSANGELEGENHEITEN

Eine wichtige Funktion des «Solicitors» ist die Beratung und der Beistand bei der Verfügung über den Nachlaß eines Mandanten im Todesfall. Zu Lebzeiten des Mandanten errichtet der «Solicitor» Urkunden, die die Wünsche des Mandanten bezüglich der Verfügung über den gesamten Nachlaß im Falle seines Todes beinhalten. Nach dem Tod ist der «Solicitor» die Anlaufstelle für das Zusammentragen und die Verteilung dieses Nachlasses entsprechend den Anweisungen seines Mandanten.

GERICHTSVERFAHREN

Dem «Solicitor» obliegt die Beratung des Mandanten hinsichtlich der erforderlichen rechtlichen Schritte. Er empfiehlt einen «Barrister» und weist ihn an, im Auftrag des Mandanten tätig zu werden. Vor den unteren Gerichten kann der «Solicitor» seinen Mandanten auch selbst vertreten und Prozesse mit geringerem Streitwert führen.

WIRTSCHAFTS- UND HANDELSRECHT

Die Zunahme kleinerer Wirtschaftsbetriebe in Großbritannien hat zu einer Nachfrage nach «Solicitors» geführt, die ihr Angebot an Dienstleistungen dahingehend erweitern, daß sie auf dem Gebiet des Vertragsrechts, des Steuer- und Mehrwertsteuerrechts, der Gesetzgebung im Gesundheitswesen und im Bereich Sicherheit sowie in sonstigen Handelssachen beratend und unterstützend tätig werden. Für kleinere Wirtschaftsbetriebe sind die Dienste eines «Solicitors» unschätzbar, und umgekehrt hat sich für den «Solicitor» die Zunahme solcher Mandate als finanziell lohnend erwiesen.

BERUFLICHER WERDEGANG

Die Mehrheit der «Solicitors» ist selbständig, aber immer mehr stehen in einem festen Arbeitsverhältnis bei großen Handels- und Industriebetrieben sowie bei Kommunal- und Regierungsbehörden. Die Tätigkeit für diese Unternehmen erstreckt sich oft auf Vertrags- und Arbeitsrecht sowie die Gesetzgebung zur Grundstückserschließung.

In einer Sozietät kann ein erfolgreicher «Solicitor» mit einer beträchtlichen Gewinnbeteiligung rechnen und sich einen hohen Lebensstandard leisten.

EINSTIEGSBEDINGUNGEN

Um «Solicitor» zu werden, benötigt man einen Hochschulabschluß, in der Regel von einer einschlägigen Fakultät, obwohl es auch möglich ist, die Ausbildung mit einem anderen Bildungsstand zu beginnen. Der Auszubildende tritt in eine Anwaltskanzlei ein und unterzieht sich einer langen Ausbildungszeit, um die für die Qualifikation erforderlichen Fähigkeiten zu erwerben. Nach Bestehen der Prüfungen vor der «Law Society» (dem Verwaltungsorgan für «Solicitors» in England und Wales – entspricht dem Anwaltsverein), stellt er den Antrag auf Zulassung zum «Solicitor». Fortbildungskurse, die dazu dienen, den «Solicitor» auf den neuesten Stand der Rechtssprechung zu bringen, sind obligatorisch und müssen von den «Solicitors» besucht werden, die weiterhin praktizieren wollen.

«LAWYER»

In Schottland benötigt man für die Ausbildung zum «Lawyer» einen einschlägigen Universitätsabschluß. Nach einem einjährigen Vollstudium schließt der angehende «Lawyer» einen Zweijahresvertrag bei einer Firma ab, der zu einem von der «Law Society of Scotland» (dem Verwaltungsorgan des Berufsstandes in Schottland) verliehenem Diplom führt. Die Unterschiede im Rechtswesen bedeuten, daß der Ausbildungsweg zwar jeweils vorgegeben ist, aber sobald sich der «Lawyer» in Schottland und der ihm entsprechende „Solicitor“ in England qualifiziert haben, übernehmen sie im Auftrag ihrer Mandanten sehr ähnliche Funktionen.

DER ARZTBERUF

Wahrscheinlich ist der Arztberuf der akademische Beruf mit dem höchsten Ansehen in Großbritannien. Die außergewöhnlich hohen Einstiegsbedingungen, die lange und schwierige Hochschulausbildung sowie die intensive praktische Ausbildung am Krankenhaus tragen dazu bei, daß es hochqualifizierte Ärzte gibt. Die britischen Ärzte und Chirurgen genießen weltweit hohe Achtung, und das Land macht mit dem Export dieser Fähigkeiten in die ganze Welt ein blühendes Geschäft. Insbesondere in London benutzen viele Tausende von Patienten aus dem Ausland die Einrichtungen der privaten Krankenhäuser und Kliniken, während die Kombination der Finanzierung der Medizin aus privater und öffentlicher Hand, die in den weltberühmten Lehrkrankenhäusern von London, wie zum Beispiel St. Bartholomews' oder Guys und Kings College, auch ausländischen Patienten zugänglich sind.

Im vorliegenden Abschnitt wird das Gesundheitswesen dargestellt, das sich in die Heilkunde, Chirurgie und Zahnmedizin unterteilt.

HEILKUNDE – DER PRAKTISCHE ARZT

Der Arzt, zu dessen Pflichten die Grundversorgung einer bestimmten Gruppe von Patienten gehört, ist der praktische Arzt. Er sieht die Patienten an, untersucht sie und diagnostiziert ihre Krankheit. Er gibt den Patienten Ratschläge zum Umgang mit ihrer Krankheit, er verschreibt die entsprechenden Medikamente und, wo immer nötig, überweist er sie an Fachärzte. Diese Fachärzte sind normalerweise im Rahmen des Krankenhaussystems tätig.

Dem praktischen Arzt obliegt die Führung genauer und umfassender Unterlagen über die medizinischen Erfordernisse und Vorfälle des Patienten. Seit ein paar Jahren spielt der praktische Arzt auch eine zunehmend große Rolle in der sogenannten Präventivmedizin. Dazu gehören eingehende ärztliche Untersuchungen, Gesundheitserziehung und gewisse Präventivmaßnahmen wie etwa Schutzimpfungen.

Der praktische Arzt ist normalerweise Mitglied einer Ärztegruppe, die einen bestimmten geographischen Bereich ärztlich versorgt. Es ist jedoch immer noch recht weit verbreitet, daß ein praktischer Arzt allein einen Patientenkreis versorgt, und zwar besonders in den ländlicheren Gebieten Großbritanniens. Die Statistik besagt, daß ein praktischer Arzt im Durchschnitt pro Patient sieben Minuten für eine Konsultation aufwendet.

BERUFLICHER WERDEGANG

Es gibt ungefähr 32.000 praktische Ärzte in Großbritannien, von denen die große Mehrheit im Staatlichen Gesundheitsdienst tätig ist. Bei dem Staatlichen Gesundheitsdienst handelt es sich um einen staatlich subventionierten Gesundheitsdienst, dessen Ziel es ist, der gesamten Bevölkerung, die ihn benötigt, eine äußerst hochwertige Gesundheitsfürsorge zu bieten, und zwar bei Bedarf kostenlos. Der Staatliche Gesundheitsdienst wird durch allgemeine Steuern finanziert und kostet den britischen Steuerzahler etwa £ 40 Milliarden pro Jahr.

Wie schon erwähnt, arbeitet der praktische Arzt entweder in Gruppen oder als Alleinpraktizierender, aber es gibt in der Britischen Armee, der Königlichen Marine und der Königlichen Luftwaffe Aufstiegschancen für Ärzte. Auch gibt es einige Großfirmen, die Vertrauensärzte hauptberuflich für die medizinische Versorgung ihrer Mitarbeiter beschäftigen.

EINSTIEGSBEDINGUNGEN

Ein Hochschulabschluß in Medizin ist Grundvoraussetzung für jeden, der in den Berufsstand des Arztes eintreten will. Das Studium dauert fünf oder sechs Jahre.

Dem erfolgreichen Studienabschluß schließt sich ein einjähriges Praktikum in einem Krankenhaus an. Für jeden Studenten ist dieses einjährige Praktikum obligatorisch. Danach wird der Student bei der Britischen Ärztekammer registriert, dem von der britischen Regierung ermächtigten Organ, Ärzte in den Berufsstand aufzunehmen. Dann folgt eine praktische Ausbildung von drei Jahren, wonach der Arzt als voll qualifiziert gilt. Viele Studenten sind der Meinung, daß diese dreijährige Ausbildungszeit die Grundlage dafür bildet, ihre Fähigkeiten im Umgang mit den Patienten zu festigen.

Im Rahmen des Krankenhausdienstes schließen sich die angehenden Ärzte Teams an, die aus einem oder zwei Chefärzten, Oberärzten und Assistenzärzten bestehen. (Die Funktion des Chefarztes wird später beschrieben). Die klinische Ausbildung erfolgt durch die Mitarbeit in diesem Team, die Übernahme der Verantwortung für eine Reihe von Patienten, in Form von langen Dienstzeiten sowie Übernahme von Nachtschichten. Natürlich werden so praktische Erfahrungen in der Patientenversorgung erworben; dies wird jedoch ergänzt durch die Teilnahme an Vorlesungen und Seminaren und den Besuch von Spezialkliniken und Fachabteilungen. Weitere Erfahrungen erwirbt man auf den verschiedenen Krankenhausstationen, wie Unfallabteilung und Notaufnahme, Entbindungsstation, Sozialstation, Ambulanz. Sechs bis zwölf Monate vor dem Abschluß der klinischen Ausbildung unterziehen sich die Ärzte der endgültigen Abschlußprüfung.

Etwa 50 % aller Medizinstudenten werden praktische Ärzte. Nach den Abschlußprüfungen arbeitet der angehende praktische Arzt ein Jahr bei einem erfahrenen Kollegen und absolviert dann zweimal eine halbjährige Ausbildung in bestimmten medizinischen Fachrichtungen. Das letzte Ausbildungsjahr verbringt er am Krankenhaus.

DER KRANKENHAUSARZT

Sobald sich ein Arzt qualifiziert hat, kann er sich dafür entscheiden, im Krankenhaus zu arbeiten. Die Hierarchie der Krankenhausärzte beginnt beim Assistenzarzt und erstreckt sich bis zum Chefarzt. Diesem obliegt die letztliche Verantwortung für die gesamte Patientenversorgung, und die meisten Ärzte streben diese Position an. Um dahin zu kommen, muß man die verschiedenen Stufen durchlaufen. Auf diesem Wege erwirbt der Arzt die umfassenden Erfahrungen, die er benötigt, um seine Befähigung für die spätere Position als Chefarzt zu sichern. Chefärzte spezialisieren sich auf verschiedenen Gebieten der Medizin und Chirurgie. Es gibt mehr als 40 Fachrichtungen im britischen Gesundheitswesen, aber die vier Hauptrichtungen sind die Heilkunde, die Chirurgie, die Pathologie und die Psychiatrie.

HEILKUNDE

Diese Fachrichtung gründet sich auf die ärztliche Diagnose und die Entscheidung über die richtige Therapie. Dieser Arzt kann sich auf verschiedenen Gebieten spezialisieren, zum Beispiel auf die Behandlung von Kindern (Pädiatrie), Hautkrankheiten (Dermatologie), Herzkrankheiten (Kardiologie) oder Tropenmedizin.

CHIRURGIE

Obwohl sich viele Chirurgen letztlich auf ein bestimmtes Gebiet spezialisieren, werden sie alle zu Allgemeinchirurgen ausgebildet, so daß sie in der Lage sind, bei einer Vielzahl von Beschwerden und Problemen chirurgische Eingriffe vorzunehmen. Im Laufe der Zeit spezialisieren sich die ranghöchsten Chirurgen auf ein Spezialgebiet; Großbritannien hat in der Herz- und Transplantationschirurgie Chirurgen von Weltformat hervorgebracht.

PATHOLOGIE

Der Pathologe arbeitet im wesentlichen im Labor. Zu seinen Hauptaufgaben gehört die Untersuchung der Ursachen und Auswirkungen von Krankheiten. Pathologen sind insbesondere für ihre Arbeit an Blutkrankheiten, auf dem Gebiet der Mikrobiologie sowie der Untersuchung von Todesursachen bekannt.

PSYCHIATRIE

Der Psychiater arbeitet mit geistig Behinderten oder Patienten, die vorübergehend geistesgestört sind. Dabei handelt es sich im wesentlichen um Teamarbeit, und ein Psychiater benötigt die Unterstützung und Hilfe von Sozialarbeitern, Psychologen und anderen Therapeuten.

SONSTIGE FACHRICHTUNGEN

Weitere beliebte Fachrichtungen sind die Anästhesie (Schmerzlinderung), die Geburtshilfe (Versorgung von Schwangeren), die Radiologie und die Strahlentherapie (Einsatz von Röntgenstrahlen zur Diagnose und Therapie).

BERUFLICHER WERDEGANG

Der berufliche Werdegang im Krankenhausdienst führt direkt zur Position des Chefarztes. Chefärzte sind die einzigen Ärzte im Krankenhausdienst, die letztlich die Verantwortung übernehmen können. Folglich ist der Kampf um diesen Posten groß, aber die stetig wachsende Nachfrage nach ärztlicher Versorgung hat dazu geführt, daß es wesentlich mehr Krankenhausstellen im Staatlichen Gesundheitsdienst von Großbritannien gibt.

Viele Chefärzte, die in dem staatlich subventionierten Gesundheitsdienst tätig sind, betreiben nebenbei eine Privatpraxis, in der sie Patienten versorgen, die bereit sind, den Chefarzt für seine Dienste direkt zu bezahlen. Obgleich die Gehälter im Gesundheitsdienst in den letzten Jahren angehoben wurden, können die Einkünfte aus der Privatpraxis für den Chefarzt in der Tat sehr hoch liegen.

ZAHNMEDIZIN

Die Tätigkeit des Zahnarztes besteht in der Diagnose und der Behandlung von Erkrankungen des Zahns und des Zahnfleisches. Es bestehen Beschäftigungsmöglichkeiten im staatlich subventionierten Gesundheitsdienst oder auf dem privaten Sektor. In Großbritannien nimmt die Zahl der Patienten, die bereit sind, den Zahnarzt für eine Privatbehandlung direkt zu bezahlen zu, obgleich die Mehrheit der Bevölkerung im Rahmen des Staatlichen Gesundheitsdienstes behandelt wird.

Die Arbeit des Zahnarztes ist vielseitig und wird mit der Entwicklung neuer Dentaltechnologien zur Verbesserung der Gesundheit der Zähne immer umfassender. Während in der Vergangenheit die Zähne einfach gezogen wurden, versetzen neue Techniken den Zahnarzt in die Lage, sie zu retten und wieder in Ordnung zu bringen. Die präventive Zahnheilkunde ist ebenfalls ein wichtiges Gebiet. Eine der wesentlichen Aufgaben des Zahnarztes ist es, die Patienten hinsichtlich der besten Methoden zur Vermeidung von Karies und Zahnfleischerkrankungen zu beraten und zu ermutigen.

Der Zahnarzt praktiziert entweder allein oder in einer Gemeinschaftspraxis, ähnlich wie der praktische Arzt. Zahnärzte werden auch in Krankenhäusern eingestellt, und viele große Krankenhäuser verfügen über eigene Abteilungen, die sich speziell mit der Zahnchirurgie befassen. Patienten, bei denen ein chirurgischer Eingriff oder eine umfassende Behandlung erforderlich ist, werden stets an die Krankenhauszahnärzte verwiesen.

BERUFLICHER WERDEGANG

Im Krankenhausdienst verläuft der berufliche Werdegang der Zahnärzte ähnlich wie bei den anderen Krankenhausärzten. Dabei ist hier wiederum die Position des Chefarztes die höchste Stufe. Der Zahnarzt in der Praxis arbeitet entweder allein oder in einer Zahnarztgemeinschaft, aber es bestehen auch Möglichkeiten für Zahnärzte bei den Britischen Streitkräften oder bei großen Firmen, die ihren Mitarbeitern eine zahnärztliche Versorgung anbieten.

EINSTIEGSBEDINGUNGEN

Die Einstiegsbedingungen für Zahnärzte entsprechen der Hochschulausbildung und den langen Ausbildungszeiten, wie sie für die anderen Ärzte beschrieben wurden. Das Studium an der Universität und die Ausbildung im Krankenhaus und in der Zahnarztpraxis gelten als ebenso beschwerlich wie für die anderen Medizinstudenten.

Es wird oft davon ausgegangen, daß Zahnärzte das höchste Durchschnittseinkommen aller Fachärzte im Gesundheitswesen erzielen, es ist aber schwierig, genaue Statistiken und Angaben zur Untermauerung dieser Behauptung zu finden.

DER BERUF DES ARCHITEKTEN

Die herausgehobene Stellung des Architektenberufs seit etwa zwanzig Jahren hat ihre Ursache in dem Bau von Geschäftsgebäuden und der Erschließung von großen Einzelhandelszentren, sowohl in den Stadtzentren als auch außerhalb, was man immer häufiger sieht. Jede Großstadt in Europa rühmt sich ihres großen Einkaufszentrums und ihrer Industriegebiete – alle gezielt errichtet, um dem bis zum Ende dieses Jahrhunderts vorhergesagten Wachstum Rechnung zu tragen.

Infolgedessen haben die Architekten und die damit in Zusammenhang stehenden Berufe, die man für die Errichtung dieser Gebäude benötigt, seit den sechziger Jahren bis in die späten achtziger Jahre hinein ein enormes Wachstum erlebt.

DER ARCHITEKT

Der Architekt ist verantwortlich für den Entwurf und die Errichtung von Gebäuden. Die dafür benötigten Fähigkeiten sind künstlerischer, wissenschaftlicher und praktischer Natur. Der den Architekten beauftragende Kunde erwartet ein Ergebnis, das optisch reizvoll, technisch machbar und vor allem absolut zweckdienlich ist. Seit den letzten 25 Jahren des 20. Jahrhunderts werden die Architekten sicherlich mehr durch finanzielle Erwägungen eingeschränkt. Sowohl für ganz neue Bauten als auch für Umbauten alter Gebäude besteht das Hauptkriterium darin, das Projekt im Rahmen der vorgegebenen Zeit und des veranschlagten Budgets fertigzustellen.

Der Architekt muß viele Faktoren bedenken, bevor er überhaupt einen Bleistift in die Hand nimmt. Abgesehen davon, daß er in vollem Umfang die Erfordernisse des Kunden berücksichtigt, erwägt er möglicherweise auch, Anwohner, Sozialarbeiter, Umweltausschüsse, Psychologen und natürlich auch Kommunalbehörden und Regierungsstellen zu befragen. Nach dieser Zeit der intensiven Erkundigungen werden vorläufige Pläne erstellt und Baukostenvoranschläge gemacht. In dieser Phase werden oft Modelle gebaut und genaue Details der Innengestaltung erarbeitet. Wenn die Zustimmung für die Pläne vorliegt, muß in einer nächsten Phase sichergestellt werden, daß all die verschiedenen behördlichen Auflagen erfüllt sind und die Genehmigungen erteilt wurden. Dann werden Verträge aufgesetzt und Verhandlungen mit Bauunternehmern aufgenommen, bevor dann der Auftrag vergeben wird.

Normalerweise arbeitet der Architekt während der gesamten Bauzeit mit dem Bauunternehmer zusammen. Er hat oft die Leitung über das Projekt, überprüft ständig die Qualität der geleisteten Arbeit und stimmt Abschlagszahlungen an den Bauunternehmer entsprechend den vertraglichen Bestimmungen zu.

BERUFLICHER WERDEGANG

In Großbritannien sind über 26.000 Architekten tätig. Sie haben entweder ihr eigenes Unternehmen oder sind Angestellte bei Kommunalbehörden oder Regierungsstellen, bei Grundstückserschließungsgesellschaften, großen Architekturbüros oder üben eine Lehrtätigkeit aus.

Die Tätigkeit im eigenen Büro besteht hauptsächlich darin, Wohn- und Bürogebäude zu errichten. Bei Kommunalbehörden und Regierungsstellen wird der Architekt zumeist bei Großprojekten eingesetzt, wie beim Neubau von Krankenhäusern, Schulen und Bürokomplexen. Der Architekt, der sowohl allein als auch in einer größeren Bürogemeinschaft tätig ist, arbeitet oft mit an großen Einzelprojekten, wie zum Beispiel Hotels, Restaurants, Einkaufszentren etc.

Einige Architekten gehen in den Lehrberuf und arbeiten an Hochschulen. Bei den größeren Universitäten heißen diese speziellen Fakultäten «Architekturschulen».

EINSTIEGSBEDINGUNGEN

Die Architekturausbildung in Großbritannien wird von dem «Royal Institute of British Architects» überwacht. Daher besagt die Abkürzung RIBA hinter dem Namen, daß die betreffende Person ein qualifiziertes Mitglied des Berufsstandes ist. Die Ausbildung beginnt mit einem Universitätsstudium, das zu einem Diplom an einer der obengenannten «Architekturschulen» führt. Für die Zulassung wird nicht nur der Nachweis einer höheren Schulbildung erforderlich, sondern auch die Erstellung und Vorlage einer Arbeitsmappe mit Zeichnungen, Skizzen und Plänen. Diese Arbeitsmappe wird zusammen mit den Schulzeugnissen berücksichtigt.

Die Universitätsausbildung, ein Vollstudium, dauert fünf Jahre, von denen allerdings ein Jahr als Praktikum außerhalb der Universität in einem Architekturbüro absolviert wird, um Erfahrungen zu sammeln. Die Prüfungsbedingungen sind anspruchsvoll und bestehen aus drei Hauptprüfungen, und nach dem dritten Jahr muß man sich Prüfungen in besonderen Wahlfächern unterziehen. Während dieser Zeit arbeitet der Student projektbezogen und wirkt am Entwurf von konkreten Bauvorhaben mit.

Reifere Kandidaten, die lange und umfassende Erfahrungen in der Architektur nachweisen können, haben die Chance, nach strengen Kriterien in das Royal Institute of British Architects aufgenommen zu werden.

VERMESSUNGSFACHMANN («SURVEYOR»)

Einer der wichtigsten Zusatzberufe in der Architektur ist der des «Vermessungsfachmannes». Dies ist ein weitgefaßter Begriff, der die verschiedenen Fähigkeiten im Zusammenhang mit Land und Gebäuden abdeckt. Folglich gibt es eine Reihe spezialisierter Vermesser, die als Fachleute in diesem Bereich Verantwortung tragen.

Der Bausachverständige ist verantwortlich für die Beratung und Überwachung beim Bau sowie der Instandhaltung sämtlicher Wohn- und Geschäftsgebäude. Ein Großteil der Arbeit befaßt sich mit den vielen Bestimmungen und technischen Normen, die in der Bauindustrie zur Anwendung kommen.

Der Massenkalkulator ist hauptsächlich verantwortlich für die erste Kostenerfassung und für die Kostenüberwachung bei großen Bauprojekten. Er stellt das Budget auf, nimmt die Kostenverteilung vor, setzt die Architekturzeichnungen um in Materialbestellungen und die Beauftragung von Arbeitskräften etc. Seine Funktion besteht darin, das Projekt zu überwachen, und er hat oft das letzte Wort bei Streitigkeiten über Preise und Material.

Der für die Landwirtschaft zuständige Vermesser verrichtet eine ähnliche Tätigkeit, aber innerhalb der Landwirtschaft sowie beim Mineralabbau und im Steinbruchbetrieb. Zu seinem Aufgabenbereich kann ebenso die Bewertung von Land und Viehbeständen gehören, wie auch die normale, mit der Bautätigkeit verbundene Arbeit.

EINSTIEGSBEDINGUNGEN

Die Einstiegsbedingungen im Vermessungswesen sind ähnlich wie die für die Architektur, und die Prüfungen und Qualifikationen werden streng überwacht von einem Fachinstitut – dem «Royal Institute of Chartered Surveyors». Folglich bedeutet die Abkürzung RICS hinter einem Namen, daß die betreffende Person die Fachprüfungen abgelegt und die Ausbildung durchlaufen hat und sich für den Beruf des Vermessungsfachmanns qualifiziert hält.

DER LEHRBERUF

Der Lehrberuf in Großbritannien hat eine lange und ehrenvolle Geschichte. Die Einrichtung und das Wachstum eines freien Bildungssystems wird als eine bemerkenswerte Errungenschaft anerkannt und ist zum Vorbild für viele andere Länder geworden. Folglich ist das

Bildungswesen in Großbritannien eine staatliche Angelegenheit, wogegen der unabhängige und private Sektor immer noch sehr klein ist und von nur etwa drei Prozent der Schüler und Studenten insgesamt in Anspruch genommen wird. In den achtziger Jahren hat der private Sektor einen leichten Aufschwung erfahren, was möglicherweise auf eine zunehmende Unzufriedenheit mit dem in vielen staatlichen Schulen erreichten Leistungsstandard zurückzuführen ist. 1988 beschäftigte sich die Regierung jedoch mit diesem abfallenden Leistungsstandard, als sie ein neues Bildungsgesetz verabschiedete, in dem ein «nationaler Lehrplan» aufgestellt wurde. Nach diesem Gesetz werden alle Schulen gesetzlich verpflichtet, bis zu bestimmten festgelegten Kriterien gewisse Kernfächer zu unterrichten.

Viele Kritiker sagen, daß der gesellschaftliche Status des Lehrers in Großbritannien wegen des rückgängigen Leistungsstandards gesunken und daß der Lehrberuf dafür verantwortlich sei. Gleichermaßen haben viele Eltern die Einführung neuer und radikaler Lehrmethoden ziemlich negativ aufgenommen, und so kam es zu einer allgemeinen Unzufriedenheit mit dem Berufsstand.

Die Schulausbildung der Kinder in Großbritannien teilt sich grundsätzlich in zwei Abschnitte: Unterricht für Kinder zwischen fünf und zwölf Jahren an einer Grundschule, dem der Übergang zu einer weiterführenden Schule folgt, so daß sie ihre Schulausbildung im Alter zwischen sechzehn und siebzehn Jahren abschließen. Die Jugendlichen setzen ihre Ausbildung dann an einem College oder einer Universität fort. Nach den gesetzlichen Bestimmungen Großbritanniens können die Schüler jedoch ihre Schulausbildung mit sechzehn Jahren abschließen, und es ist sehr bedauerlich, daß etwa sechzig Prozent der Kinder in diesem Alter von der Schule abgehen.

DER LEHRER

Die Grundschulausbildung ist darauf ausgerichtet, den Schülern dabei zu helfen, mit Sprache und Zahlen umzugehen. In Großbritannien sind viele Grundschullehrer Frauen, wenn auch nicht ausschließlich. In diesem Stadium der schulischen Ausbildung werden die kleinen Kinder auch an andere Fächer wie Naturwissenschaften, Technik, Geschichte, Erdkunde und bildende Künste hingeführt.

Der Lehrer in einer weiterführenden Schule (von zwölf Jahren aufwärts) ist normalerweise Fachlehrer für nur ein oder vielleicht zwei Fächer. So ist es zum Beispiel verbreitet, einen Lehrer für Englisch und Geschichte oder einen anderen für Französisch und Deutsch zu haben. Der Unterricht ist darauf ausgerichtet, die Schüler auf den Prüfungsplan vorzubereiten, der schließlich zu einer akademischen Befähigung für die Weiterbildung an einem College oder einer Universität führt. Seit den letzten Jahren gibt es viel mehr Kontakte zwischen Lehrern und ortsansässigen Industriebetrieben, um den Schülern die Möglichkeit zu geben, einen Arbeitsplatz außerhalb des Klassenzimmers zu erleben.

BERUFLICHER WERDEGANG

Es gibt zur Zeit über eine halbe Million berufstätiger Lehrer in Großbritannien. Die meisten von ihnen sind im Staatsdienst tätig. Möglichkeiten bestehen in dem großen Angebot an Bildungseinrichtungen, einschließlich der Grundschulen, der weiterführenden Schulen, der Fachschulen, Privatschulen, Sonderschulen und viele mehr. Lehrer können das Schulsystem verlassen, um bei der Schulverwaltung oder in der Lehrerausbildung zu arbeiten. Für die Beförderung müssen die Lehrer in den

Schulen verschiedene Stufen mit verschiedenen Verantwortungsbereichen durchlaufen, bevor sie Leiter einer Schule werden können.

EINSTIEGSBEDINGUNGEN

In den meisten Schulen wird für die Aufnahme eine Qualifikation verlangt, die aus einem Universitätsstudium und einer nachfolgenden Lehrausbildung entweder an einer Universität oder einem speziellen Lehrerausbildungsinstitut besteht.

Die Lehrausbildung konzentriert sich im allgemeinen auf das pädagogische und berufsbezogene Studium und nicht so sehr auf die Unterrichtsfächer. Nahezu die Hälfte der Ausbildungszeit wird darauf verwendet, Erfahrungen in Schulen zu sammeln, mit anderen Lehrern zu arbeiten und diese bei ihrer üblichen Unterrichtstätigkeit zu unterstützen.

Sobald sie qualifiziert sind, müssen sie ihre Ausbildung fortsetzen, um neue Lehrmethoden kennenzulernen und fachliche und organisatorische Fähigkeiten zu entwikkeln.

Das Bildungssystem in Schottland muß gesondert erwähnt werden. Es ist grundsätzlich vergleichbar mit dem in den anderen Teilen Großbritanniens, obgleich der Prüfungsplan etwas anders aussieht und die verschiedenen Arten der Qualifikation den eigenen Charakter des schottischen Systems widerspiegeln. Es wird oft behauptet, daß das schottische Bildungssystem dem der anderen Teile des Landes überlegen sei, und von den Schotten hört man oft, daß dem auch so sei. Jedoch gibt es wenige Fakten, die diese Behauptung untermauern. Es wird weitgehend akzeptiert, daß die Ergebnisse im gesamten Großbritannien in etwa das gleiche Niveau aufweisen.

Ältere Bewerber können im Zweitberuf Lehrer werden. Obgleich man an einem hohen Leistungsstandard festhält, gibt es einen gewissen Spielraum für Seiteneinsteiger, insbesondere für solche, die Erfahrungen und Qualifikationen in Mangelfächern aufweisen, zum Beispiel Mathematik und Naturwissenschaften.

FACHLEHRER

Der Lehrberuf hat seinen Wirkungskreis dahingehend erweitert, daß es Lehrer gibt, die sich auf den Bildungsbedarf eines bestimmten Schülerkreises spezialisiert haben. So ist es zum Beispiel heutzutage sehr verbreitet, daß Schulen besonders ausgebildete Lehrer haben, die sich um die Bedürfnisse der geistig und körperlich behinderten Kinder, der Blinden und Sehbehinderten etc. kümmern. Oft sind diese Lehrer beratend tätig mit Aufgaben in mehreren Schulen. Es wird sehr viel in Ausbildung und Mittel investiert, um diesen benachteiligten Schülern optimale Bildungschancen zu geben.

Es gibt auch Möglichkeiten für Lehrer in der Erwachsenenbildung. Diese Bildungseinrichtungen bieten der Allgemeinheit Kurse mit beruflichem Hintergrund und zur Freizeitgestaltung. Der Anstieg der Nachfrage auf diesem Gebiet ist beachtlich, und so sind heutzutage mehr als 50.000 Lehrer und Dozenten auf diesem Gebiet tätig.

Lehrkräfte im Hochschulwesen arbeiten zumeist innerhalb des Universitätssystems. Diese Lehrkräfte werden normalerweise «Dozenten» genannt. Der Universitätsdozent gilt als Experte für ein bestimmtes Fach. Akademische Fähigkeiten werden oft als wichtiger angesehen als die reine Lehrbefähigung, und ein erfolgreicher Dozent wird nicht nur nach den Leistungen der Studenten beurteilt, sondern auch danach, mit welchem Erfolg er sein Fachgebiet darstellt. Dies kann unter anderem geschehen durch das Verfassen von Textbüchern, die Veröffentlichung von Vorträgen, die Erweiterung der eigenen beruflichen Qualifikationen etc. Diese zusätzlichen Fähigkeiten können oft zu der höchsten Lehrposition führen, nämlich der des Universitätsprofessors. Dieses Ziel gilt häufig als das höchste im Lehrberuf.

DAS BANKGEWERBE

Das Bankgewerbe in Großbritannien läßt sich grob in zwei Hauptgebiete einteilen: erstens der Geschäfts- und Privatbanksektor, der Privat- und Geschäftskunden die normalen Dienstleistungen einer Bank anbietet. Zweitens der Sektor der Emissionsbanken oder Merchant Banks, die Unternehmen mit Finanzdienstleistungen versorgen. Das Bankwesen in Großbritannien ist ein Berufsstand mit langer Tradition, und das britische Banksystem ist hochentwickelt und äußerst leistungsfähig. Die Banken stehen miteinander im Wettbewerb, und diese gesunde Konkurrenz bietet dem Kunden eine große Auswahl und ein ständig steigendes Niveau auf dem Dienstleistungssektor.

GESCHÄFTSBANKEN

Die Stärke des britischen Geschäftsbankwesens ist in seinem Filialnetz begründet. Zu den in Großbritannien tätigen Großbanken gehören die National Westminster

Bank, die Barclays Bank, die Llodys Bank und die Midland Bank. Obwohl es noch weitere Banken in dem Land gibt, haben diese vier Großbanken den größten Anteil am Geschäftsbankwesen.

Jede Filiale dieser Banken wird von einem Filialleiter geführt, der für den reibungslosen Betrieb der Filiale, die Führung der Mitarbeiter und das Erwirtschaften von Gewinnen für die Bank verantwortlich ist. Der Filialleiter verwendet viel Zeit auf Kundengespräche, Entscheidungen über die Vergabe von Krediten und auf die allgemeine Entwicklung des Kundenstamms der Filiale. Eine Filiale bietet zumeist auch zusätzliche Dienstleistungen wie Beratung in Steuersachen, über Anlage- und Sparmöglichkeiten an.

BERUFLICHER WERDEGANG

Es gibt Aufstiegschancen innerhalb des Filialbanksystems oder in den Zentralen der Großbanken. Die Bank of England ist Großbritanniens höchstes Bankinstitut – sie bietet keine Dienstleistungen im Sinne einer Geschäftsbank, sondern wird von der britischen Regierung kontrolliert und überwacht und kontrolliert ihrerseits die Tätigkeiten aller Geschäftsbanken. Eine Position bei der Bank of England gilt als Zeichen des Erfolges im Bankgewerbe.

Im Rahmen des Filialbanksystems liegt es auf der Hand, daß man die Position eines Filialleiters und danach eine Führungsposition mit einem ständig wachsenden Aufgabenbereich anstrebt.

EINSTIEGSBEDINGUNGEN

Das Bankgewerbe ist traditionsgemäß für Bewerber mit höheren Schulabschlüssen zugänglich und bietet die Möglichkeit, langfristig auch ohne einen Hochschulabschluß Karriere zu machen. Seit einiger Zeit werden jedoch Bewerber vorgezogen, die einen akademischen Grad nachweisen können. Gut ausgebildete Anfänger können schneller vorankommen als diejenigen ohne akademische Vorbildung.

Das Bankwesen verfügt über einen eigenen Berufsverband, das Institute of Bankers. Mitglied wird man aufgrund von entsprechenden Prüfungen und Erfahrungen, die man über einen gewissen Zeitraum hinweg erworben hat. Es besteht auch die Möglichkeit der Spezialisierung, und heutzutage legt man Wert darauf, sich Qualifikationen auf besonderen Fachgebieten anzueignen.

EMISSIONSBANKEN ODER MERCHANT BANKS

Dieser spezialisierte Banksektor richtet sich nur an Geschäftskunden. Zu den Dienstleistungen gehören Finanzierungen für den internationalen Handel, Beratung bei Geschäftsübernahmen und Fusionen, sonstige Finanzgeschäfte für Unternehmen, wie Börsenzulassungen, Emission von neuen Wertpapieren, Vermögensverwaltung und Kreditaufnahme.

Auch wenn die Palette der angebotenen Dienstleistungen groß und oft sehr komplex ist, haben diese Banken in der Regel nur einen kleinen Mitarbeiterstab im Vergleich zu den großen Geschäftsbanken. Der auf diesem Sektor tätige Bankfachmann übernimmt Beraterfunktionen für die Kunden. Das Verhältnis zwischen den Banken und ihren Kunden ist sehr eng. Das ist auch notwendig, denn in vielen Fällen geht es bei der Beratung und Unterstützung um sehr heikle und entscheidende Angelegenheiten. Ein gutes Beispiel dafür wäre eine Firmenübernahme, wenn eine Gesellschaft die Möglichkeit ventiliert, ein Übernahmeangebot für eine andere

Gesellschaft zu unterbreiten. Das kann für alle Beteiligten eine schwierige und anstrengende Zeit sein, und hier bedarf es oft starker Nerven. Den Erfolg einer Bank mißt man normalerweise daran, wie sie diese Art der Geschäfte handhabt.

Die Merchant Bank berechnet ihre Gebühren auf der Grundlage der getätigten Arbeit. Diese Gebühren sind oft sehr hoch. Dabei kommen Geschicklichkeit und Sorgfalt zum Ausdruck, ein Erfordernis bei äußerst heiklen Geschäften.

BERUFLICHER WERDEGANG

Innerhalb der kleinen Gruppen, aus denen dieser Sektor besteht, ist der Konkurrenzkampf um Spitzenpositionen groß. Es handelt sich um einen Bereich, in dem Geschick und Talent wesentlich sind und auch anerkannt werden. Der Zugang erfolgt nicht unbedingt über einen der herkömmlichen Wege. Es werden ein sehr guter Hochschulabschluß und/oder ausgezeichnete berufliche Qualifikationen verlangt. Auch Ausstrahlung und Persönlichkeit spielen eine große Rolle bei der Suche nach einem Arbeitsplatz.

DER FINANZBEREICH

WERTPAPIERMAKLER

Die Hauptaufgabe eines Wertpapiermaklers besteht darin, seine Kunden bei Anlagegeschäften zu beraten sowie Investitionen in die Wege zu leiten und auszuhandeln. Der Kundenkreis erstreckt sich von Privatleuten bis zu großen Anlegern, wie Banken, Versicherungsgesellschaften und Pensionsfonds. Die an den Börsen der Welt getätigten Geschäfte sind vielfältig und zahlreich. Man schätzt, daß es in Großbritannien über 7.000 verschiedene Arten des Anlagegeschäftes gibt, und folglich spezialisieren sich viele Wertpapiermakler beispielsweise auf den Handel mit Staatstiteln.

Einzelkunden bezeichnet man als «Privatkunden». Vom Wertpapiermakler erwartet man, daß er genau Bescheid weiß über Angelegenheiten und Situation des Kunden, damit er ihn bei speziellen Anlagegeschäften beraten kann. Viele Wertpapiermakler bieten auch Vermögensverwaltung an, wobei sie sich um die Anlagen des Kunden («Portefeuille» genannt) kümmern und diese Anlagen in regelmäßigen Abständen überprüfen, Änderungen vorschlagen und schriftliche Berichte erstellen.

Großbanken, Versicherungsgesellschaften, Pensionsfonds und sonstige große Anlagegesellschaften faßt man unter dem Begriff «institutionelle» Kunden zusammen. Der Wertpapiermakler bietet in diesen Fällen normalerweise sehr wettbewerbsfähige Dienstleistungen im Effektenhandel an in Verbindung mit Beratungen über die Aussichten der am meisten gehandelten Aktien.

BERUFLICHER WERDEGANG

Für den Wertpapiermakler gibt es verschiedene Möglichkeiten des beruflichen Werdegangs:

MARKETMAKER

Der Marketmaker ist derjenige, der im Auftrag des Kunden Wertpapiere und Aktien kauft und verkauft. Marketmaker können auch auf eigene Rechnung kaufen und verkaufen. Das Fixing eines Abschlußkurses ist natürlich für diese Arbeit entscheidend, da es hier um ein beträchtliches Risiko geht. Das Geschick des Market-makers besteht darin, dieses Risiko möglichst gering zu halten, indem er erkennt, zu welchem Zeitpunkt und Kurs der Abschluß getätigt werden sollte. Zu den verschiedenen Faktoren, die der Marketmaker bei der Festlegung des Kurses berücksichtigen muß, gehören Angebot und Nachfrage, die Ergebnisse und Aussichten des betreffenden Unternehmens, die Tagesereignisse und politischen Nachrichten sowie sonstige internationale Vorgänge.

ANALYST

Wie bereits erwähnt, bietet der Wertpapiermakler seinen Kunden detaillierte Informationen über die verschiedenen Anlagemöglichkeiten auf dem Markt an. Der Analyst erstellt eine detaillierte Analyse und liefert weitere Informationen, die den Kunden die Entscheidung darüber erleichtern, ob sie Wertpapiere und Aktien kaufen oder verkaufen sollten. Analysten spezialisieren sich normalerweise auf verschiedene Bereiche der Börse und werden zu großen Experten für Gesellschaften im Rahmen ihrer Fachgebiete. Sie werden oft in der inländischen Presse und im Fernsehen um ihre Meinung gefragt, insbesondere, wenn es um irgendwelche Schritte von seiten der Regierung geht. Daher nehmen Analysten mittels kontinuierlicher und detaillierter Nachforschungen und durch das Sammeln von Daten Bewertungen einzelner Gesellschaften vor und vergleichen oft Unternehmen mit ihren unmittelbaren Konkurrenten, die in der gleichen Branche tätig sind. Analysten sprechen immer eine Empfehlung aus – Kaufen, Verkaufen oder Behalten!

BERUFLICHER WERDEGANG

In Großbritannien gibt es über 400 Firmen, die Mitglieder der Börse sind. Über 75 % aller Arbeitsplätze für Wertpapiermakler sind auf London konzentriert. Daher bestehen Chancen für den beruflichen Werdegang hauptsächlich innerhalb der Quadratmeile der City of London. Es gibt traditionelle Aufstiegsmöglichkeiten in allen Bereichen des Wertpapiermaklergeschäfts. Dieser Beruf gilt allgemein als hochbezahlt.

EINSTIEGSBEDINGUNGEN

Wie in allen Bereichen des Bank- und Finanzwesens, sind formale Einstiegsqualifikationen zwar wünschenswert, aber nicht immer Voraussetzung. Die Persönlichkeit spielt eine große Rolle, und ein Bewerber, dessen Hochschulabschluß vielleicht nicht unbedingt hervorragend ist, der aber die richtige Einstellung zum Beruf hat, hat oft die besseren Chancen.

DER FINANZSEKTOR

VERMÖGENSVERWALTER

Große Versicherungsgesellschaften, Banken, Pensionsfonds und sonstige Anlagegesellschaften beschäftigen Personen, die die alleinige Aufgabe haben, für das Vermögen des Kunden geeignete Anlagemöglichkeiten zu finden. Bei den großen Pensionsfonds bedarf dies sorgfältiger Planung und Nachforschung, um sicherzustellen, daß das Vermögen sicher angelegt ist, daß es einen entsprechenden Ertrag bringt und im Wert steigt. Vermögensverwalter sind die größten Anleger an der Londoner Börse. An der Börse zugelassene britische Aktiengesellschaften weisen in vielen Fällen aus, daß über 70 % ihrer im Umlauf befindlichen Aktien von Großanlegern gehalten werden. Daraus läßt sich ersehen, daß Vermögensverwalter einen beträchtlichen Einfluß auf den Kurs der Aktie einer Gesellschaft und folglich auch auf deren Wachstumschancen ausüben können. Vermögensverwalter sind die Hauptkunden von Wertpapiermaklern und Analysten, die ihnen bei Investitionsentscheidungen helfen.

BERUFLICHER WERDEGANG

Dem Vermögensverwalter stehen normalerweise Aufstiegschancen bei der Verwaltung von und der Kontrolle über immer größere Investitionsbeträge zur Verfügung. In bestimmten Kapitalanlagegesellschaften kann er bis in den Firmenvorstand aufrücken und auch allgemeinere Führungsaufgaben übernehmen.

EINSTIEGSBEDINGUNGEN

Ein Universitätsabschluß ist unabdingbar sowie ein Talent für Konjunkturanalysen und den Umgang mit Zahlen ist erforderlich.

VERSICHERUNGSWESEN

Das Versicherungswesen in Großbritannien ist hochentwickelt und in der ganzen Welt berühmt. Lloyds of London ist weltweit vielleicht der bekannteste Name im Versicherungswesen. In Großbritannien gibt es auch sonst viele große und mächtige Versicherungsgesellschaften, die entweder unmittelbar oder indirekt der Allgemeinheit ihre Versicherungsdienste anbieten. Auch im Export ist die Versicherungsbranche sehr erfolgreich und erwirtschaftet große Beträge an ausländischen Einkünften für das Land. Die Aufstiegschancen in der Versicherungsbranche sind recht vielseitig, konzentrieren sich jedoch auf die folgenden Hauptsparten:

VERSICHERER

Vereinfacht ausgedrückt, entscheidet der Versicherer, ob ein Risiko versichert werden sollte oder nicht. Er entscheidet über die Höhe der Prämie sowie über irgendwelche Sonderbedingungen, die in die Versicherungspolice aufgenommen werden sollten. Die Festsetzung des Preises für die Versicherung (Prämie) ist vielleicht die wichtigste Aufgabe des Versicherers. Der Preis muß niedrig genug angesetzt werden, um wettbewerbsfähig zu sein, jedoch hoch genug, um der Versicherungsgesellschaft Mittel zukommen zu lassen, damit sie Ansprüche befriedigen, Rücklagen aufbauen und hoffentlich Gewinn machen kann!

Es gibt in Großbritannien über 400 große Versicherungsgesellschaften, die in allen Sparten des Versicherungswesens Dienstleistungen anbieten, auch wenn sich viele Unternehmen spezialisieren.

VERSICHERUNGSMAKLER

Beim Versicherungsmakler handelt es sich üblicherweise um unabhängige Fachberater, die Kunden beraten, die einen Versicherungsschutz wünschen. Sie verhandeln mit den Versicherern, um sicherzustellen, daß beim Versicherungsschutz Höhe und Preis stimmen. Bei sehr hohen Risiken ist es üblich, daß der Makler dieses Risiko über mehrere Versicherer streut.

SCHADENSREGULIERER

Bei einem Versicherungsanspruch oder bei Streitigkeiten zwischen einer Versicherungsgesellschaft und ihrem Kunden wird der Schadensregulierer eingeschaltet, um die Forderung auszuhandeln und festzusetzen. Schadensregulierer sind unabhängige Fachleute für Schadensfälle, deren Entscheidung üblicherweise von beiden Streitparteien akzeptiert wird.

BERUFLICHER WERDEGANG

Die Versicherungsbranche bietet traditionelle Aufstiegschancen bei den großen Versicherungsgesellschaften. Die Laufbahnstrukturen sind nahezu überall gleich. Es gibt eine ziemlich große Fluktuation der Angestellten zwischen den verschiedenen Unternehmen. Makler und Schadensregulierer sind zumeist freie Mitarbeiter bei kleineren Unternehmen, aber das bedeutet auch ausgezeichnete Aussichten für die nach mehr Selbständigkeit Strebenden.

EINSTIEGSBEDINGUNGEN

Es ist sehr schwierig, genaue Angaben über die von der Versicherungsbranche geforderten Qualifikationen zu machen, da es sich um eine Branche handelt, die sowohl Schulabgänger als auch Universitätsabsolventen aufnimmt. Es wird jedoch allgemein akzeptiert, daß man, um in dieser Branche Karriere zu machen, die Mitgliedschaft in ihrem Berufsverband anstreben muß. Bei diesem Verband handelt es sich um das Chartered Insurance Institute.

MARKETING

VERTRIEBSLEITER

Marketing ist definiert als Managementprozeß, der verantwortlich ist für das Festlegen, Erahnen und Befriedigen von Kundenwünschen – alles gewinnorientiert durchgeführt. Einfacher ausgedrückt, das Marketing stellt das Bindeglied zwischen Kunde und Produkt dar.

Die verschiedenen Stufen des Marketing sehen wie folgt aus: Marktforschung und -analyse, Produktentwicklung, Preisfestlegung für das Produkt, Absatzförderung und Werbung sowie Verkauf und Vertrieb. Der Vertriebsleiter spielt eine wichtige Rolle bei all diesen Prozessen. Aufgaben und Verantwortungsbereiche umfassen folgende Tätigkeiten: Einweisung und Auswahl von Marktforschern und die Empfehlung von Vorgehensweisen auf der Grundlage der Marktforschungsergebnisse; Zusammenarbeit mit Mitarbeitern aus Forschung und Entwicklung sowie mit Designern und Produktionsfachleuten bei der Entwicklung von neuen wie auch geänderten Produkten; Entscheidungen und Empfehlungen zur Preispolitik für das Produkt; Einweisung von und Zusammenarbeit mit Werbe- und Vertriebsfachleuten und schließlich Zusammenarbeit mit Produktion, Vertrieb und Verkauf, um sicherzustellen, daß das Produkt dem Kundenwunsch entspricht.

Oft sind Vertriebsleiter verantwortlich für ein einziges Produkt oder für eine Gruppe von miteinander verbundenen Produkten. Sie werden zu großen Fachleuten auf den vorhandenen Absatzmärkten und hinsichtlich wirkungsvoller Verfahren für diese Produktpalette.

BERUFLICHER WERDEGANG

Der Marketingbereich in Handel und Industrie ist groß und bietet viele Aufstiegschancen. Der Weg vom Auszubildenden bis zum Vertriebsleiter für einzelne Produkte muß nicht ein langer Prozeß sein. Viele Vertriebsleiter haben bereits hohe Positionen inne, wenn sie Mitte dreißig sind. Die Gehälter und Leistungen sind in den letzten zwanzig Jahren in Großbritannien drastisch gestiegen, und es wird wesentlich mehr Wert gelegt auf die Marketingfähigkeiten innerhalb einer Gesellschaft.

EINSTIEGSBEDINGUNGEN

Für diejenigen, die im Marketing Karriere machen wollen, gibt es Hochschulkurse mit entsprechendem Abschluß. Die großen Arbeitgeber, insbesondere die Hersteller von Konsumgütern, stellen gerne junge Hochschulabsolventen ein und können ihnen beachtliche Aufstiegsmöglichkeiten in ihren Betrieben bieten. Wie man sich jedoch denken kann, ist diese Laufbahn attraktiv für Leute, die eine Position suchen, die sie fordert und in Spannung hält. Deshalb findet eine ziemliche Fluktuation zwischen den Gesellschaften statt.

Es gibt einen Berufsverband, dem junge Führungskräfte des Marketingsektors inzwischen angehören müssen – The Institute of Marketing.

MARKTFORSCHUNG

Die Marktforschungsbranche unterstützt das Marketing. Es bestehen Aufstiegschancen in diesem Bereich, der sich natürlich mit der Datenerfassung, der Analyse der Ergebnisse dieser Datenerfassung und der anschließenden Präsentation der Forschungsergebnisse gegenüber dem Kunden (üblicherweise dem Vertriebsleiter) befaßt.

In den letzten zwanzig Jahren hat es auf diesem Sektor ein enormes Wachstum gegeben, und infolgedessen gibt es viel mehr Arbeitsplätze. Der Beruf erfordert eine Reihe von Fähigkeiten, angefangen mit einfachen Interviews bis zu schwierigen und umfassenden Analysen. Es gibt daher Möglichkeiten für Mitarbeiter, die über vielseitige Fähigkeiten verfügen, und es gibt keine absoluten Qualifikationskriterien für den Eintritt in diese Beschäftigungssparte. Ehrgeizigere Bewerber benötigen jedoch mit Sicherheit einen Hochschulabschluß, um schneller voranzukommen.

INFORMATIONSTECHNOLOGIE

Die letzten fünfundzwanzig Jahre des zwanzigsten Jahrhunderts stellen einen Zeitraum dar, in dem die Entwicklung der Informationstechnologie größere Fortschritte als je zuvor gemacht hat. Die Entwicklung dieser Technologie hat unser aller Leben in den industrialisierten Ländern beeinflußt und hat die Methoden und Verfahren in fast allen Betrieben, ob klein oder groß, dramatisch verändert. Die Einführung dieser neuen Technologie hat viele neue Arbeitsplätze geschaffen – Arbeitsplätze, die es vor der Erfindung dieser Technologie nicht gab. In diesem Abschnitt wollen wir uns auf die Bereiche konzentrieren, in denen das Beschäftigungswachstum am größten war. Dabei handelt es sich um die Entwicklung von Computersystemen und das Personal, das man für ihren Betrieb und ihre Steuerung benötigt. Es gibt viele Arbeitsplätze im Bereich Software und Hardware, und die Aufstiegschancen hier gelten als lukrativ und die Arbeit als aufregend und bahnbrechend.

SOFTWARE

Programmierer und Analytiker stellen zusammen das Hauptkontingent der Arbeitsplätze im Computerbereich. Dem Systemprogrammierer obliegt die Erforschung, Konzipierung und Entwicklung von Programmen, die die internen Abläufe der Computersysteme in all ihren Anwendungsbereichen überwachen. Die produzierte Systemsoftware sorgt dafür, daß die Computer komplizierte Arbeitsabläufe durchführen können, und das manchmal zu letztendlich sehr niedrigen Kosten für den Verbraucher. Systemprogrammierer sind verantwortlich für Betriebssysteme, die andere Programme steuern, die wiederum die gewünschten Arbeitsabläufe durchführen.

Andere Wachstumsbereiche der Spezialisierung sind die rechnergestützte Konstruktion, die rechnergestützte Fertigung, die Vernetzung zur sofortigen Kommunikation zwischen vielen Computersystemen usw. Für eine neue Computergeneration, die in der Lage sein wird, Prozesse zu verstehen, die denen des menschlichen Gehirns gleichen, werden bereits hochentwickelte Forschungsarbeiten durchgeführt. Programmierer, die Anleitungen für besondere Computeraufgaben für spezielle Computerbenutzer schreiben, werden Anwendungsprogrammierer genannt.

Die Arbeit des Systemanalytikers besteht in der Planung und Erfassung von Daten, bis ein neues System konzipiert oder ein altes System geändert wird. Von den Analytikern wird erwartet, daß sie sowohl die geschäftlichen als auch die Informationsaspekte eines Systems berücksichtigen und sie immer im Auge haben, daß das Systemkonzept letztlich dem Ziel dienen muß, die Leistungsfähigkeit eines Unternehmens zu verbessern. Seit den letzten Jahren werden Analytiker verstärkt, um neue Systeme unter Verwendung von Microcomputern und anderen Technologien umzusetzen, die den jeweiligen Unternehmen einen Wettbewerbsvorsprung verschaffen. Die Analytiker sind ebenfalls damit befaßt, die derzeitigen Systeme eines Unternehmens ständig zu überarbeiten, auf den neuesten Stand zu bringen und aufzuwerten – insbesondere durch Hinzufügung von neuen Geräten nach dem jeweiligen Stand der Technologie.

BERUFLICHER WERDEGANG

Systementwicklung und die Fähigkeiten der Anwendung der Computertechnologie für Geschäftszwecke gehören zu den wichtigsten neuen Tätigkeitsfeldern, auf denen man heute Karriere machen kann.

Folglich gibt es Aufstiegsmöglichkeiten in nahezu jedem Unternehmen für den, der vorankommen will. Die Fähigkeiten sind überall einsetzbar, obwohl es üblich ist, sich zu spezialisieren. Es gibt viel Computerfachleute, die auf beratender Basis arbeiten und spezielle Aufträge für eine Reihe von Kunden übernehmen. Es ist klar, daß mit einschlägigen Fähigkeiten und dem Ehrgeiz, Erfolg zu haben, der gesamte Bereich der Informationstechnologie von allen Industriezweigen wahrscheinlich die meisten Chancen weltweit bietet. Die Aufstiegsmöglichkeiten variieren je nach Größe des Unternehmens; in jedem Fall aber bedeutet die rasante Entwicklung des technologischen Fortschritts, daß sobald eine Struktur eingesetzt worden ist, bereits etwas Neues passiert und jeder wieder von vorne anfängt. In Großbritannien gibt es viele Gesellschaften und Unternehmen, die denen, die das nötige Engagement und den nötigen Ehrgeiz haben, um den Herausforderungen des nächsten Jahrhunderts zu begegnen, Aufstiegschancen anbieten können.

EINSTIEGSBEDINGUNGEN

Viele Universitäten und andere Hochschulen bieten sehr spezialisierte Kurse in der neuen Informationstechnologie an. Folglich suchen immer mehr Arbeitgeber Bewerber, die diese einschlägigen Qualifikationen aufweisen. Es wäre aber wiederum falsch zu behaupten, daß mangelnde formale Qualifikationen ein Hindernis für das Einschlagen dieses Berufsweges sein müssen. Die rapide Zunahme von kleineren Betrieben bietet demjenigen, der für die Computeranwendung wirklich talentiert ist und der dieses Talent und die nötige Begeisterung unter Beweis stellen kann, die Chance, ein Unternehmen zu finden, das bereit ist, Positionen mit Karriereaussichten anzubieten.

HARDWARE

Die berufliche Beschäftigung auf mit der Entwicklung von Computern und ihrer Technik ist lukrativ und aufregend. Hardware (die Bezeichnung für die physische Ausrüstung eines Computersystems, die man sehen und anfassen kann) muß entworfen, entwickelt und gebaut werden. Ein Hardwareingenieur ist damit befaßt, die Geräte zu konzipieren und zu verbessern und Problemlösungen auszuarbeiten. Die Entwicklung von Microchips und anderen Teilen erfordert breitgefächerte Kenntnisse von technischen, wissenschaftlichen und mathematischen Grundsätzen in Verbindung mit umfassenden Systemkenntnissen. Hardwareingenieure arbeiten oft in kleinen Gruppen an bestimmten Projektaspekten, und einige haben Spezialgebiete. Man erwartet von ihnen grundlegende Innovationen, die oft zur Entwicklung von gänzlich neuen Computersystemen führen können. In den letzten Jahren wurden bedeutende Fortschritte auf dem Gebiet der Mikroelektronik erzielt, was schnellere und verläßlichere Geräte mit beträchtlichen Kosteneinsparungen nach sich zog. Diese und andere Entwicklungen haben die Anzahl der größeren und kleineren Projekte wesentlich erhöht, was zu einer zunehmenden Nachfrage nach Mitarbeitern geführt hat.

BERUFLICHER WERDEGANG

Wie bereits erwähnt, besteht eine große Nachfrage nach Designern und Ingenieuren für Hardware, und das Angebot an Arbeitsplätzen ist umfangreich. Sowohl große wie auch kleine Unternehmen können ausgezeichnete Aufstiegschancen bieten, und eine sorgfältige Auswahl ermöglicht eine Spezialisierung in dem Bereich, für den sich der Bewerber ganz besonders interessiert. Die ganz großen Unternehmen, wie die Fernmeldeindustrie oder die Verteidigungsindustrie, bieten die Chance, in dieser Technologie an vorderster Front mitzuarbeiten.

EINSTIEGSBEDINGUNGEN

Es ist wesentlich, daß man vor dem Einstieg in dieses Arbeitsfeld Hochschulqualifikationen erworben hat. Es ist sogar so, daß viele Unternehmen Bewerber suchen, die noch einen zusätzlichen akademischen Nachweis erbringen. An bestimmten Universitäten kann man sich spezialisieren. Alle Arbeitgeber unterstützen und bezahlen derartige Fortbildungen.

VERKAUFSVERTRETER

In Großbritannien galt der Verkaufsvertreter über viele Jahre hinweg als ziemlich unprofessionelle und wenig talentierte Berufsgattung. Diese Darstellung entspricht jedoch keineswegs der Wahrheit. Heutzutage steht der Verkaufsvertreter mitten im Wettbewerb und ist eine Schlüsselfigur, deren Einsatz entscheidend für den Erfolg oder Mißerfolg des Arbeitgebers sein kann. Der Verkauf ist Teil des Marketingprozesses, und das Image, der berufliche Status sowie der Wert des Verkaufspersonals genießen inzwischen echte Anerkennung.

Das Verkaufspersonal in der komplexen Welt von heute ist zumeist spezialisiert, wie der ehrgeizige Hochschulabsolvent, der hochentwickelte Technologie verkauft. Der Verkaufsvertreter muß etwas von dem Produkt verstehen, Kundenwünsche analysieren und auf einem Wettbewerbsmarkt den Preis, zu dem das Produkt verkauft werden soll, zielsicher festlegen. Verkaufsvertreter können entweder auf ein Produkt oder ein geographisches Gebiet spezialisiert sein, je nach dem Produkt oder der Dienstleistung, die verkauft werden. Ungeachtet der Spezialisierung, muß er in allererster Linie die Persönlichkeit haben, eine gute Beziehung zu den Kunden aufzubauen, und er muß über Verhandlungsgeschick und Entscheidungsfreudigkeit verfügen.

Immer häufiger kommt es vor, daß der Verkaufsvertreter von Anfang bis Ende die Abwicklung eines Auftrags oder die Durchführung eines Vertrages überwacht. Bei größeren Aufträgen gehört der Verkaufsvertreter zweifellos zu dem Team, das den Arbeitsfortschritt überwacht.

Es besteht immer weniger Unterschied zwischen dem Verkaufsvertreter und dem Verkaufsleiter, obwohl man sagen könnte, daß der Verkaufsleiter immer noch verantwortlich ist für Verkaufsplanung, Marktanalyse und -entwicklungen sowie für die Führung von Verkaufsunterlagen und sonstigen Daten. Man hat erkannt, wie wichtig es ist, auf Reaktionen oder Beschwerden der Kunden einzugehen, und das Verkaufsteam kann häufig den Fertigungs- und Vertriebsprozeß dadurch verbessern, daß es Verständnis für diese Beschwerden zeigt und sie weiterleitet.

Der vermehrte Einsatz der Technologie im Verkaufsbüro hilft der Vertriebsleitung, Strategien zu planen, die Mitarbeiter zu überwachen und über ihre eigenen Tätigkeiten und vielleicht die der Konkurrenz sofort Buch zu führen!

BERUFLICHER WERDEGANG

Es wird geschätzt, daß es in Großbritannien über zwei Millionen Angestellte auf dem Verkaufssektor gibt. Die Beschäftigungsmöglichkeiten sind unbegrenzt, und die Spezialisierung führt heute zu einem viel höheren Ansehen und bedeutet auch mehr Verantwortung für die Vertriebsleitung.

EINSTIEGSBEDINGUNGEN

Die Zahl der Hochschulabsolventen, die Gefallen an einer Tätigkeit im Verkaufswesen finden, steigt ständig. Durch die zunehmenden Möglichkeiten im Computer- und Finanzwesen, in Pharmazie, Medizin usw. gibt es sicherlich ausgezeichnete Aufstiegschancen.

Immer noch gilt, daß ein Verkäufer ganz unten anfangen und sich bis zur Spitze hocharbeiten kann. Eine starke Persönlichkeit und Ehrgeiz sind die Hauptkriterien für eine erfolgreiche Karriere.

DER NATURWISSENSCHAFTLER

Es ist die Aufgabe des Naturwissenschaftlers, sich innerhalb eines bestimmten akademischen Bereiches oder eines Industriezweigs zu spezialisieren. Es gibt jedoch mehrere Funktionen, die allen Naturwissenschaftlern gemein sind.

Da ist zunächst die Forschung und Entwicklung, die sich wiederum in zwei deutliche Bereiche unterteilt. Die reine Forschung ist die um ihrer selbst willen akademisch betriebene Forschung, während die angewandte Forschung auf die praktische Anwendung gerichtet ist und in der Regel von der Industrie bezahlt wird. Eine weitere ihnen allen gemeine Funktion ist die Analyse und Untersuchung, Tätigkeiten, die die Naturwissenschaftler durchführen, um Leistung und Qualität zu sichern. Die Nahrungsmittelindustrie zum Beispiel führt biologische und chemische Tests durch, um die Reinheit der Nahrungsmittel zu überprüfen, während sich die Tests in der Landwirtschaft auf Pestizide und Düngemittel beziehen. Analysen und Untersuchungen in medizinischen Labors stellen eine der Hauptstützen für den Fortschritt in der Medizin dar. Naturwissenschaftler sind auch tätig in der Produktion und in den technischen Abteilungen der Industrieunternehmen.

Natürlich zieht es viele Naturwissenschaftler in den Lehrberuf, und so wird ein Großteil der Forschungsarbeit in Großbritannien an Universitäten und Hochschulen durchgeführt.

BERUFLICHER WERDEGANG

Es gibt ungeahnte Möglichkeiten für begabte Naturwissenschaftler, ihre Fähigkeiten auf vielen Gebieten der Industrie, des Handels und der reinen Forschung einzusetzen. Der Nahrungsmittelbereich und die Pharmazie sind wahrscheinlich die Hauptarbeitgeber für Naturwissenschaftler in Großbritannien. Viele Naturwissenschaftler finden jedoch auch Anstellungen in großen Organisationen, in denen sie ihre analytischen und untersuchungstechnischen Fähigkeiten bei einer Vielzahl von Problemen anwenden können. Aufstiegsmöglichkeiten gibt es daher in den meisten großen Organisationen in ganz Großbritannien.

EINSTIEGSBEDINGUNGEN

Erwartungsgemäß sind akademische Qualifikationen unerläßlich. Es wird ein sehr hohes Niveau verlangt. Die Ausbildungszeiten können langwierig sein, und man kommt aufgrund der Gegebenheiten auf dem Arbeitsmarkt nicht so schnell voran. Die Naturwissenschaften bieten jedoch denen, die dafür geeignet sind, sehr zufriedenstellende Chancen.

DER INGENIEUR

Die Technik befaßt sich damit, Lösungen für praktische Probleme zu finden, die sich in der Industrie stellen. Um diese Probleme zu analysieren und zu lösen, muß der Ingenieur wissenschaftliche Grundsätze, Theorien und Methoden anwenden. Der Begriff «Ingenieur» umfaßt ein breites Arbeitsspektrum, und normalerweise spezialisiert man sich auf einen bestimmten Bereich der Technik. Den Ingenieuren sind die folgenden Funktionen gemein.

Die Planung ist ein wichtiger Aufgabenbereich des Ingenieurs. Sie bedeutet Arbeit an der Produktverbesserung, an der Verfahrenstechnik usw. Forschung und Entwicklung sind Funktionen, die die meisten Ingenieure ausüben, und viele finden auf diesem Sektor eine Anstellung. Betriebsingenieure überwachen die Herstellung oder den Bau eines Produkts, wobei sie einen gleichmäßigen Arbeitsfluß, einen effizienten Einsatz von Arbeitskräften und Material und die Qualitätskontrolle sichern.

Die am weitesten verbreiteten Ingenieurberufe sind wahrscheinlich die des Maschinenbauingenieurs, des Chemieingenieurs, des Elektroingenieurs und des Bauingenieurs. Der Maschinenbauingenieur gehört zum größten und ältesten Bereich des Ingenieurwesens. Maschinenbauingenieure arbeiten normalerweise in einem Team in Industrie oder Handel. Ihre Hauptaufgabe besteht darin, Probleme zu erkennen und alle Arten von Maschinen, Anlagen und Maschinenbauprodukten zu entwerfen, entwickeln, herzustellen, zu betreiben und instandzuhalten.

Der Maschinenbauingenieur wird in allen Industriesparten eingesetzt, wenn auch die besonderen Aufgaben stark voneinander abweichen. So könnte zum Beispiel der in der Luftfahrtindustrie eingesetzte Maschinenbauingenieur die neuesten computergestützten Konstruktionstechniken anwenden, während ein in der Medizin tätiger Maschinenbauingenieur eng mit Chirurgen und Ärzten an der Entwicklung von künstlichen Gelenken und dergleichen zusammenarbeitet.

Der Beruf des Elektro- und Elektronikingenieurs deckt die Bereiche Kommunikation, Rechenwesen und Automation ab. Das Kommunikationswesen ist einer der Bereiche mit dem schnellsten Wachstum, und die Ingenieure haben an der Entwicklung auf diesem Sektor maßgeblichen Anteil. Sie setzen die Mikroelektronik ein, um komplexe Informationssysteme zu entwickeln, und Errungenschaften der letzten fünfundzwanzig Jahre des zwanzigsten Jahrhunderts, wie das Satellitenfernsehen, das mobile Telefon und Telefax, verdanken wir dem hohen Standard der entsprechenden Technik. Im Rechenwesen werden Ingenieure in allen möglichen Funktionen eingesetzt, und zwar insbesondere in der Konstruktion und Entwicklung von Robotern unter Verwendung sehr hoch entwickelter Software. Chemieingenieure werden eingesetzt, um Großanlagen für die Verarbeitung von Öl, Chemikalien, pharmazeutischen und anderen verwandten Produkten zu konstruieren, einzurichten und zu unterhalten. Ein Elektro- oder Elektronikingenieur, der in der Energietechnik arbeitet, befaßt sich mit der Erzeugung, Übertragung und Verteilung von elektrischer Energie. Der Bauingenieur ist ausgebildet für die Mechanik, Aerodynamik und die Baukonstruktion, und sein Aufgabenbereich erstreckt sich auf die Planung und den Bau von Brücken, Straßen und großen Gebäudekomplexen.

BERUFLICHER WERDEGANG

Es gibt über 70.000 voll ausgebildete Ingenieure in Großbritannien. Fast 75 % aller Ingenieure mit Universitätsabschluß arbeiten in der Fertigungsindustrie, es bestehen jedoch auch Möglichkeiten in der Öl- und Veredelungsindustrie, im öffentlichen Dienst und bei technischen Beratungsfirmen.

In vielen Fällen strebt der Ingenieur vor allem danach, auf seinem Spezialgebiet zu arbeiten. Große Unternehmen verfügen jedoch manchmal über eine Laufbahnstruktur mit Aufstiegsmöglichkeiten. Letztlich kann ein Ingenieur auch allgemeinere Führungsaufgaben übernehmen.

EINSTIEGSBEDINGUNGEN

Der übliche Einstieg für einen Ingenieur erfolgt über einen Hochschulabschluß. Viele Universitäten und

Hochschulen bieten spezielle Ausbildungen und Kurse zum Erwerb eines Diploms an. Die meisten dieser Kurse basieren auf dem Studium der grundlegenden Ingenieurwissenschaften, einschließlich Mathematik, angewandte Mechanik, Thermodynamik usw. Die Maschinenbauindustrie verfügt über ihren eigenen Verband, und nach der praktischen Ausbildung und dem Sammeln von Erfahrungen wird der Ingenieur als «Chartered Engineer» in diesen Verband aufgenommen.

DER MEDIENBEREICH

Die technologische Explosion, die zu dramatischen Veränderungen in Fernsehen, Rundfunk und Zeitungswesen geführt hat, bietet eine zunehmende Auswahl an Arbeitsstellen.

Die Fernsehindustrie in Großbritannien wird traditionell von der British Broadcasting Corporation (BBC) beherrscht, eine öffentlich-rechtliche Rundfunkanstalt. Es gibt keine Werbung bei der BBC. Independent Television (ITV) bietet seine Dienstleistungen über eine Reihe regionaler Gesellschaften an, die neben dem Regionalprogramm auch Beiträge für das Sendernetz von ITV liefern. Sämtliche ITV-Gesellschaften strahlen auch Werbung aus.

Das Satellitenfernsehen, das es seit Ende der achtziger und Anfang der neunziger Jahre gibt, hat sich in Großbritannien nur langsam entwickelt, aber es gewinnt ständig an Marktanteilen und wird in den nächsten Jahren zweifellos einer der wichtigsten Pfeiler im Medienbereich sein.

Der Rundfunk, einst die ausschließliche Domäne der BBC, ist heute breit gestreut, und viele Sender, finanziert durch Werbung, bedienen Zuhörer auf regionaler wie auch auf nationaler Basis.

Auch in der Zeitungsindustrie hat es durch die Einführung der neuen Technologien viele Veränderungen gegeben, nicht zuletzt aufgrund der Expansion dieses Industriezweiges und des Herausbringens neuer Zeitungen und Zeitschriften, von denen es mehr regionale als nationale Titel gibt.

Innerhalb dieser expandierenden und hochtechnisierten Industrie gibt es wesentlich mehr Möglichkeiten für ehrgeizige und gut ausgebildete Mitarbeiter, die eine echte Eignung für diesen Industriezweig nachweisen können.

Das Fernsehen bietet eine Vielzahl von Aufgaben, angefangen von der Technik bis zur Produktion, der Redaktion, Forschung usw. Ähnlich hat das Wachstum im Rundfunkwesen die Nachfrage nach Journalisten und Mitarbeitern in der Produktion steigen lassen.

Der Umfang der Gesamtbelegschaft in der nationalen Zeitungsindustrie ist beträchtlich zurückgegangen. Dieser Rückgang bezieht sich jedoch hauptsächlich auf die Produktion und den Vertrieb, wohingegen die Chancen für Journalisten und Hilfskräfte gestiegen sind. Die durch die neue Technologie gewonnene Flexibilität hat zu einer Erweiterung des Aufgabenbereichs des Journalisten geführt.

EINSTIEGSBEDINGUNGEN UND BERUFLICHER WERDEGANG

Zweifellos bietet der Medienbereich hervorragende Aufstiegsmöglichkeiten in einem gutbezahlten und aufregendem Beruf. Es handelt sich mit Sicherheit um einen Berufszweig, in dem Begabung und Können anerkannt und belohnt werden. Der Einstieg in diesen Bereich ist in hohem Maße abhängig von Einstellung und Persönlichkeit des Einzelnen, ein Hochschulabschluß ist jedoch unerläßlich.

Antriebskraft und Ehrgeiz sind die Kriterien, die letztlich über Erfolg oder Mißerfolg eines Bewerbers in der Welt der Medien entscheiden.

ABSCHNITT 3

PERSONALSUCHE UND EINSTELLUNG

Dieser Abschnitt untersucht den Arbeitskräftevermittlungsmarkt in Großbritannien, indem es eine breite Palette von Themenbereichen beinhaltet: von den Möglichkeiten bei der Stellensuche über Einstellungtechniken bis zu einem kurzen Überblick über die wichtigsten gesetzlichen Regelungen, die Arbeitgeber und Arbeitnehmer in gleicher Weise betreffen. Hierbei wurde zwar jeder Versuch unternommen, die Genauigkeit der zur Zeit der Veröffentlichung verfügbaren Informationen zu gewährleisten, aber in den Folgejahren mag es zu Änderungen in der Gesetzgebung und Gewohnheiten kommen. Folglich sollte jeder, der sich mit dem Gedanken trägt, in Großbritannien zu arbeiten oder Leute zu beschäftigen, Ratschläge über die Lage zum jeweiligen Zeitpunkt einholen.

Der Prozeß der Personalsuche

Die wesentlichen Grundsätze der Arbeitskräftevermittlung sind in allen entwickelten Ländern ähnlich. In der Europäischen Wirtschaftsgemeinschaft bestehen jedoch bedeutende Unterschiede, was den gesetzlichen Rahmen zur Regelung der Tätigkeiten der Arbeitskräftevermittlungsagenturen, der Personalberater und anderer Fachkräfte dieses Bereiches anbelangt.

Die Gesetzgebung zur Arbeitskräftevermittlung in der Bundesrepublik Deutschland und in Großbritannien

In der Bundesrepublik Deutschland verfügt der Staat immer noch über ein rechtlich begründetes Monopol hinsichtlich der «Arbeitskräftevermittlung», so daß eine Personalberatung lediglich im Bereich der Unternehmensberatung auf der Ebene von Führungs- oder Fachkräften zulässig ist. Im Vergleich dazu existiert in Großbritannien de facto ein freier Markt, auf welchem auf allen Ebenen alle Formen der Vermittlung befristeter oder unbefristeter Stellen entsprechend dem rechtlichen Rahmen durchgeführt werden. Alle auf dem Gebiet der Arbeitskräftevermittlung tätigen Unternehmen benötigen eine Genehmigung der Regierung und ihre Dienstleistungen müssen gemäß den ihnen durch das Gesetz über Arbeitsvermittlungsagenturen (Employment Agencies Act) aus 1973 auferlegten strengen Leitlinien und Verpflichtungen erbracht werden. Die Anwendung und Durchsetzung dieses Gesetzes erfolgt durch das Arbeitsministerium – das Ministerium, das gegenüber dem Parlament für alle die Beschäftigung betreffende Fragen verantwortlich ist. Dieses Gesetz findet auf alle im Bereich der Arbeitskräftevermittlung tätigen Unternehmen Anwendung.

Arbeitskräftevermittlungsagenturen und -Unternehmen

Eine Arbeitskräftevermittlungsagentur ist laut Definition ein Unternehmen, dessen Dienstleistung in der Vermittlung von Stellen an Arbeitnehmer oder der Vermittlung von Arbeitnehmern an Arbeitgeber besteht. In Großbritannien fällt demzufolge ein breites Spektrum von Agenturen unter diese Definition, von den bekannten Vermittlungsagenturen für Büroangestellte über eine Reihe von Spezialagenturen bis hin zu Agenturen im Bereich der Unterhaltungsindustrie und der Vermittlung von Modellen, oder die Tätigkeit der Unternehmensberater bei der Auswahl von Führungskräften sowie der Berater auf dem Gebiet «executive search» (systematische, professionelle Suche nach Führungskräften).

Die andere von dem Gesetz erfaßte Tätigkeit betrifft die Personalvermittlung auf Zeit oder auf vertraglicher Grundlage an einen Kunden. In diesem Fall wird das Personal von der Arbeitskräftevermittlungsagentur angestellt und zu einem vereinbarten Tarifsatz an einen Kunden ausgeliehen. Hier handelt es sich um einen weit entwickelten Geschäftsbereich in Großbritannien, wobei die Personalvermittlung auf Zeit an Kunden aus dem Sekretariats- und Bürobereich inzwischen auf den

Bereich der Führungskräfte und der oberen Unternehmensebene ausgedehnt wurde.

Gebühren

Im großen und ganzen darf die Arbeitskräftevermittlungsagentur den Arbeitnehmern keine Gebühr für die Stellenvermittlung berechnen. Es gibt jedoch ein oder zwei Ausnahmen in dieser strengen Regelung, und diese betreffen die Unterhaltungsindustrie und die Vermittlung von Photomodellen sowie die etablierte Tätigkeit der Vermittlung von Au-pair-Stellen an junge im Ausland wohnhafte Mädchen.

Die von den Arbeitskräftevermittlungsagenturen berechneten Gebühren oder die von der Agentur an ihre Angestellten auf Zeit bezahlten Sätze werden von der Regierung in keinerlei Form geregelt oder festgesetzt.

Die Gebühren und Tarifsätze werden allein von den Marktkräften bestimmt; durch die zahlreichen verschiedenartige auf dem Markt tätigen Arbeitskräftevermittlungsagenturen wurde jedoch ein recht ausgewogener Wettbewerb hinsichtlich der Höhe der Gebühren sichergestellt.

Pflichten und Verantwortlichkeiten der Arbeitskräftevermittlungsagenturen gemäß Gesetz

Die im Bereich der Arbeitskräftevermittlung tätigen Unternehmen und die Arbeitskräftevermittlungsagenturen haben folgende vorrangige Pflichten zu erfüllen:

1. Sie müssen sowohl beim Arbeitgeberkunden als auch beim Arbeitnehmerkunden angemessene Auskünfte einholen, um einen geeigneten Bewerber für eine freie Stelle bzw. eine geeignete Stelle für einen bestimmten Bewerber auswählen zu können.

2. Sie dürfen lediglich die für die Stellenvermittlung oder die Personalvermittlung erforderlichen Informationen über den Arbeitgeber und den Arbeitnehmer bekanntgeben. Eine Ausnahme ist möglich, wenn die betroffenen Parteien eine schriftliche Zustimmung erteilen.

3. Sie müssen Erkundigungen einziehen, um sicherzustellen, daß die Arbeitnehmer tatsächlich über die gesetzlich erforderlichen Qualifikationen verfügen.

4. Sie müssen sicherstellen, daß sich sowohl der Arbeitgeber als auch der Arbeitnehmer aller rechtlicher Bedingungen, die durch den Arbeitnehmer oder Arbeitgeber erfüllt sein müssen – z. B. die Voraussetzung einer Arbeitserlaubnis oder anderer Einwanderungs- und Aufenthaltsgenehmigungen – bewußt sind.

5. Sie dürfen Arbeitnehmern keinen finanziellen oder einen anderen Vorteil anbieten, um sie zur Inanspruchnahme ihrer Dienstleistung zu überreden.

6. Sie dürfen sich an keine bereits durch sie vermittelte und sich in einem Arbeitsverhältnis befindlichen Arbeitnehmer wenden, um diesen Arbeitnehmer an einen anderen Arbeitgeber zu vermitteln (es sei denn, es liegt eine Zustimmung des gegenwärtigen Arbeitgebers vor).

Werbung

Aus Werbeanzeigen und Geschäftsbriefen muß klar und deutlich hervorgehen, daß es sich um Arbeitskräftevermittlungsagenturen handelt. Ferner ist die ihnen gemäß Gesetz gewährte Lizenznummer anzuführen.

Honorare

1. Nach Eingang einer Bewerbung von einem Kunden müssen die gegenwärtigen Geschäftsbedingungen schriftlich mitgeteilt werden und eine Honorarliste einschließlich der Bedingungen, unter welchen ein Preisnachlaß gegeben wird, sowie Rabattliste zur Verfügung gestellt werden.

2. Falls sie Arbeitnehmern eine Gebühr für die Stellenvermittlung oder die Stellensuche berechnen dürfen, müssen sie eine eindeutige schriftliche Erklärung, in der ihre Geschäftsbedingungen und die Honorarsätze detailliert ausgewiesen sind, zur Verfügung stellen.

3. Sie dürfen ihre Stellenvermittlungsleistungen für einen Arbeitnehmer nicht von der Inanspruchnahme anderer Dienstleistungen abhängig machen, für die es der Vermittlungsagentur vom Gesetz her nicht untersagt ist, ein Honorar zu berechnen.

Arbeitskräftevermittlung im Ausland

1. Sie müssen einen angemessenen schriftlichen Beweis einholen, der belegt, daß der im Ausland eingesetzte Arbeitskräftevermittler eine dafür geeignete Person ist und es ihm entsprechend den Gesetzen dieses Landes nicht untersagt ist, als Arbeitskräftevermittler tätig zu werden.

2. Sie dürfen einem Arbeitnehmer keine Stelle bei einem Arbeitgeber im Ausland vermitteln, falls dieser nicht über eine Niederlassung im Vereinigten Königreich verfügt; es sei denn, es wurde ein schriftlicher Beweis eingeholt, der belegt, daß die Interessen des Arbeitnehmers bei der vorgeschlagenen Beschäftigung nicht benachteiligt werden.

3. Sie müssen für jeden sich im Ausland befindlichen Arbeitnehmer, für welchen eine Stellenvermittlung im Vereinigten Königreich vorgeschlagen wurde, zwei persönliche Referenzen einholen, und dem Arbeitgeber diese Referenzen vor dem Abschluß des Arbeitsvertrags zugänglich machen.

4. Sie dürfen einem Arbeitnehmer, der zur Aufnahme einer Arbeit in dieses Land kommt oder dazu ins Ausland geht, keine Anstellung vermitteln, wenn der Rückzahlungssatz des Reisekostenvorschusses 1/8 oder mehr der wöchentlichen Grundentlohnung des Arbeitnehmers beträgt oder der insgesamt zu zahlende Betrag drei Wochen Gehalt für diese Anstellung übersteigt.

Es ist selbstverständlich von größter Bedeutung, daß die schriftlichen Erklärungen von jedem Arbeitnehmer, der eine Anstellung im Ausland annimmt, sorgfältig gelesen werden sollten. Ferner ist sicherzustellen, daß sich diese Arbeitnehmer aller vertraglichen Bedingungen hinsichtlich der Anstellung vor ihrer Abreise bewußt sind.

Ausweisung der Lizenz

Jeder Lizenzinhaber hat seine Lizenz in seinen Geschäftsräumen so anzubringen, daß diese von denjenigen, die seine Dienstleistungen in Anspruch nehmen, klar und deutlich wahrzunehmen ist. Des weiteren muß das für die Lizenzvergabe zuständige Amt stets über die aktuellen Geschäftsbedingungen auf dem laufenden gehalten werden. Ferner sind alle Änderungen, die Einzelheiten des Lizenzantrages betreffen, dieser Stelle mitzuteilen.

Aufzeichnungen

Um sicherzustellen, daß das Gesetz eingehalten wird, sind alle Arbeitskräftevermittlungsagenturen zur Aufbewahrung von Aufzeichnungen, die Informationen über Bewerber und Arbeitgeber enthalten, verpflichtet. Diese Aufzeichnungen müssen den Beamten des für die Lizenzvergabe zuständigen Amtes stets zur Verfügung stehen bzw. zugänglich sein.

Andere rechtliche Anforderungen

Zusätzlich zu dem Gesetz über Arbeitskräftevermittlungsagenturen aus 1973 finden diverse andere Vorschriften der britischen Gesetzgebung Anwendung auf die im Bereich der Arbeitskräftevermittlung tätigen Unternehmen. Diese umfassen die besonderen Pflichten, die den Arbeitskräftevermittlungsagenturen und den in diesem Bereich tätigen Unternehmen durch die Gesetzgebung hinsichtlich der Diskriminierung am Arbeitsplatz auferlegt wurden.

Nach dem Gesetz über Diskriminierung wegen des Geschlechtes (Sex Discrimination Act) aus 1975 (geänderte Fassung) handelt eine Arbeitskräftevermittlungsagentur rechtswidrig, wenn eine Person wegen ihres Geschlechts oder ihres Ehestandes bei der Erbringung der Dienstleistungen benachteiligt oder bevorzugt wird.

Nach dem Gesetz über Rassenbeziehungen (Race Relations Act) aus 1976 handelt eine Arbeitskräftevermittlungsagentur rechtswidrig, wenn eine Person wegen ihrer Hautfarbe, ihrer Rasse, ihrer Staatsangehörigkeit bzw. ihrer ethnischen oder nationalen Herkunft bei der Erbringung der Dienstleistungen benachteiligt oder bevorzugt wird.

Nach dem Beschäftigungsgesetz (Employment Act) aus 1990 ist es allgemein rechtswidrig, den Zugang zu einer Beschäftigung aufgrund der Gewerkschaftszugehörigkeit zu verweigern. Insbesondere dieses Gesetz führt dazu, daß eine Arbeitskräftevermittlungsagentur rechtswidrig handelt, wenn sie einem Bewerber ihre normale Dienstleistung wegen seiner Gewerkschaftszugehörigkeit oder Nicht-Zugehörigkeit verweigert.

Gesetzesverletzungen

Bei einem nicht-korrekten Verhalten von seiten des Unternehmens kann die von der Regierung erteilte Lizenz widerrufen oder der Lizenzantrag abgelehnt werden. Die Lizenz kann ebenfalls unter Berufung auf folgende Tatsache aufgehoben werden: wegen unkorrektem Verhalten oder irgendeinem anderen ausreichenden Grund ist die mit der Geschäftsführung beauftragte Person nicht geeignet, Lizenzinhaber zu sein oder im Zusammenhang mit derartigen Geschäften zu stehen. Andere Gründe für die Ablehnung oder Widerrufung einer Lizenz betreffen die Eignung der Räumlichkeiten, in welchen die Geschäfte abgewickelt werden oder das Alter des Antragstellers. Ein Antragsteller muß älter als 21 Jahre sein, um eine Arbeitskräftevermittlungsagentur führen zu dürfen.

Ein Verstoß oder eine Verletzung dieses Gesetzes stellen eine Straftat dar und falls eine Personen für schuldig befunden wird, ist sie zur Zahlung einer Geldstrafe, welche bei Abfassung dieses Schriftstückes 2.000,00 Pfund nicht überschreiten darf, verpflichtet.

Den Prozeß der Personalsuche und Einstellung kann man sehr vereinfacht, aber genau, durch die Feststellung beschreiben, daß es darauf ankommt, den richtigen Kandidaten für die richtige freie Position zu finden. Dieser Prozeß ist jedoch keineswegs einfach, denn er umfaßt eine breite Palette von Aufgaben, die auf menschliches Urteilsvermögen angewiesen sind und nicht auf gänzlich wissenschaftliche Weise erledigt werden können. Der Computer mag zwar eine Hilfe sein, aber in diesem Falle ist die EDV nicht die ultima ratio.

Die Arbeitskräftevermittlung stellt ein Verfahren mit verschiedenen Phasen dar:

a) Feststellung einer freien zu besetzenden Stelle.

b) Bemühungen um Bewerbungen von geeigneten Bewerbern.

c) Erste Auswahl dieser Bewerber.

d) Vorstellungsgespräch bzw. Interview mit diesen Bewerbern.

e) Auswahl des geeigneten Bewerbers.

Dieses Verfahren erfordert viel mühsame und gewissenhafte Arbeit, den Einsatz von beachtlichem Geschick sowie die Fähigkeit und das Selbstvertrauen, schwierige Entscheidungen zu treffen.

Die grundlegenden Methoden der Personalsuche und Einstellung sind für den Bewerber um einen Arbeitsplatz dieselben wie für den Anbieter.

Diese Tatsache mag so offensichtlich sein, daß sie nicht erwähnt werden müßte; schließlich muß es für jede geplante Einstellung sowohl einen Arbeitgeber als auch einen Arbeitnehmer geben, die beide an demselben Prozeß beteiligt sind. Was nicht so offensichtlich sein mag, ist die Tatsache, daß die Vorgehensweise beim Finden einer Arbeitsstelle und beim Vergeben einer Vakanz insofern sehr ähnlich ist, als die von beiden Parteien zu ergreifenden Initiativen sich nicht wesentlich voneinander unterscheiden.

Dennoch gibt es feine Unterschiede, die verlangen, daß die Vorgehensweise bei der Einstellung von den beiden unterschiedlichen Gesichtspunkten aus betrachtet werden sollte.

PERSONALSUCHE – AUS DER SICHT DES ARBEITNEHMERS

Arbeitsplatzbeschreibung – Die wichtigsten Elemente

Eine wesentliche Voraussetzung für die Suche nach einem alternativen Arbeitsplatz ist die Notwendigkeit, daß man seine Ansprüche genau definiert und nach Prioritäten ordnet.

Zahlreiche Bedürfnisse müssen befriedigt werden, um eine erfolgreiche und glückliche Karriere zu erlangen, wenngleich deren Prioritätsrang von Person zu Person unterschiedlich sein wird.

Einkommen – Wie wichtig die Gehaltsfindung ist

Für die meisten Leute in mittleren und gehobenen Managementpositionen wird gewöhnlich das Geld die größte Rolle spielen. Nach Erreichen dieses Erfahrungs- und Wissensniveaus haben die meisten Leute einen gewissen Lebensstil entwickelt, den sie nicht gerne aufgeben werden. Es ist unklug, wesentliche Änderungen bezüglich des Lebensstandards vorzunehmen, ohne sich die lang- und kurzfristigen Folgen genauestens zu überlegen.

Gewiß, einige Leute «leben, um zu arbeiten»; die meisten aber «arbeiten, um zu leben». Die Arbeitsfunktion mag noch so attraktiv sein, aber sie macht wenig Sinn, wenn sie es einem nicht ermöglicht, auf annehmbare Weise zu leben.

Es ist daher wichtig, festzustellen, ob die Einstellung einem ein ausreichendes Einkommen bringen wird, so daß man einen Lebensstil beibehalten kann, der wenigstens die Mindestbedürfnisse befriedigt. Es spricht jedoch einiges dafür, einen kurzfristigen Einkommensverlust für längerfristige Vergünstigungen in Kauf zu nehmen – obgleich solche Situationen seltener vorkommen, als die meisten Leute glauben.

Standort – Die Bedeutung der Standortfrage des Arbeitsplatzes

Wo man arbeitet, ist wahrscheinlich auch von größerer Wichtigkeit, als gemeinhin angenommen wird. Sicher wäre es angebrachter, zu sagen, daß der Lage des Arbeitsplatzes selten so viel Bedeutung geschenkt wird, wie es diese Entscheidung erfordert. Nur zu oft wird die

Frage der Lage des Arbeitsplatzes aufgrund von Trägheit oder gar Apathie entschieden. Viele, die einen neuen Arbeitsplatz suchen, suchen in dem Gebiet, in welchem sie wohnen, und verschwenden kaum einen Gedanken an die Vor- und Nachteile eines Umzugs. Das Ergebnis ist oft, daß der Arbeitnehmer eine Einstellung annimmt, die seinen Idealvorstellungen nicht entspricht.

Jedoch bleibt festzustellen, daß in vielen Fällen einiges gegen einen Umzug spricht: Man hat Freundschaften geschlossen, die Kinder haben sich an die Umgebung gewöhnt und sind glücklich in ihren Schulen, Verwandte sind leicht zu erreichen; man hat sich zahlreiche Freizeitmöglichkeiten und soziale Bindungen geschaffen, das Haus oder die Wohnung liegt ideal.

Der springende Punkt ist, daß die Frage der Lage des Arbeitsplatzes gründlich durchdacht wird, so daß die Entscheidung für oder gegen einen Umzug ein Ergebnis positiver Entschlußfassung ist. Schließlich ist es möglich, daß trotz all der vorgenannten Gründe ein anderer Teil desselben Landes oder in der Tat ein ganz anderes Land sogar noch einen besseren Lebensstil bietet.

Tätigkeitsbereich – Wie wichtig eine genaue Analyse des Aufgabenbereiches ist

Sehr oft beschreibt die Bezeichnung der Tätigkeit nicht wirklich genau die Funktion, die auszufüllen ist und es ist daher gefährlich, sich bei der Entscheidung darüber, ob die Rolle für einen angemessen ist, auf den Titel zu verlassen.

Beim Aussuchen einer geeigneten Position lohnt es sich, daran zu denken, daß die verschiedenen Pflichten und die Verantwortung, welche der Job mit sich bringt, für die Entwicklung der Karriere ausschlaggebend sind. Im Idealfall sollte die Arbeitsplatzbeschreibung so sein, daß die Fähigkeiten verlangt werden, die man bereits erworben und entwickelt hat, und gleichzeitig die Gelegenheit geboten wird, neue zu erwerben. So wird man in der Lage sein, leicht mit den Anforderungen des Alltäglichen fertig zu werden und somit seinen Ruf zu verbessern und zugleich die eigenen Fähigkeiten weiter auszubauen und zu vertiefen.

Der direkte Vorgesetzte innerhalb der Unternehmensstruktur stellt auch einen Schlüsselfaktor im Auswahlprozeß dar – ebenso wie seine (oder ihre) jeweilige Funktion. In den meisten Fällen ist es das mittel- oder langfristige Ziel eines neuen Mitarbeiters, auf den Chef-Sessel zu kommen! Sicher handelt man klug, wenn man sich im voraus davon überzeugt, ob das der Platz ist, den man einnehmen möchte. Auch ist zu hoffen, daß die Person, für die man tätig sein wird, jemand ist, von dem man lernen kann. Schließlich bleibt die Frage nach der Persönlichkeit dieser Person – denn man wird mit ihr zusammen arbeiten müssen.

Mitarbeiterführung ist auch ein wesentlicher Punkt für eine erfolgreiche Karriere. Die meisten Positionen leitender Angestellter erfordern gute Führungsqualitäten. Daher sollte man bestrebt sein, möglichst früh Erfahrung auf diesem Gebiet zu sammeln.

Ganz egal, wie attraktiv sich ein Job anhört: Wenn man die tatsächliche Tätigkeit nicht mit Interesse und Anregung ausübt, ist es unwahrscheinlich, daß sie längere Zeit attraktiv für einen bleibt.

Das Unternehmen als Arbeitgeber – Die wichtigsten Überlegungen

Unter dieser allgemeinen Überschrift gilt es, viele Punkte zu bedenken. Dazu gehören die Größe des Unternehmens, seine Aktivitäten, seine Leistungsbilanz, die Eigentumsverhältnisse, seine Struktur, Politik und Entwicklungspläne.

Viele dieser zu beachtenden Punkte sind natürlich eine Angelegenheit individueller Präferenzen und eignen sich nicht so sehr für die Einstufung als Vor- oder Nachteile. Sie sind dennoch Faktoren, die man bei seinem Entscheidungsprozeß angemessen berücksichtigen sollte.

Die Vorteile eines sehr großen Unternehmens können darin liegen, daß es klare Aufstiegsmöglichkeiten, die Möglichkeit, verschiedene Tätigkeiten kennenzulernen oder im Ausland zu arbeiten, einen nationalen oder internationalen Ruf, betriebsinterne Ausbildungsmöglichkeiten, attraktive betriebliche Vergünstigungen und andere Einrichtungen bietet, die sich kleinere Unternehmen womöglich nicht leisten können. Die Nachteile können jedoch ebenso groß sein und darin liegen, daß der Konkurrenzkampf viel härter, der Führungsstil bürokratischer und der Weg nach oben stets viel länger ist und daß es weniger Platz für den Individualisten gibt.

Die Leistungsbilanz ist gewöhnlich ein guter Indikator für die Stabilität des Unternehmens, aber wenn es bereits einen beachtlichen Erfolg erzielt hat, gibt es weniger Raum für wesentliche Steigerung. Man hüte sich jedoch sehr vor einem Unternehmen mit konstant schlechter Leistung. Gründliche Überlegungen und Nachforschung sind ratsam, bevor man einem solchen Unternehmen seine weitere Laufbahn anvertraut.

Es ist gewöhnlich klug, die Eigentumsverhältnisse eines Unternehmens zu untersuchen, da sich hieraus brauchbare Rückschlüsse auf die Sicherheit schließen lassen, die es einem bieten kann, ebenso auf die langfristigen Aussichten für die eigene Karriere, insbesondere hinsichtlich einer Kapitalbeteiligung.

Struktur, Geschäftspolitik und Entwicklungspläne dienen auch dazu, allgemein feststellen zu können, ob dieser mögliche Arbeitgeber die eigenen Anschauungen teilt, und unterstützen einen bei der Entscheidung, ob es sich um eine Organisation handelt, in welcher man erfolgreich und glücklich sein könnte.

Bei der Auswahl eines den eigenen Ansprüchen genügenden Unternehmens ist die Geschäftsaktivität wahrscheinlich der wichtigste Faktor. Wenn man sich mit dem Endprodukt des Unternehmens identifizieren kann und es versteht, ist das der eigenen Leistung innerhalb der Organisation sicherlich dienlich. Das eigene Interesse wird dann größer sein, was sicher dazu führt, daß man im Rahmen einer Tätigkeit einen wesentlichen Beitrag leistet. Eben diese Anteilnahme am Produkt wird auch zu dem Wunsch führen, nicht nur den Ablauf der eigenen Abteilung, sondern den Gesamtablauf besser zu verstehen. Dieses bessere Verständnis wird sicher das eigene Fachwissen erweitern, wodurch man selbst wertvoller für das Unternehmen wird. Schließlich sollte die Geschäftstätigkeit des Unternehmens einem einen Anhaltspunkt für dessen Marktposition und Zukunftsaussichten liefern.

Die Stellensuche – Die Methoden, die dem Stellensuchenden zur Verfügung stehen

Wie bereits erwähnt wurde, sind die verschiedenen Prozesse, mit deren Hilfe jemand mögliche in Frage kommenden Vakanzen ausmacht, denen nicht unähnlich, derer sich die Arbeitgeber bei der Besetzung von Stellen bedienen. Jeder dieser Prozesse wird zwar später innerhalb dieses Kapitels besprochen werden, aber es mag zweckdienlich sein, einige Punkte bereits jetzt anzusprechen.

DIE SUCHE (manchmal HEADHUNTING genannt)

Dies ist eine Methode, wie jemand zu einer alternativen Beschäftigung kommen kann, aber es ist offensichtlich eine negative Vorgehensweise. Sie ist angewiesen auf die Initiative eines anderen und auf das Glücksspiel, daß diese Person auf einen zukommen soll. Dies ist eine Methode, die wahrscheinlich nicht zu Ergebnissen innerhalb einer vorgesetzten Frist führt, es sei denn, man ist in einer so hochspezialisierten Position oder Branche tätig, daß man regelmäßig von möglichen Arbeitgebern angesprochen wird.

Eine eher aktive Auslegung von «Suche» stellt es natürlich dar, wenn man den Markt nach Organisationen absucht, für welche man arbeiten möchte und für welche die eigenen Fähigkeiten und die eigene Erfahrung angemessen scheinen. Nachdem man eine Reihe Unternehmen ausgemacht hat, die den eigenen Ansprüchen genügen, muß man die richtige Person ausfindig machen, die als Ansprechpartner in Frage kommt. Theoretisch scheinen die Pluspunkte dieser Methode darin zu liegen, daß sie voraussetzt, daß man umfangreiche und genaue Nachforschungen angestellt und diejenigen Firmen ausgemacht hat, die für einen in Frage kommen. Leider ist es für eine einzelne Person alles andere als leicht, dies ohne finanzielle und personelle Unterstützung zu erreichen. Ein weiterer Nachteil liegt darin, daß die meisten der relativ bekannten Unternehmen häufig und regelmäßig von hoffnungsvollen Bewerbern angesprochen werden. Wenn man sich nicht zufällig genau in der Zeitspanne bewirbt, nachdem das Unternehmen die Notwendigkeit einer Neueinstellung erkannt hat und bevor es ein Anwerbungsprogramm anlaufen läßt, wird die Bewerbung bestenfalls für späteren Rückgriff zu den Akten genommen – aber wahrscheinlich wird sie eher vernichtet. Bevor man diesen Weg einschlägt, sollte man ferner den Grad der erwünschten Vertraulichkeit bedenken. Eine auf gut Glück eingereichte Anfrage an ein Unternehmen wird möglicherweise nicht so diskret behandelt, wie man es sich wünscht, selbst wenn man angibt, daß die Bewerbung vertraulich ist.

AUFGEBEN EINER ANZEIGE

Die Optionen unter dieser Überschrift bestehen in der Beantwortung einer Stellenausschreibung oder darin, daß man selbst ein «STELLENGESUCH» aufgibt. Während ersteres wahrscheinlich die üblichste Methode ist, einen Arbeitsplatz zu finden, stellt letzteres selten eine erfolgversprechende Alternative dar.

Allein die Tatsache, daß man eine Anzeige aufgibt und mitteilt, daß man einen Arbeitsplatz sucht, versetzt einen in eine psychologisch schwache Position. Der Leser neigt zu der Frage – ob zu Recht oder nicht –: «Warum ist er/sie so verzweifelt, daß eine Anzeige nötig ist?». Dann gibt es das Problem, daß man den Auswahlprozeß nicht gänzlich unter Kontrolle hat. Der Platz, der einem zur Verfügung steht, ist notwendigerweise beschränkt, was bedeutet, daß es unwahrscheinlich ist, daß man seine Wünsche und Ansprüche so deutlich definieren kann, wie man das wohl möchte. Rechnet man zu diesen Schwierigkeiten noch die Kosten des ganzen dazu, dann neigt man zu der Erkenntnis, daß ein «Stellengesuch» wenig empfehlenswert ist.

PERSONALBERATUNGSUNTERNEHMEN

In ganz Großbritannien ist diese Methode der «Job-Jägerei» («job hunting») dabei, die populärste und erfolgreichste Art zu werden, wie man aktiv einen Arbeitsplatzwechsel betreiben kann.

Es gibt in Großbritannien eine Reihe von Personalberatungsunternehmen. Die Auswahl der Organisation bleibt dem einzelnen überlassen, und es ist sinnvoll, Nachforschungen anzustellen, bevor man die Entwicklung seiner Karriere in die Hände eines Dritten legt. Jegliche Hinweise auf Arbeitskräftevermittlungsunternehmen in diesem Buch beziehen sich auf solche, die fundierten beruflichen Rat erteilen, sich auf ihrem Markt auskennen und fähige, talentierte Berater beschäftigen, denen ihre Rolle ein echtes Anliegen ist.

Die Vorteile der Einschaltung eines Personalberatungsunternehmens sind vielfältig; der erste besteht darin, daß dem einzelnen keine Kosten entstehen. Die Beratungsstelle erzielt ihr Einkommen aus den Honoraren, die sie dem eventuellen Arbeitgeber in Rechnung stellt. Dies ist insofern bemerkenswert, daß es wenige andere Situationen geben kann, wo Rat und Dienstleistungen hochqualifizierten Personals gänzlich kostenlos zur Verfügung stehen.

Diese Dienstleistungen schließen ein Treffen mit einem Berater ein, der sich auf den jeweiligen Beruf oder die jeweilige Branche spezialisiert hat. Während dieses Treffens werden alle wesentlichen Gesichtspunkte der Erfahrung und der Erfordernisse des Stellensuchenden eingehend besprochen. Dies versetzt den Berater in die Lage, ausreichende Informationen zu erhalten, um Rückschlüsse auf die Art der Position zu ziehen, an der man interessiert wäre und für welche der berufliche Hintergrund einen zu einem geeigneten Bewerber machen würde. Das Ergebnis ist, daß man, wenn man wegen neu zu besetzenden Stellen angesprochen wird, zuversichtlich sein kann, daß diese nicht nur den eigenen Erfordernissen und Wünschen entsprechen, sondern daß auch ein Interesse an einem besteht. Dies erspart einem selbst sowie dem Unternehmen unweigerlich viel Zeit durch das Vermeiden von Vorstellungsgesprächen, bei denen bald deutlich wird, daß einer der Parteien oder beide wenig Interesse daran haben, die Beziehungen fortzusetzen.

Ein weiterer Vorteil des Einschaltens eines Personalberatungsunternehmens ist, daß sie einen gründlich über die Unternehmen und die Arbeitsplätze, die sie einen vermitteln wollen, informieren und einem so das Problem ersparen, selbst Erkundungen über die Position einholen zu müssen.

Die Wahl eines Beratungsbüros ist eine persönliche Angelegenheit, denn es gibt viele Organisationen unterschiedlicher Struktur und Größe, vom Ein-Mann-Betrieb bis zum multinationalen Unternehmen. Einige spezialisieren sich nur auf einen Geschäftsbereich, während andere über Spezialabteilungen verfügen, die sich um eine breite Palette von Beschäftigungsbereichen kümmern.

Die Einrichtungen und die Unterstützung, die einem bei einigen größeren Unternehmen zur Verfügung stehen, können ebenfalls einen Faktor im eigenen Entscheidungsprozeß darstellen. Die Michael Page Gruppe z. B. bietet solche Dienstleistungen wie regelmäßige, unabhängige Gehalts- und Vergünstigungsanalysen, Karriereseminare und Karriereführer in Form von Videos und gedruckten Dokumentationen. Als Vor- und Nachbereitung zu einer persönlichen Beratung sind solche Informationen oft von großem Nutzen bei beruflichen Entscheidungen, die schwerwiegende Auswirkungen auf unser Leben haben können.

Die Bewerbung – Wie wichtig ist die individuelle Bewerbung?

Das Ausfindigmachen einer geeigneten Vakanz ist nur der erste Schritt des Prozesses; der ausschlaggebende ist das Annehmen einer Position.

Bevor man ein Angebot annehmen kann, muß es einem zunächst gemacht werden. Um dies zu erreichen, muß man sich gewöhnlich schriftlich und persönlich bewerben.

Die schriftliche Bewerbung ist insofern kritisch, als sich für Positionen, an denen man selbst interessiert ist, wahrscheinlich eine Vielzahl anderer Bewerber melden wird und die Konkurrenz groß sein kann. Jeder potentielle Arbeitgeber, der sich einem großen Ansturm von

Bewerbungen gegenüber sieht, wird versuchen, diese auf ein annehmbares Maß zu reduzieren. Das bedeutet oft, daß nachlässig abgefaßte Lebensläufe («curriculum vitae» = C.V.) ohne größere Beachtung zur Seite gelegt werden. Daher sollte man sicher in seinem Lebenslauf übersichtlich und knapp seine Qualifikationen für die Stelle darlegen. Der Leser sollte ihm alle wesentlichen Informationen entnehmen können und nicht durch ein Übermaß an Mitteilungen das Interesse verlieren. Das ist keine so leichte Aufgabe, wie es scheinen mag und es mag ratsam sein, beim ersten Entwurf einen Fachmann zu Rate zu ziehen. Wenn man die Dienste eines Personalberatungsunternehmens in Anspruch nimmt, wird dieses einem entweder den Lebenslauf aufsetzen oder wertvolle Ratschläge erteilen und Unterstützung beim Abfassen leisten. Da der Lebenslauf ein Dokument ist, das man bei Bewerbungen für eine Reihe verschiedener Tätigkeiten und Unternehmen verwenden kann, ist es unklug, ihn gezielt für nur eine Bewerbung abzufassen. Vielmehr ist es angebracht, in einem Begleitschreiben weitere Informationen zu liefern, die sich im wesentlichen auf eine ganz bestimmte Vakanz beziehen.

Das Vorstellungsgespräch – Der entscheidende Test

Wenn alle vorbereiteten Arbeiten erfolgreich waren, wird man wohl zu einem Vorstellungsgespräch eingeladen. Während einige Unternehmen auch zusätzliche Auswahltechniken anwenden, ist das Vorstellungsgespräch allein wohl der einflußreichste Teil des Prozesses beim Anbieten eines Arbeitsplatzes. Die Wichtigkeit einer gründlichen Vorbereitung auf das Vorstellungsgespräch kann nicht überbetont werden. Ganze Bücher können über Interview-Techniken geschrieben werden und wurden darüber geschrieben; es ist daher nicht möglich, in diesem Buch das ganze Thema abzuhandeln.

An anderer Stelle in diesem Abschnitt werden die Interviewtechniken weiter vertieft. Es lohnt sich jedoch bereits hier, einige der grundlegenden Aspekte zu untersuchen.

Die Mehrheit der Interviews folgt ein und demselben Grundschema:

- Fragen zur Ermittlung der Fähigkeiten und der Eignung für eine Stelle.
- Auskünfte über die zu besetzende Stelle und das einstellende Unternehmen.
- Möglichkeit zur Stellung von Fragen.
- Skizzieren des nächsten Schritts.

Die folgenden Kommentare und Ansichten sind die, die bei der Erforschung der Interviewführung am häufigsten angeführt werden.

Der erste Eindruck

Wie wichtig es ist, den richtigen ersten Eindruck zu hinterlassen, kann nicht oft genug hervorgehoben werden. Ab der ersten Minute Ihrer Ankunft fängt der Interviewer an, sich seine Meinung über Sie zu bilden. Pünktlichkeit ist deshalb das oberste Gebot – zehn Minuten vor dem vereinbarten Zeitpunkt sind angemessen.

Der Beginn des Vorstellungsgespräches

Begrüßen Sie den Interviewer mit einem festen Handschlag und einem Lächeln. Dies ist von größter Nützlichkeit, um das Eis zu brechen und die Nervosität zu überwinden.

Gutes äußeres Erscheinungsbild

Durch ein «unordentliches» äußeres Erscheinungsbild wird der Interviewer enttäuscht. Versichern Sie sich deshalb stets, daß Sie gepflegt und ordentlich aussehen. Nehmen Sie eine aufrechte aber dennoch entspannte

Haltung ein und versuchen Sie, Ihrem Interviewer in die Augen zu sehen. Sie sollten ihn dabei nicht anstarren, sondern lediglich ansehen. Versuchen Sie zu vermeiden, daß Ihr Blick ständig im Raum herumschweift. Sprechen Sie laut und deutlich und versuchen Sie nicht, Ihren regionalen Dialekt zu verbergen.

Die geistige Haltung

Eine positive Einstellung ist von zentraler Bedeutung. Halten Sie sich stets vor Augen, daß es relativ einfach ist, eine Ihnen unpassend erscheinende Stelle abzulehnen, nach dem Sie Ihnen angeboten wurde, daß es jedoch nicht so einfach ist, die Lage zu retten, wenn Ihnen plötzlich bewußt wird, daß dies genau die von Ihnen gesuchte Stelle ist.

Der richtige Eindruck

Der Blickkontakt und die gesamte Haltung sind äußerst nützlich, um den richtigen Eindruck zu hinterlassen. Wenn Sie von mehreren Gesprächspartnern interviewt werden, sollten Sie versuchen, nicht alle Antworten und Fragen nur an eine Person zu richten. Vielmehr sollten Sie alle Gesprächspartner anschauen und alle miteinbeziehen.

Das Ende des Vorstellungsgesprächs

Angesichts der Tatsache, daß fachliche Fragen eventuell zu einem Problem werden können, sollten Sie vor Ihrer Antwort sorgfältig nachdenken und sich stets vergewissern, daß Ihre Antwort auf Initiative, gesunden Menschenverstand und Kreativität schließen läßt. Falls Sie die Antwort nicht wissen, sagen Sie dies offen und ehrlich.

Der letzte Eindruck ist genauso wichtig wie der erste Eindruck und die Art und Weise, wie Sie das Interview beenden, kann die Art und Weise sein, in der man sich Ihrer erinnert. Danken Sie Ihren Gesprächspartnern für die Ihnen gewidmete Zeit und verabschieden Sie sich mit einem festen Handschlag. Wenn Sie nach Ihrem Interesse für die Stelle gefragt werden, sollten Sie immer positiv antworten, selbst wenn Sie noch Ihre Zweifel haben.

Andere Fragen

Normalerweise wird Ihnen auch die Möglichkeit gegeben, Fragen zu stellen. Sie können Ihren Gesprächspartner beeindrucken, indem Sie relativ allgemeine aber für das Unternehmen und seinen Geschäftsbereich bzw. Absatzmarkt äußerst relevante Fragen stellen. Eine vorherige Recherche sollte sicherstellen, daß Sie auch tatsächlich die richtigen Fragen stellen. Versuchen Sie diese Taktik und bewahren Sie eine (besonders) gute Frage für das Ende des Interviews auf.

Gehalt und zusätzliche Leistungen

In der Regel werden derartige Fragen anläßlich einer zweiten Gesprächsrunde besprochen. Es kann jedoch geschehen, daß Sie vom Interviewer bereits beim Vorstellungsgespräch darauf angesprochen werden. In diesem Fall sollten Sie diesen Teil des Interviews nutzen, um eventuelle Zweifel oder andere die Stelle betreffende Fragen zu klären.

PERSONALSUCHE – AUS DER SICHT DES ARBEITGEBERS

Es gibt zahlreiche Möglichkeiten für einen Arbeitgeber, die Suche nach einem neuen Mitarbeiter anzugehen. Welche sind diese Möglichkeiten und wie sind sie in Bezug auf einen möglichen Erfolg zu beurteilen.

Aufgaben einer Anzeige

Die traditionell üblichste Methode der Arbeitsplatzbesetzung sah so aus, daß die Unternehmen eine Anzeige in einer geeigneten Zeitung oder Zeitschrift aufgaben, die

Antworten sortierten, eine ausgewählte Zahl von Bewerbern zu einem Vorstellungsgespräch einluden und schließlich jemanden einstellten.

Dieses scheinbar logische und unkomplizierte Verfahren steckte jedoch in jeder Phase des Prozesses voller Schwierigkeiten.

Vor Aufgabe der Anzeige ist es erforderlich, ein oder mehrere geeignete Medien ausfindig zu machen, welche im Rahmen des vorgegebenen Budgets zu dem gewünschten Ergebnis führen. Hierzu bedarf es entweder einer fundierten Medienkenntnis oder intensiver Nachforschung. Auch ist es erforderlich, sich sehr genaue Vorstellungen von den Eigenschaften des idealen Kandidaten gemacht zu haben. Ganz offensichtlich ist eine solche klare Vorstellung eine unabdingbare Voraussetzung für eine erfolgreiche Anwerbungskampagne, aber all zu oft wird dies entweder unterlassen oder zu spät im Ablauf des Prozesses formuliert.

Selbst wenn wir davon ausgehen, daß der mögliche Arbeitgeber sich eine klare Vorstellung von den Fähigkeiten, der Erfahrung und der Persönlichkeit, die er sucht, gemacht hat und daraus Rückschlüsse hinsichtlich der Zeitung oder Zeitschrift gezogen hat, welche die betreffende Person sehr wahrscheinlich lesen wird, so bleiben doch noch andere Entscheidungen und Probleme. Sowohl der Text als auch die Größe der Anzeige sind Schlüsselfaktoren zum Erreichen des richtigen Kandidatenkreises bezüglich Qualität und Menge.

Das erste Problem, dem sich die Arbeitgeber gegenüber sehen, ist die Frage der Vertraulichkeit. Wenn die zu besetzenden Stellen entweder besonders heikel oder kritisch oder in der obersten Führungsebene angesiedelt ist, genügt die schlichte Tatsache des Bekanntmachens, daß das Unternehmen jemanden sucht, um diese Stelle zu besetzen, um den Ruf des Unternehmens auf dem Markt zu festigen oder zu schädigen. Eine Möglichkeit, dieses Problem zu umgehen, ist die Verwendung einer Chiffre für die Antworten, das Fortlassen des Firmennamens und die Gestaltung des Textes der Anzeige in solcher Form, das es unmöglich ist, mit Sicherheit festzustellen, welches Unternehmen eine Stelle ausschreibt. Das mag zwar die Anonymität wahren, wird sich aber ganz sicher nachteilig auf die Antworten auswirken.

Dann ist da die Frage der Vergütung (Im Gegensatz zu Deutschland ist es in England üblich eine Gehaltsangabe bereits in der Anzeige zu machen). Auf welchem Gehaltsniveau sollte man die Position ausschreiben? Das Festlegen einer schmalen Bandbreite, innerhalb derer die Einstellung erfolgen wird, mag relativ leicht sein, wenn Budget, Beschränkungen, Lohngefälle oder Marktbedingungen nur wenig Raum für Verhandlungen lassen. Man kann jedoch erfolgreich dagegenhalten, daß auf gewissen Führungsebenen die Gesamtvergütung unwesentlich ist, wenn sich die richtige Person findet. Auch kommt es oft vor, daß selbst in gehobenen Positionen eine äußerst erfolgreiche Stellenbesetzung aus Bewerbern mit umfangreichen Erfahrungen und Fähigkeiten vorgenommen werden kann, deren Einkommenswünsche so weit auseinander liegen wie ihre jeweiligen Berufshintergründe. Welches Gehaltsniveau sollte also in der Anzeige erscheinen? Zu hoch – und der weniger qualifizierte Kanditat mit großem Potential mag denken, daß er nicht über ausreichende Erfahrung verfügt, um sich erfolgreich zu bewerben. Zu niedrig – und keiner, der mehr als die angegebene Summe verdient, wird Interesse zeigen. Eine Spanne «von ... bis ...», kann, wenn sie zu weit gespannt ist, darauf hindeuten, daß die Inserenten einfach nicht wissen, was sie wollen.

Der eigentliche Haupttext der Anzeige erzeugt ebenso zahlreiche Schwierigkeiten. Wenn die Beschreibung der Position und des potentiellen Kandidaten zu vage gehalten ist, kann die Zahl der Antworten so umfangreich sein, daß sie den Verwaltungs- und Auswahlprozeß in fast unerträglicher Weise belastet. Eine zu genaue Beschreibung hingegen hätte die gegenteilige Auswirkung und die Zahl der Antworten könnte zu gering sein, um eine angemessene Auswahlmöglichkeit zu bieten.

Selbst wenn wir davon ausgehen, daß die Anzeige genügend qualifizierte Bewerbungen eingebracht hat, bleiben weiter Probleme. Wer soll die Aufgabe übernehmen, die Antworten auszusortieren, die engere Auswahl treffen und die Vorstellungsgespräche organisieren?

Unternehmen mit einer Personalabteilung werden die Aufgabe an diese delegieren. Aber ist das eine richtige Entscheidung? Viele Personalabteilungen leisten ausgezeichnete Arbeit auf ihrem Gebiet, aber das ist bei weitem nicht immer so. Und selbst wo dies zutrifft, bleibt zu bedenken, was genau die Aufgaben der Personalabteilung sind. Einstellungen mögen ein Teil ihrer Funktion sein, aber es ist unfair, davon auszugehen, daß die Personalsachbearbeiter Experten in puncto Einstellung von Führungskräften und daher oft – per definitionem – von Fachleuten sind. Kann man von ihnen erwarten, daß sie vollkommen verstehen, welche Art von Person für die jeweilig zu besetzende Stelle am geeignesten ist? Haben sie ausreichende Kenntnisse hinsichtlich der auszuübenden Funktion, um aus der Durchsicht der Lebensläufe oder Bewerbungsschreiben verläßliche Rückschlüsse auf die potentielle Eignung zu ziehen? Selbst wenn diese Fragen mit «ja» beantwortet werden können, bedeutet dies dennoch eine sehr starke Arbeitsbelastung für eine Abteilung, die, wenn sie tüchtig ist, bereits bis an die Grenzen ihrer Kapazität ausgelastet ist.

In Fällen, wo es entweder keine Personalabteilung gibt oder zwar eine existiert, aber nicht für diese besondere Aufgabe vorgesehen ist, vergrößern sich die Probleme. Der gesamte Prozeß des Durchsehens, Aussuchens und Interviewens muß dann von einem leitenden Angestellten des Unternehmens übernommen werden. Wenn dies mit Erfolg geschehen soll, kann die Arbeit nur in geringem Umfang delegiert werden. Es mag zwar logisch erscheinen, das einleitende Durchsehen der Bewerbungen zu delegieren, indem man klare Richtlinien erteilt, wann ein Kandidat zurückgewiesen werden kann, aber dadurch macht man einen Prozeß, der in höchstem Maße persönlich sein sollte, zu sehr von mechanischen Techniken abhängig. Es kann zwar sein, daß der Wunschkandidat in einer gewissen Altersstufe ist, bereits eine gewisse Gehaltsstufe erreicht und auf verschiedenen Gebieten bestimmte Erfahrungen gesammelt hat, aber es wäre einfach töricht, anzunehmen, daß jemand, der eine oder mehrere dieser Bedingungen nicht genau erfüllt, nicht der ideale Kandidat sein könnte. Trifft man die Erstauswahl als Routinearbeit, kann der perfekte Kandidat durchaus übergangen werden.

Die Schlüsselfaktoren für die Entscheidung, ob man eine im eigenen Betrieb auszuwertende Einstellungskampagne mit Anzeigen starten soll oder nicht, sind das Niveau des zur Verfügung stehenden Fachwissens und der Wert der verlorenen Arbeitszeit der damit betrauten Mitarbeiter.

Wie hoch auch immer die Kosten erfolgreicher Personalsuche sind – selten betragen sie mehr als einen Bruchteil der Kosten, die einem Unternehmen durch die Einstellung der falschen Person in eine Schlüsselposition entstehen.

Direktbewerbungen

Die meisten Unternehmen erhalten eine große Anzahl unaufgeforderter Stellengesuche von «Möchtegern»-Arbeitnehmern, die anfragen, ob es irgendeine für sie geeignete vakante Position gibt. Solche Bewerbungen sollten für späteren Rückgriff aufbewahrt werden – vorausgesetzt, der Bewerber scheint über die Qualitäten zu verfügen, die ihn bei einer eventuellen entsprechenden Vakanz als geeignet erscheinen lassen.

Auf solche Bewerbungen kann man zurückkommen, sobald oder wenn sich die Notwendigkeit einer Einstellung abzeichnet. Sich jedoch gänzlich auf diese Quelle zu verlassen, wäre wirtschaftlich falsch. Durch das Einsparen der Kosten einer ordentlichen Personalsuchekampagne würde man auf die Auswahl verzichten, und es besteht eine echte Gefahr darin, den Besten unter den Schlechten einzustellen. Nur unter ganz seltenen Umständen ist es annehmbar, jemanden einfach deshalb einzustellen, weil kein Besserer zur Verfügung steht.

Direktbewerbungen erfüllen einen nützlichen Zweck als Mittel der Erweiterung der zu berücksichtigenden Kandidatenliste, nicht jedoch als alleinige Bewerberquelle.

Suche-Berater

Die Suche nach geeigneten Kandidaten, die gemeinhin als «Headhunting» bezeichnet wird, ist die Methode, bei der potentiell geeignete Kandidaten im voraus ausgemacht und dann speziell hinsichtlich einer bestimmten Vakanz angesprochen werden.

Es kann wenig Zweifel daran bestehen, daß die Suche eine gangbare Anwerbungstechnik ist, obgleich sie allmählich über die Maßen in Anspruch genommen wird. Auf sehr hohen Ebenen in hochspezialisierten Bereichen mag es die einzig gangbare Art sein, zu einer erfolgreichen Einstellung zu kommen. Für die Zwecke einer Analogie kann vielleicht Fußball als eine «Branche» angesehen werden, in der die Suche üblicherweise angewandt wird. Es gibt häufig Beispiele von Mannschaften, bei denen eine Entscheidung getroffen wurde, einen Stürmer einzustellen, der besser als der jetzige ist. Unweigerlich wird diese Mannschaft solche Spieler ausfindig machen, die bereits über die gewünschten Fähigkeiten verfügen, und diese dann direkt ansprechen. Selten wird wohl eine Anzeige in einer Sportzeitschrift aufgegeben werden, wo es heißt: «Stürmer gesucht».

Die Bedingungen, die gewöhnlich dafür sprechen, daß die Such-Methode die angemessene sei, sind, daß jemand für eine leitende Position gesucht wird, wahrscheinlich in einem begrenzten Wirtschaftssektor, und daß nur wenige angemessen erfahrene Leute für eine so spezialisierte Rolle zur Verfügung stehen. Vertraulichkeit mag auch ein wesentlicher Faktor sein, da eine wirksame Such-Aktion bedeutet, daß weitaus weniger Leute von der Vakanz erfahren als bei jeder anderen üblicherweise angewandten Anwerbmethode.

Wo die Suche der richtige Weg zur Besetzung einer Position ist, bietet sie viele Vorteile. Die Vorfeldbesprechungen mit den Beratern stellen sicher, daß die genauen Bedürfnisse des Kunden, der einstellenden Firma, in vollem Umfang verstanden werden. Es kann gut sein, daß die Berater über bestimmte Personen oder Branchen sprechen, in denen eine solche Person oft beschäftigt ist, bevor sie jemanden ansprechen. Auch der Kunde kann seinen Beitrag zu dieser Vorplanung leisten, indem er Leute oder Branchen ausfindig macht, von denen er glaubt, daß sie besonders geeignet sind.

Das eigentliche Verfahren muß sehr persönlich ablaufen, gewöhnlich durch telefonisch vereinbarte Treffen entweder mit ins Auge gefaßten Kandidaten oder – fast ebenso häufig – mit Leuten, die möglicherweise potentiell geeignete Personen empfehlen können. Diese Treffen sind höchstvertraulich – oder sollten es zumindest sein. Der Berater spricht dabei von seinem Klienten in einer Weise, die weder dessen Identität preisgibt noch genügend Einzelheiten liefert, die dessen Identität erraten ließen. Erst wenn definitiv ein beiderseitiges Interesse besteht, werden die vollen Einzelheiten zugänglich gemacht.

Jeder Suchauftrag ist sicherlich langwierig und sehr arbeitsintensiv. Selbst wenn wir davon ausgehen, daß nur eine begrenzte Zahl in Frage kommender Leute zur Verfügung steht, ist die Vorfeldforschung oft äußerst zeitaufwendig, wenn eine umfassende Liste möglicher Kandidaten zusammengestellt werden muß. Die Aussprache von Angesicht zu Angesicht zwischen dem Berater und denjenigen, mit denen Kontakt aufgenommen wurde, kann nicht übereilt erfolgen.

Die ins Auge gefaßten Kandidaten sind quasi per definitionem sehr erfolgreich und durchweg vollkommen zufrieden in ihrer jetzigen Tätigkeit. Solche Leute zu einem Wechsel zu überreden, erfordert ein gutes Maß an Geschick und taktvoller Verhandlung.

Die Kosten eines Suchauftrags sind normalerweise sehr hoch, weil er so arbeitsaufwendig ist und die Berater sehr fähig und gewöhnlich sehr erfahren sein müssen. Wie bei allem, so hat auch hier Qualität ihren Preis; aber wenn ein Suchauftrag erforderlich ist, dann ist er sicherlich eine Investition wert, um so einen erfolgreichen Abschluß zu gewährleisten. Die von den Suche-Beratern in Rechnung gestellten Kosten liegen im Bereich eines Drittels der Gesamtvergütung des ersten Jahres und sind normalerweise in drei nicht rückerstattbaren Raten zu zahlen: die erste bei Annahme des Auftrags, die zweite bei Vorlage der Auswahlliste und die Restzahlung bei der Einstellung.

Die Beraterhonorare an sich sind zwar schon hoch, aber es ist darauf hinzuweisen, daß noch zusätzliche Kosten entstehen, die anfangs übersehen werden könnten. Wenn wir davon ausgehen, daß die Durchführung einer Suche nur unter besonderen Umständen bei der Suche nach einer sehr hochgestellten und spezialisierten Person wirklich das Geld wert ist, so trifft es zu, daß solche Leute wahrscheinlich gut verdienen und in ihrer jetzigen Tätigkeit einigermaßen glücklich sind. Sie dazu zu bringen, etwas aufzugeben, was wahrscheinlich eine sichere und gutbezahlte Stellung ist, indem sie eine neue Stelle annehmen, erfordert sicherlich einen sehr großen finanziellen Anreiz. Folglich sehen sich die neuen Arbeitgeber wohl einer weitaus größeren Gehaltsausgabe gegenüber, als sie in ihrem Budget vorgesehen hatten.

Es gibt eine Vielzahl von Unternehmen überall in der Welt, die behaupten, Suche-Berater zu sein; und unter ihnen gibt es einige sehr fähige Organisationen sowie auch eine Menge solcher, die wenig mehr bieten als eine Basis-Recherchier-Einrichtung.

Personalberater

Die meisten Personalberatungen werden eine breite Palette an Dienstleistungen anbieten, die den Bedürfnissen ihrer Kunden auf der Suche nach einem neuen Mitarbeiter entsprechen. Die wichtigsten dieser Dienstleistungen werden im folgenden beschrieben.

Auswahl leitender Angestellter

In vieler Hinsicht ist dies wahrscheinlich die wirksamste Methode der Personalsuche, wenn wir davon ausgehen, daß der Arbeitgeber die Dienste eines der besseren Beratungsunternehmen in Anspruch nimmt.

Einen externen Berater zur Hilfe nehmen?

Während sie auf jeder Beschäftigungsebene angewandt werden kann, ist sie im mittleren und gehobenen Management am angemessensten. Solche Positionen sind kritisch im Hinblick auf den Erfolg eines jeden Wirtschaftsunternehmens. In den letzten Jahren hat die Tatsache, daß der wichtigste Aktivposten eines jeden Unternehmens sein Personal ist, mehr und mehr Anerkennung in der Geschäftswelt erfahren. Eine Tatsache, die vor nicht all zu langer Zeit von den meisten Unternehmen übersehen wurde, was immense Kosten verursachte. Ein Unternehmen mag technisch noch so fortschrittlich sein – alle wichtigen Entscheidungen und Initiativen werden von Menschen getroffen bzw. ergriffen und nicht von Maschinen. Ziel jeder Organisation sollte das Bestreben sein, auf jedem Posten innerhalb des Unternehmens die bestmögliche Person zu haben. Es ist offensichtlich, daß das Erreichen eines solchen Zieles nicht machbar ist, aber mit diesem Ziel im Auge bedeutet jede geringe Verfehlung desselben sicherlich immer noch ein überdurchschnittliches Ergebnis.

Zu einer erfolgreichen Einstellung kommt es nur, wenn sowohl der Arbeitgeber als auch der Arbeitnehmer zufrieden sind. Es kann nie ein Erfolg sein, wenn eine der Parteien mit der Situation unzufrieden ist. Unter solchen Umständen ist es daher unerläßlich, daß jede der Parteien sich so weit wie möglich über alle wesentlichen Faktoren hinsichtlich der anderen Partei im klaren ist. Sobald der neu Eingestellte seine Arbeit aufnimmt, werden jegliche unangenehmen Überraschungen nur dazu führen, das Verhältnis zu unterminieren. Ein gutes Beratungsunternehmen versteht diese Tatsachen und wird sich bemühen, sicherzustellen, daß noch vor Abgabe eines Angebotes beide Parteien vollkommen über die Stärken und Schwächen der anderen informiert sind.

In den späten 1960er und frühen 1970er Jahren entwickelte sich eine neue Generation professioneller Organisationen. Indem sie sich darauf konzentrierten, Parteien erfolgreich zusammenzubringen, erzielten diese neuen Beraterfirmen einen professionellen Status auf dem Gebiet der Personalsuche. Seither werden prozentual immer mehr Positionen durch die Vermittlungsdienste spezialisierter Personalberatungsorganisationen besetzt.

Die professionellen Beraterfirmen spezialisieren sich allerdings nicht notwendigerweise innerhalb einer Betriebssparte, und zwar ungeachtet der Tatsache, daß viele von ihnen gerade dadurch, daß sie ganz spezielle Fähigkeiten anboten, den Ruf begründen konnten, der dieser Art Unternehmen jetzt zugestanden wird. Um eine umfassendere Palette an Dienstleistungen und Einrichtungen anbieten zu können, mußten die Beratungsunternehmen an Größe zunehmen. Dieses Wachstum wurde oft durch die Schaffung separater Unterabteilungen innerhalb des Unternehmens erreicht, wodurch sie Spezialberatungen in einer Vielzahl verschiedener Bereiche anbieten konnten: Finanzen, Recht, Informationstechnologie, Marketing, Medizin usw. Oder aber innerhalb verschiedener Industriezweige, wie Produktion, Verteilung, Freizeit, Öl, Einzelhandel usw.

Für den Arbeitgeber, der mit der Notwendigkeit konfrontiert ist, jemanden im mittleren oder gehobenen Managementbereich einzustellen, stellt die Verfügbarkeit von Spezialisten, die mit Rat und Tat zur Seite stehen, eine sehr große Erleichterung dar. Durch eine falsche Auswahl kann ein Unternehmen in der Tat schwer bestraft werden, und das schließt noch nicht die Zeit ein und die Kosten, die sicherlich entstehen, falls die Entscheidung getroffen wird, diese Aufgabe unter Zuhilfenahme interner Mittel zu erledigen.

Welche Personalberatung sollte ausgewählt werden?

Wenn die Entscheidung einmal getroffen wurde, eine Beraterfirma mit der Durchführung der Personalsuche zu beauftragen, liegt das einzige größere Problem in der Auswahl des Unternehmens. Es ist in der Regel ratsam, sich für die Vorfeldbesprechungen mit mehr als einer Organisation in Verbindung zu setzen. In dieser Phase würden nur wenige Personalberatungsfirmen eine Zahlung für diese Vorbesprechung erwarten oder verlangen. Wenn sich die Möglichkeit eines Honorars abzeichnet, bevor beide Seiten vereinbart haben, die Beratungstätigkeit fortzusetzen, sollte man in der Tat von diesem Unternehmen Abstand nehmen.

In Großbritannien ist die Zahl der Personalberatungsabteilungen bedeutend gewachsen, die innerhalb größerer Wirtschaftsprüfungsfirmen gebildet werden. Dies ist durchaus kein unnatürliches Phänomen, da solche Organisationen eine große Zahl qualifizierter Buchprüfer sowie auch als Buchprüfer auszubildende Studenten suchen müssen. Es sprach von gesundem Wirtschaftsverstand, daß sie auf diese Ressourcen zurückgriffen, um zum Ausgleich für die Kosten der internen Dienstleistungen zusätzliche Honorareinkünfte zu erzielen.

Besonders wenn sie eine Position im Finanzbereich neu besetzen müssen, sind viele Unternehmen versucht, auf die Personalberatungsabteilung ihres Wirtschaftsprüfers zurückzugreifen. Dem liegt der Gedanke zugrunde, daß die Wirtschaftsprüfer die Finanzbelange ihres Unternehmens kennen und verstehen sollten und wohl auch einen relativ guten Einblick in die Betriebsfunktionen haben könnten. Während viele der Gründe, die ein Unternehmen auf seine Wirtschaftsprüfer zurückgreifen lassen können, durchaus berechtigt sind, gibt es doch eine Reihe potentieller Gefahren.

Zunächst ist natürlich das Personal, welches die Abschlußprüfungen vornimmt, nicht dasselbe, welches die Personalsuche durchführen würde – und das sollte auch in der Tat nicht so sein! Personalsuche ist ein hochspezialisiertes Verfahren, und wenn ein Wirtschaftsprüfer auch noch so gut sein mag, gibt es doch keine Garantie, daß er auch ein guter Personalberater wäre.

Zweitens ist das Konzept der Unabhängigkeit es wert, beibehalten zu werden. Die Wirtschaftsprüfungsfirma, welche die Personalsuche übernimmt, mag wohl einen sehr professionellen und unabhängigen Personalsuchdienst stellen, aber es ist unmöglich, daß sie versuchen wird, den Verfahrensprozeß aus der Überzeugung zu dominieren, es am besten zu wissen. Dazu kommen die psychologischen Gesichtspunkte des Kunde-Wirtschaftsprüfer-Verhältnisses, das es den Kunden erschweren könnte, dem Personalsucheprozeß ihren Stempel aufzudrücken.

Und so sehr sie dieses Problem auch zu bekämpfen versuchen mögen, werden sie drittens immer darunter leiden, daß ihr eigenes Abschlußprüferpersonal zögern wird, sich über die eigene Firma um eine freie Stelle zu bewerben – aus Angst, daß ihre unmittelbaren Vorgesetzten vorzeitig entdecken könnten, daß sie sich mit dem Gedanken tragen, die Stelle zu wechseln. Folglich kann es dem Unternehmen, das eine Vakanz besetzen möchte, verwehrt werden, Zugang zu einem höchst brauchbaren Kandidatenkreis zu bekommen.

Wie auch immer die Entscheidung hinsichtlich der Berücksichtigung der Wirtschaftsprüfer als Personalsuchespezialisten ausfallen mag, ist es ratsam, sich auch mit anderen Organisationen in Verbindung zu setzen, so daß man wirksame Vergleiche ziehen kann.

Das erste Treffen ist für beide Parteien wichtig, um herauszufinden, ob sie wirksam zusammen arbeiten können. Für den Arbeitgeber, der zum Kunden wird, ist dies die Gelegenheit, die Fähigkeit der Organisationen zu begutachten, die er beauftragen möchte. Was es mit als erstes herauszufinden gilt, ist die Glaubwürdigkeit der die Beraterfirma vertretenden Person oder Personen. Leider ist es immer noch relativ üblich, daß diese Vorbesprechungen von einem leitenden Mitarbeiter des Personals der Personalberatungsorganisation übernommen werden, dessen Aufgabe es ist, die Dienstleistung zu verkaufen. Unter diesen Umständen hat der Kunde nicht die Gelegenheit, die Qualitäten des Beraters zu begutachten, der die Arbeit tatsächlich ausführen wird. Das sollte ein weiterer Grund für die Ablehnung dieser bestimmten Beraterfirma sein, da es mit Beginn der Auftragsdurchführung viel Kontakt und Verständnis zwischen dem Vertreter des Kunden und dem mit der Durchführung betrauten Berater geben muß.

Im Anschluß an die Vorbesprechung würde der Berater normalerweise einen Bericht mit einer Zusammenfassung seiner Empfehlungen über die Vorgehensweise bei der Durchführung vorlegen. Zu diesen Empfehlungen gehören etwa ein Rat hinsichtlich der Vergütung, der Zusatzvergünstigungen und der Bezeichnung der Position sowie auch hinsichtlich der Methode, die zu den besten Ergebnissen führen könnte. Entsprechend den Umständen wird dies entweder eine regelrechte Durchsicht der bestehenden Kontakte oder ganz ein Anzeigenjob sein.

Nach Erhalt der Empfehlungen einer jeden Beraterfirma ist der Kunde in der Lage, diejenige auszuwählen, die die Sache am professionelsten und wirksamsten anzugehen scheint. Bei diesem Auswahlprozeß wird der Grad des Vertrauens in die Person, welche die Arbeit ausführen wird, ein Schlüsselfaktor sein. Der künftige Arbeitgeber muß sich ziemlich sicher sein, daß der beauftragte Berater nicht nur die Rolle vollkommen versteht, welche der erfolgreiche Bewerber ausfüllen wird, sondern auch die technischen Fähigkeiten und die Erfahrung, die erforderlich sind, sowie die persönlichen Eigenschaften, die es dem eingestellten Bewerber ermöglichen werden, sich in seiner neuen Umgebung gut zu entfalten.

Inanspruchnahme einer Personalberatung – Der Ablauf

Nach der Vertragsvergabe wird der Berater ein weiteres Treffen benötigen, um alle weiteren Informationen zu erhalten, die nötig sind zum Erstellen einer vollständigen Stellen- und Kandidatenbeschreibung. Der Grad der Vertraulichkeit muß weiter ausgelotet werden, um festzustellen, mit wem innerhalb der Organisation gegebenenfalls Kontakt aufgenommen werden kann, um solides Hintergrundmaterial über das Unternehmen und die Funktion zu liefern. Im Idealfall würde man ein Treffen mit dem derzeitigen Inhaber der Position arrangieren, aber das ist aus verschiedenen Gründen oft nicht möglich. Außer in sehr ungewöhnlichen Situationen muß die Person, der der Neueingestellte direkt untersteht, stark berücksichtigt werden. Unter gegebenen Umständen sollten auch die gleichgestellten Mitarbeiter zu den Besprechungen hinzugezogen werden. Außerhalb des Kundenunternehmens muß der Berater wissen, wie diskret Treffen oder Besprechungen mit möglichen Kandidaten abgewickelt werden sollten.

In der nächsten Phase würde der Berater die Stellen- und Kandidatenbeschreibung zur Genehmigung vorlegen. Hierbei sollte es sich lediglich um eine Formalität handeln; die Genehmigung wird eingeholt aus Höflichkeit und zwecks nochmaliger Überprüfung, ob die Unterlagen sachlich richtig und angemessen diskret sind.

Je nach vereinbarter Personalsuchemethode kann der weitere Ablauf jetzt getrost der Beraterfirma überlassen werden. Ihr obliegt die Vorlage einer Auswahlliste der Kandidaten, mit denen das Kundenunternehmen bekannt gemacht wird. Per Definitionem sollte diese Auswahlliste aus Leuten bestehen, von denen der Berater glaubt, daß sie für den Job und das einstellende Unternehmen geeignet sind und sich dafür interessieren. Wie bereits erwähnt, gründet sich die Einschätzung ihrer Eignung auf die persönlichen, technischen und professionellen Fähigkeiten der Bewerber und nicht nur auf eine davon.

Die Durchsicht der Kartei – Welche Kandidaten bietet die Kartei?

Viele Beraterfirmen in Großbritannien führen eine Kartei von Kandidaten, die meistenteils schon interviewt wurden, um ihre besonderen Erfordernisse auszumachen sowie ihre technischen und persönlichen Qualitäten zu begutachten. Die Quelle dieses Personenkreises ist gewöhnlich eine Kombination aus Bewerbungen auf früher annoncierte Stellen, Antworten auf eigene Unternehmensanzeigen der Beraterfirma und unaufgeforderte Bewerbungen von Leuten, die sich beruflich verändern möchten.

Aufbau einer detailierten Kartei mit potentiellen Kandidaten

Diejenigen von ihnen, bei welchen die Beraterfirma glaubt, ihnen jetzt oder in Zukunft helfen zu können, werden zu einem Treffen mit einem Berater eingeladen worden sein, der ein eingehendes Interview mit ihnen durchgeführt haben wird. Während dieses Treffens wird man Einzelheiten erfahren haben über die Erfahrung in der Vergangenheit, akademische und persönliche Qualifikationen, soziale Interessen sowie die Ziele und Ambitionen des Bewerbers. Im Anschluß an das Treffen würde der Berater einen Bericht erstellen, in welchem er seine Schlußfolgerungen zusammenfaßt, und würde sich bemühen, eine schriftliche Beschreibung der Persönlichkeit des Kandidaten zu erstellen.

Übereinstimmende Anforderungsprofile der Kandidaten mit der zu besetzenden Position

Jegliche zur Zeit in der Kartei der Beraterfirma aufgenommenen freien Stellen würden daraufhin auf ihre Eignung für diesen Kandidaten überprüft und – sofern geeignet – mit ihm besprochen werden. Da die fähigeren Kandidaten dazu neigen, äußerst wählerisch zu sein, ist es nicht unüblich, daß jemand mehrere Wochen oder Monate in der Kartei der Beraterfirma verbleibt. Solche Leute sind generell schon angestellt, werden wahrscheinlich gut bezahlt und sind recht zufrieden mit ihrer Arbeit. Daß sie überhaupt einen Wechsel ins Auge fassen, ist oft allein in ihrem Wunsch begründet, aufzusteigen. Folglich ist es wenig reizvoll, ein Angebot anzunehmen, falls es nicht genau das ist, was sie suchen.

Wenn ein neuer Auftrag erteilt wurde, wird der Berater früher oder später die Kandidatenkartei durchsehen, um potentiell geeignete Personen zu finden. Diese Routinearbeit wird erledigt, gleich ob eine Anzeigenkampagne gestartet wird oder nicht, da sich daraus wertvolle Ergänzungen zu den Antworten auf die Anzeige ergeben können.

Nach Durchsicht der Kartei würde der Berater dann die ausgewählten Kandidaten zu einem Interview einladen, selbst wenn diese Personen bereits von einem Kollegen oder demselben Berater interviewt wurden. Ein solches Treffen ist für den Berater nicht nur wichtig, um die Eignung der Kandidaten für diese spezielle Position erneut zu bewerten, sondern auch um diese umfassend zu informieren, so daß sie den Grad ihres Interesses bestimmen können.

Es sollte nicht vergessen werden, daß die besseren Personalberaterfirmen dem Kundenunternehmen nur dann eine Auswahlliste vorlegen, wenn geeignete Kandidaten zur Verfügung stehen. Die Eignung impliziert automatisch auch ein wirkliches Interesse an der zu besetzenden Stelle und nicht lediglich die technische Fähigkeit. Es ist möglich, daß der Berater nach gründlicher Durchsicht der Kartei nicht glaubt, daß sich hier keine Kandidaten finden, die der Berücksichtigung wert sind, oder daß die Auswahlliste («short list») in der Tat nur ganz kurz sein sollte. In solchen Fällen kann es durchaus unrichtig und unfair sein, die Bemühungen der Beraterfirma als gescheitert anzusehen. Durch sein wählerisches Vorgehen hat der Berater es vermieden, die Zeit des Kunden zu vergeuden, und hat auch die Möglichkeit ausgeschaltet, daß dem besten der interviewten Kandidaten ein Angebot gemacht wird, obwohl diese Person nicht wirklich für die Stelle geeignet war.

Vorstellungsgespräche

In vielen Fällen jedoch – besonders wenn die Beraterfirma eine Karteidurchsicht empfohlen hat – wird eine

Auswahlliste von zwischen vier und sechs Bewerbern vorgelegt. Dem Kunden wird ein vollständiger schriftlicher Bericht über jeden einzelnen geliefert, worin technische, professionelle und persönliche Qualitäten zusammengefaßt werden. Falls es dem Kunden gelegen kommt, werden die Interviews mit den Kandidaten der Auswahlliste im Idealfall am selben oder dem/den folgenden Tagen durchgeführt, um die notwendigen Vergleichsaspekte der Treffen zu ermöglichen. Die Beraterfirma wird die administrative Organisation der Interviews übernehmen und dafür sorgen, daß die Kandidaten zu den gewünschten Zeiten und Terminen zur Verfügung stehen. Falls dies gewünscht wird, geben sie Ratschläge hinsichtlich der Durchführung und der Struktur der Interviews, und der Berater wird zur Verfügung stehen, um an einem nachbereitenden Gespräch teilzunehmen, um sich nötigenfalls am Entscheidungsprozeß zu beteiligen.

Besetzung der Position – Der Service des Beraters ist noch nicht vorbei

Sobald eine Entscheidung und Auswahl getroffen wurde, dient der Berater als Bindeglied zwischen den beiden Parteien, um den Weg vom Angebot über die Annahme bis zur Arbeitsaufnahme zu ebenen. Wiederum auf Wunsch des Kunden können auch aktuelle Angelegenheiten besprochen werden, obwohl es gewöhnlich vorzuziehen ist, wenn dies von dem einstellenden Unternehmen selbst getan wird.

Bei professionelleren Beratungsunternehmen reicht das Engagement noch über den Zeitpunkt der Arbeitsaufnahme hinaus. Sie werden den Fortschritt des neuen Stelleninhabers überwachen, so daß jegliche Probleme vermieden oder früh genug in Angriff genommen werden können, um zu vermeiden, daß sie zu ernsthaft werden.

Früher war die Ansicht verbreitet, es liege im Interesse der Personalberatungsorganisationen, jemanden, der durch sie zu einer Einstellung gekommen war, dazu zu ermutigen, nach relativ kurzer Zeit wieder auszuscheiden, so daß sie wieder einen Kunden bekämen und die Beraterfirma wieder eine Gebühr erhalten könne. Ob diese Sorge jemals gerechtfertigt war, ist jetzt irrelevant, soweit angesehene Beraterfirmen betroffen sind. Selbst wenn solche Methoden von den Kandidaten geduldet würden, würden sie schnell bekannt werden, und die Beraterfirmen könnten ihr Geschäft aufgeben. Außerdem liegt es in ihrem Interesse, daß die Einstellung ihres Kandidaten zum Kunden festigt und oftmals zu positiven Empfehlungen an andere Unternehmen führen kann.

Anzeigengestütztes Auswahlverfahren

Einstellungen im mittleren und gehobenen Management-Bereich sind bei weitem zu wichtig für den Arbeitgeber, als daß er irgendein Risiko einginge, welches einen erfolgreichen Abschluß gefährden könnte.

Während es falsch wäre, zu suggerieren, daß die Kosten keine Rolle spielen, wäre es gleichermaßen unklug, die Risiko-Gewinn-Faktoren nicht wirklich sorgfältig zu bedenken. Die kalkulierbaren Kosten einer Personalsuche können beachtlich variieren: von Null für eine interne Personalsuche unter Verwendung unaufgeforderter Bewerbungen bis zu 40–50 % des Jahresgehalts eines neu eingestellten Mitarbeiters bei Zuhilfenahme einiger «Headhunting»-Firmen. Die versteckten Kosten können weitaus höher sein, wenn man einen Wert errechnen kann aus solchen Aspekten wie Zeitaufwand leitender Angestellter für den Personalsucheprozeß oder Übernahme der Aufgabe der unbesetzten Stelle oder das durch die Vakanz verursachte Absinken der Arbeitsmoral oder – was noch schlimmer ist – durch eine Fehlbesetzung und die Kosten verlorengegangener Möglichkeiten, wenn nicht so bald wie möglich die richtige Person die Stelle übernimmt.

Die Stellenanzeige – Das Für und Wider

Die Kosten für die Dienste eines Personalberatungsunternehmens zwecks Durchführung eines anzeigegestützten Auswahlverfahrens werden deutlich höher sein als die einer Karteidurchsicht. Dennoch gibt es viele Fälle, wo das Aufgeben von Anzeigen absolut erforderlich ist, wenn ein erfolgreiches Ergebnis erzielt werden soll.

Es ist nicht ungewöhnlich, daß ein Unternehmen viele Stunden wertvoller Zeit damit verbringt, die unterschiedlichen Eigenschaften verschiedener Maschinentypen, die es zu erwerben gedenkt, genau zu recherchieren, und sogar mehrere Tausend DM mehr für Qualität zahlen wird. Wenn diese Entscheidung richtig ist – und es würde schwerfallen, dagegen zu argumentieren – dann ist es sicher genau so wichtig, ähnliche Mühe und Kosten zum Schutze einer der wertvollsten Aktivposten einer jeden Organisation zu investieren: des Personals.

Auf gewissen Ebenen des Personals im mittleren Management mag oft ein Reichtum an Talent allgemein zur Verfügung stehen und mögen diese Talente interessante Gelegenheiten suchen; aber in anderen Fällen sind möglicherweise geeignete Bewerber bereits knapp auf dem Markt. Andererseits mag die zu besetzende Stelle hinlänglich kritisch oder in gehobener Stellung sein, so daß das einstellende Unternehmen so sicher wie möglich sein möchte, daß es die Möglichkeit haben wird, von der weitesten Palette der besten Kandidaten aussuchen zu können, die sich für diese Position interessieren.

In diesen Fällen gibt es kaum eine andere Wahl als die Vakanz zu vermarkten, um diejenigen anzuziehen, die zwar nicht aktiv suchen, die aber den Markt im Auge behalten, um sich für bestimmte Posten von besonderem Interesse zu bewerben.

Wenn eine Anzeige angebracht ist, dann mag es sinnvoll erscheinen, diese Aufgabe intern zu erledigen, um die Honorere der Beraterfirma zu sparen. Schließlich muß das Personalberatungsunternehmen ohnehin für die Anzeige zahlen; warum also die Kosten unnötig erhöhen? Dies ist ein vernünftiges Argument unter gewissen Umständen, wie sie oben unter der Überschrift «AUFGEBEN EINER ANZEIGE» besprochen wurden. In vielen Unternehmen jedoch sind die Bedingungen nicht so ideal, als daß sie die Aufgabe der Personalsuche selbst in die Hand nehmen könnten. Dies mag besonders zutreffen, wo es sich um eine höchst heikle Position handelt wie bei einer Übernahme oder einem Erwerb, wo jegliches Durchsickern sehr gefährlich sein kann. Oder wo das Wissen darum, daß ein leitendes Mitglied einer Organisation ausscheidet oder ausgeschieden ist, einem Konkurrenten einen Vorteil bieten könnte. Oder wo das angebotene Gehalt zu internen Problemen mit anderen Mitarbeitern führen könnte. Oder unter vielen anderen Umständen.

Diskussionen mit der ernannten Beraterfirma ergeben, ob eine Anzeige nötig ist. In vielen Fällen – besonders wenn Zeit eine untergeordnete Rolle spielt – könnte entschieden werden, daß zunächst eine Karteidurchsicht vorgenommen wird, und erst wenn dieser Weg ausgekundschaftet ist, würde eine Anzeigenkampagne gestartet.

Der Vorteil der Inanspruchnahme von Spezialisten liegt darin, daß sie in der Lage sind, Ratschläge für all die schwierigen Entscheidungen zu geben, welche noch vor dem Aufgeben einer Anzeige getroffen werden müssen.

Die Stellenanzeige – Wahl des Mediums

Der erste Punkt, der entschieden werden muß, ist, welche/s Medium/Medien eingesetzt werden soll/en. Wird eine Anzeige ausreichen, oder sollte sie mehrmals erscheinen? Sollte sie in einem technischen oder Berufsfachmagazin aufgegeben werden oder in der nationalen Presse? Falls man sich für die überregionale Anzeige entscheidet, welche Zeitung sollte man dann nehmen? In Großbritannien gibt es viele Zeitungen von Qualität, aber deren Leserschaft ist sehr unterschiedlich, und – was noch von größerer Bedeutung ist – während jemand zum Beispiel «The Guardian» lieber liest als «The Times», um sich allgemein zu informieren, kann es wohl sein, daß er eine andere Zeitung wegen der Stellenanzeigen liest.

Als Beispiel für die unterschiedliche Ausrichtung von Stellenanzeigen in Tageszeitungen kann man grob verallgemeinernd folgendes sagen: «The Guardian» wäre eine mögliche Wahl für freie Stellen im Mediengewerbe, «The Financial Times» für gehobene Posten im Finanzbereich, «The Times Educational Supplement» für Lehrer, «The Telegraph» für allgemeine Stellenangebote auf gewissen Ebenen oder für technische Positionen, «The Sunday Times» für gehobene Management-Posten und so weiter.

Es kann nicht genug betont werden, wie wichtig es ist, die Medien wirklich zu kennen und das für die jeweilige Position geeignete Blatt gründlich auszusuchen. Die falsche Medienwahl wird fast unweigerlich entweder die Qualität oder den Umfang der Antworten (oder eher beides) wesentlich reduzieren und dazu führen, daß die Anzeige nutzlos ist sowie auch eine unannehmbare Verzögerung herbeiführen, wenn der ganze Prozeß in einem anderen Medium wiederholt wird.

Welche Größe sollte die Anzeige haben

Die Größe der Anzeige wird offensichtlich eine Auswirkung auf die eingehenden Antworten haben, aber die Hauptbeachtung gebührt der Kostenrentabilität. Eine zu kleine Anzeige kann dazu führen, daß zu wenige Antworten eingehen und die Anzeige nochmals erscheinen muß, während eine zu große möglicherweise nichts anderes bewirkt als eine Kostensteigerung ohne erkennbaren Nutzen. Es läßt sich nicht wissenschaftlich bestimmen, wieviel Platz sie eigentlich einnehmen sollte, da diese Entscheidung von den besonderen Umständen abhängt. Erfahrung ist der einzige Faktor, der womöglich jenen glücklichen Kompromiß erzielt, mit der genau richtigen Größe der Anzeige ein zufriedenstellendes Ergebnis zu erzielen.

Die Identität der Firma

Ob die Identität des Unternehmens, das eine Stelle anbietet, bekannt werden soll oder nicht, ist eine weitere Frage, auf die es nicht immer eine eindeutige Antwort gibt. Im allgemeinen ist es angebracht, den Namen des Unternehmens bekannt zu geben, aber wenn die näheren Umstände Vertraulichkeit verlangen, dann muß die Identität zumindest so lange geheimgehalten werden, bis einige Überprüfungen vorgenommen wurden. Sich hinter einer Chiffre oder gar hinter dem Namen einer Werbeagentur zu verstecken, scheint offensichtlich die Zuschriften nachteilig zu beeinflussen. Potentielle Bewerber werden aus vielen Gründen davon abgehalten, zu antworten – nicht zuletzt aus Furcht, sie könnten sich bei der eigenen Firma bewerben.

Bei Einschaltung eines Anwerbeunternehmens hat man die Wahl, entweder sein Unternehmen zu identifizieren oder einfach den Namen der Beraterfirma in der Anzeige anzugeben. Da die besser beleumundeten Beraterfirmen als in höchstem Maße diskret gelten, sind die Kandidaten nicht besorgt, daß sie sich bei einer Organisation um

eine Stelle bewerben könnten, der sie ihr Interesse an einem Stellenwechsel nicht bekanntgeben möchten. Sie wissen, daß die Beraterfirma erst die Position und den eventuellen Arbeitgeber mit ihnen besprechen wird, bevor ihre Daten und Angaben dem anwerbenden Unternehmen vorgelegt werden. Die hier gezeigte Anzeige wurde vor einiger Zeit für einen Kunden der Michael Page Gruppe geschaltet, der seine Identität nicht allgemein bekanntgeben wollte. Wie sich aus dem Haupttext ersehen läßt, wurde bei der Beschreibung des Unternehmens und der gebotenen Chancen nichts weiter ausgelassen als der Name. Offensichtlich war die Anzeige ein großer Erfolg; aus den Zuschriften wurde eine sehr brauchbare Auswahlliste zusammengestellt und vorgelegt, und es kam zu einer Einstellung.

Die harte Wettbewerbssituation in dem Markt, in dem die meisten britischen Unternehmen tätig sind, verlangt, daß alle Arten des Marketing maximal ausgenutzt werden; folglich ziehen die meisten Unternehmen es vor, ihren Namen und ihr Firmen-Logo groß herauszubringen. Die zweite Anzeige veranschaulicht das am Beispiel der führenden britischen Brauerei Courage, die eine Reihe von Produktnamen auf dem Verbrauchermarkt hat. Je mehr diese Namen an die Öffentlichkeit dringen, desto größer wird wahrscheinlich die Nachfrage nach diesen bestimmten Produkten. Es ist daher gut möglich, daß der mit der Stellenbesetzung befaßte Berater den potentiellen Nutzen erkannte und dem Kunden dazu riet, den kostenrentabelsten Gebrauch von seinen Ausgaben zu machen. Wenn dies der Fall war, so hat der Kunde den Rat eindeutig angenommen und konnte die Kosten für die Anwerbung seines Market Research Planning Manager in gewissem Umfang kompensieren.

Angabe der Gehaltsstruktur

Die Courage-Anzeige veranschaulicht auch die Frage, ob das Vergütungspaket beziffert werden soll oder nicht. In diesem Beispiel wurde keine Zahl genannt, und obwohl die Anforderungen hinsichtlich Alter, Erfahrung und allgemeiner Fähigkeiten deutlich angegeben waren und innerhalb einer großen Bandbreite auch die zu erwartende Vergütung differenziert, bleibt doch ein großer Spielraum für das Gehalt. Es mag viele Gründe gegeben haben, warum keine genaue Zahl – ja nicht einmal eine Bandbreite – angegeben wurde. Einen Hinweis auf den Grund kann man der genannten Altersstufe entnehmen. Der Kunde mag der Ansicht gewesen sein, daß die Position erfolgreich eingenommen werden könnte von jemandem innerhalb eines Erfahrungsspektrums, von einer Person mit bisher nicht aktiviertem Potential, bis hin zu jemandem, der bereits hochqualifiziert ist. Die Gehaltsbandbreite, die diese Spezifikationen umfassen würde, wäre so groß, daß es fast absurd wäre, sie anzugeben. Natürlich gibt es eine Reihe anderer Gründe wie zum Beispiel Sensibilität hinsichtlich des Gehalts dieser Position im Verhältnis zu anderen in der Organisation.

Was immer der Grund sein mag: Die Anzeige hätte Zuschriften von einer sehr unterschiedlichen Gruppe von Bewerbern ermutigt. Das Hauptproblem, das hierdurch geschaffen wird, liegt in der Auswahl einer zumutbaren Zahl von Kandidaten für die Vorstellungsgespräche. In diesem Fall ist dieses Problem für das Unternehmen belanglos, da die Beraterfirma für das gesamte Auswahlverfahren zuständig wäre – von den Zuschriften bis zur Vorlage der endgültigen Auswahlliste.

Das Argument zugunsten des Fortlassens einer Gehaltsstufe mag zunächst den Eindruck erwecken, es sei ratsam, nie eine Zahl anzugeben. Das ist nicht unbedingt richtig, da das Fehlen einer Zahl manchen von einer Bewerbung abhalten kann, in dem Glauben, daß entweder das Gehalt, das die Firma zu zahlen gewillt ist, zu gering wäre, oder daß eine Einstellung auf zu gehobener Ebene vorgesehen ist. Im allgemeinen haben die meisten

Unternehmen eine bestimmte Gehalts-Bandbreite, innerhalb derer sie in der Lage oder willens sind, jemanden einzustellen. In solchen Fällen und unter der Annahme, daß es keine anderen Gründe gibt, warum die Vergütung nicht angegeben werden sollte, ist es ratsam, in der Anzeige die annähernde Gehaltsstufe anzugeben.

Angabe von Vergünstigungen

Während das Bruttogehalt der bedeutendste Teil der Gesamtvergütung ist, spielen zusätzliche Vergünstigungen in steigendem Maße eine Hauptrolle bei erfolgreicher Anwerbung. Natürlich ist es wichtig, sicherzustellen, daß das Gesamtpaket konkurrenzfähig ist, und um den angebotenen Betrag zu errechnen, ist es notwendig, den Marktwert des erwünschten Erfahrungs- und Qualifikationsniveaus zu kennen. Dies ist ein weiterer Bereich, in welchem das Anwerbeunternehmen auf der Grundlage seiner umfangreichen Erfahrung fundierten Rat erteilen kann, ohne vertrauliche Informationen preiszugeben. Berücksichtigt werden müssen alle Vergünstigungen, die Angestellten in Großbritannien zur Verfügung stehen, und auch, ob diese gewöhnlich in vergleichbaren Positionen gewährt werden.

In der Vergangenheit haben Lohnstopps und die steuerliche Behandlung von Firmenwagen als Vergünstigung dazu geführt, daß die Stellung eines Wagens im mittleren Management und darüber hinaus fast eine Notwendigkeit wurde. Das bedeutet, daß ein wesentlich höheres Gehalt geboten werden mußte, wenn kein Firmenwagen in dem Paket enthalten war. Der Wettlauf nach dem besseren Personal bedeutete, daß gebotene Vergünstigungen besonders dort anstiegen, wo sie steuerwirksam waren. Sehr schnell war es nicht nur der Wagen, der zur Verfügung stand, sonder auch die volle Kostenübernahme einschließlich privater Nutzung, Straßensteuer, Versicherung und – bei einigen Firmen – ein Parkplatz in der Innenstadt. Die dem Unternehmen entstehenden Kosten eskalierten oft in unangemessener Weise zugunsten des Angestellten. Zu den übrigen Vergünstigungen, die gemeinhin gewährt werden, gehören private medizinische Versorgung und ständige Krankenversicherung, Ruhegelder, Lebensversicherungen, Aktienoptionen und Gewinnbeteiligung. Sie alle müssen bewertet werden, um festzustellen, wie attraktiv denn das bestimmte Paket sein wird. Nach der Bewertung können sie in das in der Anzeige angegebene Vergütungsniveau einbezogen werden.

Die Positionsbeschreibung – Titel der Position

In vielen Ländern einschließlich Großbritanniens ist der Titel einer Position für viele Kandidaten von großer Bedeutung. Selbst diejenigen, die vorgeben, daß ihnen ihr Titel unwichtig ist, werden zumindest unbewußt von dem Titel in einer Anzeige beeinflußt. Die dargestellte Anzeige führt den Titel «International Financial Planning Manager». Der Erfolg dieser Kampagne mag zum großen Teil in diesem Titel begründet sein. Das Wort «International» macht automatisch Eindruck, wo jetzt der internationale Handel so wichtig geworden ist. Es suggeriert, daß der erfolgreiche Bewerber internationale Geschäftserfahrungen sammeln und in den Genuß weltweiter Reisen kommen wird. «Financial» deutet auf den Unternehmensbereich hin, «Planning» impliziert kreatives Vorausdenken, und «Manager» gibt an, daß der erfolgreiche Kandidat für eine Abteilung, oder zum allermindesten für ein Mitarbeiterteam verantwortlich sein wird. Ob diese Folgerungen eine richtige Widerspiegelung der Rolle sind oder nicht, ist – in gewissem Maße – unwesentlich. Eine goldene Regel in der Mitarbeiterwerbung besagt, daß es wesentlich ist, eine Reaktion hervorzurufen, denn ohne einige Zuschriften ist eine Anwerbung unmöglich. Dies ist kein Freibrief, vollkommen unrichtige Behauptungen über die zu besetzende Stelle aufzustellen, nur um eine Reaktion hervorzurufen, aber es erlaubt einigen Spielraum. Sobald sich

A Paramount/UNIVERSAL COMPANY

International Financial Planning Manager

West End

to £40,000 + Bonus + Car

Since its creation in 1985, United Cinemas International, a subsidiary of Paramount and Universal, has grown rapidly to become the market leader in the development and operation of multiplex cinemas. The Group already operates on a worldwide basis and has significant plans to further develop its operations in Europe.

This new position will focus on providing solutions to the medium and longer term problems associated with the management of one of the UK's fastest growing companies. Key operational responsibilities include the appraisal and analysis of existing operations and the planning and control of future developments. The successful applicant will also play a leading role in business development, on both organic and acquisitive bases. There will be some overseas travel, particularly in Europe.

Candidates, aged 28-35, should be qualified accountants with proven planning and analysis skills and a demonstrable track record of successfully influencing commercial decisions at the highest level in a fast moving business. Personal qualities must include outstanding communication skills, high levels of self-motivation and a preference for action rather than delegation.

Interested candidates should forward a comprehensive curriculum vitae quoting **Ref: 2648** to **Alan Dickinson FCMA, Michael Page Finance, Executive Selection Division, Page House, 39-41 Parker Street, London WC2B 5LH.**

Michael Page Finance

Specialists in Financial Recruitment

London Bristol Windor St Albans Leatherhead Birmingham
Nottingham Manchester Leeds Glasgow & Worldwide

ein Kandidat tatsächlich bewirbt, haben der Arbeitgeber oder dessen Repräsentanten Gelegenheit, die Vorzüge der Position hervorzuheben und den Betroffenen davon zu überzeugen, daß sie für ihn genau die richtige sei.

Der Standort der neuen Position

Der Ort der Tätigkeit oder zumindest der Ausgangsstandort mögen als wesentliche Information erscheinen, die in die Anzeige aufgenommen werden sollte, da er eine wesentliche Auswirkung auf die Reaktion haben kann. Im allgemeinen ist es ratsam, den Ort bekanntzugeben, wenngleich dies nicht immer der Fall ist. Wie bereits früher erwähnt, ist es ratsam, die Anzeige so attraktiv wie möglich zu gestalten, ohne Zuflucht zu offenkundigen Unwahrheiten zu nehmen. In einer Situation, wo die Tätigkeit an einem Ort auszuüben ist, der allgemein als unattraktiv gilt, mag es taktisch unklug sein, mögliche Bewerber zu früh im Anwerbungsprozeß auf diese Tatsache hinzuweisen. Es gibt viele Beispiele dafür, daß sich die menschliche Natur über jegliche Art Logik hinwegsetzt, und es ist nicht ungewöhnlich, daß Leute jeden Gedanken an einen Umzug ablehnen, ohne dessen Folgen und Bedeutung richtig zu überdenken. Auch ist es erstaunlich, wie wenige Leute selbst in einem geographisch so kleinen Land wie Großbritannien Gegenden kennen, die vielleicht weniger als 300 km von ihrem Zuhause entfernt sind. Man erwirke Zuschriften von geeigneten Bewerbern und stelle dann fest, ob die Position attraktiv genug gemacht werden kann, um jegliche Vorurteile zu überwinden, die sie gegenüber dem Standort haben mögen.

Alle vorangegangenen Anmerkungen hinsichtlich des Formats der Anzeige zielen auf deren unmittelbare Wirkung ab. Die wesentliche Anforderung an eine erfolgreiche Anzeige ist, daß sie sofortige Aufmerksamkeit weckt. Sie muß den beiläufigen Leser ansprechen. Es ist ein ähnliches Prinzip wie das, welches den Anlaß dazu gibt, daß Zeitungen kühne Überschriften verwenden, Radio und Fernsehen Nachrichtenprogramme mit einer Zusammenfassung der Hauptthemen einleiten und Filmgesellschaften Voranzeigen bringen. Das Ziel ist, den Appetit anzuregen, so daß das Zielpublikum mehr wissen möchte.

Nachdem die gewünschte Aufmerksamkeit geweckt ist, wird es äußerst wichtig, dafür zu sorgen, daß der Hauptteil des Textes die von der «Voranzeige» geweckten Erwartungen erfüllt. Der zur Verfügung stehende Platz wird eine Auswirkung darauf haben, was im Hauptteil enthalten ist, obgleich man sagen muß, daß ein weiterer Faktor, der die Größe der ausgewählten Anzeige beeinflussen kann, der Platz ist, der nötig ist, um alles zu sagen, was für wesentlich erachtet wird. Vereinfachend kann gesagt werden, daß die Anzeige den Leser über das Unternehmen, die Rolle und die von geeigneten Bewerbern erwartete Erfahrung und Qualifikation informiert.

Die dargestellte Anzeige, die im Auftrag des Natural History Museum aufgegeben wurde, liefert einige interessante Beispiele für die Probleme, denen sich eine Beraterfirma gegenüber sieht. Für viele Leute ist das Museum der Inbegriff einer verstaubten, altmodischen Organisation, die sich um die Bedürfnisse einer Minderheit kümmert. Selten wird es in derselben Weise betrachtet, wie ein dynamisches Handelsunternehmen betrachtet würde, und zwar ungeachtet der Tatsache, daß viele dieser Organisationen die Notwendigkeit erkannt haben, ihren Betrieb professionell und progressiv zu führen, um so in der modernen Welt konkurrenzfähig zu sein und somit zu überleben. Es scheint, daß der mit der Anzeige betraute Berater die Notwendigkeit erkannt hat, zu versuchen, die vorgefaßte Meinung zu ändern, die viele potentiell geeigeneten Kandidaten haben mochten. Die Überschrift «Mehr als nur Dinosaurier» weckt sofortiges Interesse. Der Leser wird veranlaßt, herauszufinden, was sie bedeutet und warum sie mitten in einer

Rubrik des Mediums erscheint, die Stellenanzeigen gewidmet ist. Der kleiner gedruckte Teil dient dann dazu, die schwierige Aufgabe anzugehen, das sich ändernde Image des Museums darzustellen. Die beiden einleitenden Absätzen bringen die zu übermittelnde Nachricht. Die Verwendung von Wörtern wie «innovativ», «dynamisch» und «progressiv» schaffen die Vision einer in die Zukunft schauenden Organisation, die die Notwendigkeit erkannt hat, sich auf dem laufenden zu halten und die eingesehen hat, daß ihre Reputation allein nicht ausreichen wird, um ihr Überleben zu sichern.

In den Informationen über die beiden zu besetzenden Stellen wird dieselbe Aussage fortgefürt, während auch die jeweiligen Funktionen innerhalb dieser Rolle sowie der geforderte Erfahrungsumfang umfassend beschrieben werden.

Der Auswahlprozeß

Sobald die Anzeige erscheint, beginnt die wirkliche Arbeit des Beraters. Vorausgesetzt, daß Text und Design ansprechend gestaltet sind, werden vier bis fünf Tage nach dem ersten Erscheinen die ersten Zuschriften eingehen. Der Umfang der Resonanz wird, bedingt durch eine Anzahl Faktoren, unterschiedlich sein, könnte aber zwischen einigen wenigen und einigen Hunderten liegen. Auch könnte die Durchsicht der Kartei einige weitere Kandidaten erbracht haben, die zusätzlich zu denen zu berücksichtigen sind, die auf die bestimmte Anzeige geantwortet haben.

Die erste Aufgabe des Beraters ist es, die Bewerbungen auf eine annehmbare Zahl derer zu reduzieren, die zu einem ersten Interview eingeladen werden. Wenn etwa 20 oder mehr Antworten eingegangen sind, wäre es sicher undurchführbar, sie alle zu interviewen. Diese erste Auswahl «auf dem Papier» ist einer der schwierigsten Prozesse und erfordert eine Menge Geschick und Erfahrung, um erfolgreich zu sein. Die Gefahr besteht, daß Kandidaten allein deshalb als ungeeignet ausgesondert werden, weil sie nicht genau den Vorgaben des Kunden entsprechen. Ein erfahrener Berater wird nicht nur anhand dieses Kriteriums auswählen. Grundsätzlich sind Fähigkeiten und Persönlichkeit die wichtigsten Gesichtspunkte bei jeder erfolgreichen Einstellung. Während es unmöglich scheinen mag, dies anhand einer Zuschrift festzustellen, kann der erfahrene Prüfer sehr wohl einige Anzeichen daraus entnehmen.

Unweigerlich gibt es einen ziemlich hohen Prozentsatz derer, die abgelehnt werden können, da ihre Bewerbungen erkennen lassen, daß sie nicht über die als für diese bestimmte Rolle wesentlich erachteten Fähigkeiten und Erfahrungen verfügen. Dann gibt es diejenigen, die ganz offensichtlich eine weitere Berücksichtigung wert sind, und mit ihnen wird umgehend Kontakt aufgenommen, um eine passende Zeit und ein passendes Datum für ein Treffen mit dem Berater zu vereinbaren. Schließlich bleibt die Kategorie der «Möglichen», die weder offensichtlich geeignet noch vollkommen ungeeignet für die Position sind. Diese Bewerbungen werden mehrmals gelesen und durchgesehen, um zu einer Entscheidung zu gelangen. In den meisten Fällen wird der Berater übervorsichtig sein und nach dem Prinzip vorgehen, jeden zu interviewen, bei dem es angemessene Zweifel gibt.

Das Interview-Verfahren ist eine Kombination aus Einschätzung der Persönlichkeit, technischer Bewertung und der Überprüfung der Angaben der Bewerber. Es sollte betont werden, daß kein Berater, der etwas auf sich hält, behaupten würde, in der Lage zu sein, die technische Eignung von Bewerbern für einigermaßen gehobene Posten zu überprüfen. Ihre Funktion ist eine intelligente Einschätzung der Fähigkeiten der Kandidaten durch sorgfältiges Fragen und durch Auswertung der Antworten. Auf ähnliche Weise würde die Überprüfung der Angaben der Kandidaten hinsichtlich bisher innegehabter Positionen und gewonnener Erfahrungen nicht durch Heranziehen von Referenzen erfolgen, sondern durch einen Vergleich der Beschreibung seitens der Kandidaten mit der Kenntnis des Beraters bezüglich anderer Personen in ähnlichen Positionen.

Zwecks Einschätzung der Persönlichkeit von Kandidaten würde ein Berater nach Anzeichen der Fähigkeit zu wirksamer Kommunikation suchen, nach Anzeichen eines gesunden Urteilsvermögens, Selbstbewußtsein und eines Sinnes für Humor, da dies Eigenschaften sind, die im Laufe eines Interviews festgestellt werden können. Das Vorhandensein oder Fehlen der übrigen – wesentlichen – Qualitäten wie Integrität, Loyalität, Zuverlässigkeit, Ehrlichkeit, Vertrauenswürdigkeit usw. kann unmöglich mit letzter Sicherheit festgestellt werden. Dennoch wird der Berater nach Anzeichen ihres Vorhandenseins suchen, und zwar in der Art und Weise, wie der Kandidat auf Fragen nach seiner Erfahrung, seinen Überzeugungen und Ambitionen antwortet.

Das Interview dient natürlich beiden Parteien. Der Berater muß den Kandidaten bewerten; aber es ist ebenso wichtig, daß der Bewerber eine umfassende Darstellung der Tätigkeit, seiner Berufsaussichten und des einstellenden Unternehmens erhält. Der Berater wird sich darum bemühen, eine Situation zu erreichen, in der Bewerber von der zu besetzenden Stelle begeistert und äußerst daran interessiert ist, in die nähere Auswahl zu gelangen. Es ist wert wiederholt zu werden, daß angesehene Anwerbeunternehmen Unehrlichkeit oder Vertrauensbruch seitens ihrer Berater nicht tolerieren würden. Der Berater wird zwar danach trachten, in dem Bewerber den starken Wunsch zu wecken, eingestellt zu werden, aber es wäre zwecklos, dies mit unlauteren Mitteln zu versuchen. Die Stelle oder das Unternehmen mit übertriebenen Darstellungen und Versprechungen zu «verkaufen», dient weder dem Kunden noch dem Kandidaten oder der Beraterfirma.

Wenn die ersten Interviews abgeschlossen sind, würde der Berater vier bis sechs der besten Bewerber auswählen, die dann von dem Unternehmen zu einem Vorstellungsgespräch eingeladen werden. Weniger als vier würden dem Kunden keine ausreichende Wahl bieten, und mehr als sechs würden wahrscheinlich Verwirrung durch eine zu große Auswahl stiften. Es gibt wohl Gelegenheiten, in denen weniger als vier Kandidaten auf der Auswahlliste stehen mögen, insbesondere wenn der Berater nicht glaubt, daß es genügend Kandidaten gibt, die über die erforderlichen Qualitäten verfügen. Unter solchen Umständen wird der Berater nur diejenigen auf die Liste setzen, die er für geeignet hält, selbst wenn dies bedeutet, daß er dem Kunden mitteilen muß, daß die Aktion niemanden hervorgebracht hat, der für die Besetzung der Vakanz in Frage käme. Glücklicherweise kommt es nur selten vor, daß eine professionell durchgeführte Anzeigenkampagne nicht zu einer annehmbaren Auswahlliste führt.

Wenn der Berater die Kandidaten für die Auswahlliste ausgesucht und sich überzeugt hat, daß diese alle noch an einer Einstellung interessiert sind, wird er dem Kunden ein Paket knapper Zusammenfassungen übergeben, worin wesentliche Informationen über jede der zu interviewenden Personen enthalten ist. In vielen Fällen wird sich der Berater mit den Repräsentanten des Kunden treffen, um über die Bewerber und die Art und Weise, wie das Interviewprogramm durchzuführen ist, zu diskutieren. Sodann werden mehrere dem Kunden genehme Zeiten und Daten festgelegt, und der Berater organisiert das ganze Auswahllisten-Programm, indem er die Bewerber kurz über die Leute informiert, mit denen sie sich treffen werden.

Das Interview

In weiten Kreisen wird zugegeben, daß ein Interview keine ideale Methode ist, jemanden auszuwählen, der –

wie man hofft – für mehrere Jahre von einem Unternehmen eingestellt wird. Noch ist es ein vollkommen verläßlicher Weg, eine Organisation auszusuchen, der man seine Berufskarriere anvertrauen will. Unglücklicherweise hat man keine verläßliche und durchführbare Alternative entdeckt, die das Interview auf eine zweitrangige Rolle als Zusatzverfahren für den Hauptauswahlprozeß verweisen würde.

In Großbritannien werden die meisten Einstellungsentscheidungen auf der Grundlage eines Interviews oder einer Reihe von Interviews getroffen, obwohl eine wachsende Zahl von Unternehmen auch andere Verfahren anwendet, um den Auswahlprozeß zu ergänzen, wie z. B. Graphologie und psychometrische Tests. Dennoch trifft es im allgemeinen zu, daß das gesamte Auswahlverfahren auf der Grundlage eines oder mehrerer relativ kurzer Treffen steht oder fällt.

Die Wichtigkeit des Interviews sowohl für den Arbeitgeber wie auch für den Arbeitnehmer kann nicht genug betont werden. Viel Zeit und Geld ist investiert worden, um die Phase zu erreichen, in der sich die beiden Parteien von Angesicht zu Angesicht gegenüberstehen und beide sich zum Ziel gesetzt haben herauszufinden, ob die vorgeschlagene Beziehung in beider bestem Interesse ist. Der Schlüssel zum Erfolg liegt in sorgfältiger und angemessener Vorbereitung. Es ist eine Ein- und Verkaufssituation – mit dem wichtigen Unterschied, daß keine der beiden Parteien ohne weiteren Kontakt einfach fortgehen kann, sobald das Geschäft abgeschlossen ist.

Bei einem Einstellungsvertrag ist es unumgänglich, daß der Käufer und der Verkäufer eine gute Beziehung zueinander haben und, obwohl sie keine guten Freunde sein müssen, doch eine gegenseitige Achtung besteht.

Das Interview findet in einer handelsähnlichen Atmosphäre statt, obwohl vorzugsweise keine Markt-Handelsatmosphäre daraus werden soll. Beide Parteien werden versuchen, sich selbst – oder das, was sie repräsentieren – zu verkaufen und beide versuchen, die «Ware» der anderen zu kaufen – zu den eigenen Bedingungen.

Zu Beginn dieses Kapitels wurde erwähnt, daß die Prinzipien des Anwerbeprozesses für den Arbeitgeber und für den Arbeitnehmer sehr ähnlich sind. Dies trifft auch für das Interview und die erforderliche Vorbereitung zu. Ziel des Interviews ist es, alle erforderlichen Informationen zu erlangen, um eine Entscheidung zu ermöglichen und dabei sich selbst oder sein Unternehmen in solcher Weise zu repräsentieren, daß ein Angebot gemacht bzw. angenommen wird.

Der Interviewer

Der Interviewer muß sicher sein, daß er über solide Kenntnis der Tätigkeit, ihres Platzes innerhalb der Gesamtstruktur des Unternehmens, der Aufstiegsmöglichkeiten und der Zukunft des Unternehmens verfügt. Bedacht werden sollten auch die Informationen, die der Interviewte erfragen könnte, und wie diese Fragen am besten zu beantworten sind. Dies ist besonders wichtig in Bereichen, die heikel sind und wo eine kurze, wahre Antwort sehr leicht zu falschen Rückschlüssen führen könnte. Eine unehrliche Antwort wird jedoch ziemlich sicher früher oder später entdeckt werden und böses Blut schaffen. Eine ausweichende Antwort wird voraussichtlich sofort bemerkt und vermittelt den Eindruck, daß die Wahrheit nichts Gutes verspricht.

Vor dem Interview ist es ratsam, die Lebensläufe genau studiert zu haben, um jene Bereiche herauszufinden, die bei jedem einzelnen Bewerber noch gründlicher zu besprechen sind. Wenn es keine zweifelhaften unklaren Punkte gibt, besteht keine Veranlassung, dieselben Einzelheiten, die im Lebenslauf enthalten sind, noch einmal zu besprechen. Es ist wichtiger, sich auf eine Prüfung der Bewerber hinsichtlich ihrer Eignung für die jeweilige Rolle zu konzentrieren. Dies mag in der Weise geschehen, daß Fragen gestellt werden, die eine Möglichkeit bieten herauszufinden, welche Leistungen der Interviewte in früheren und – vorzugsweise – in den letzten Positionen wirklich erbracht hat und nicht so sehr, wie er die in Aussicht stehende Tätigkeit auszuüben gedenkt. Es gilt die Motivation zu ergründen, die einen Kandidaten veranlaßt hat, bestimmte Entscheidungen zu treffen, wie z. B. Stellenwechsel, Umzug oder die Absolvierung eines bestimmten Studiums. Es gilt herauszufinden, welche Einstellung der Bewerber zu dem Stellenwechsel hat.

Zweite oder gar dritte Interviews sind nicht ungewöhnlich, alle weiteren aber könnten auf Unentschlossenheit schließen lassen. Folglich mag der erfolgreiche Bewerber nicht mehr als drei oder vier Stunden – und häufig weit weniger – in Besprechungen mit dem Arbeitgeber verbracht haben. Man kann es sich nicht leisten, diese Stunden mit unterhaltsamer Plauderei und Scherzen zu vergeuden. Am Ende eines Interviews sollte der Interviewer das Gefühl haben, daß er die Kandidaten wirklich kennt, deren Denk- und Arbeitsweise versteht und weiß, was sie motiviert. Möglicherweise standen sie während des Interviews unter Druck, und ihre Reaktion auf diese Situation wird auch bewertet.

Einige Leute befürworten Interviewtricks und -techniken als solide Bewertungsmethoden, aber diese Ansicht ist umstritten. Normalerweise schafft eine offene Aussprache die zufriedenstellendste Atmosphäre, in der man brauchbare Informationen erhält. Das bedeutet jedoch nicht, daß die Fragen zahm und nicht kontrovers sein dürfen.

Wenn vielmehr eine Frage einen Bereich berühren sollte, der dem Interviewten unangenehm erscheint oder wo er zögert, dann sollte gerade dieses Thema vollständig erschöpft werden.

Ein Interview ist KEIN gesellschaftliches Ereignis, in dem es jeder der Parteien obliegt, sich oberflächlich angenehm zu unterhalten. Der Zweck ist vielmehr, in einer ziemlich unwirklichen Situation die wirkliche Person zu entdecken.

Der Interviewte

Die Verfahrensweise ist für den Interviewten ganz ähnlich derjenigen des Interviewers, wenn auch die Akzente verschoben sind.

Obwohl einige der weiter unten aufgezählten Aspekte schon weiter oben aufgezählt wurden, sind sie es wegen ihrer Wichtigkeit wert, wiederholt zu werden.

Wenn maximale Wirkung und maximaler Nutzen erzielt werden soll, ist gewissenhafte Planung wesentlich. Ob dies nun richtig sein mag oder nicht: In jedem Auswahlverfahren spielt der erste Eindruck eine sehr große Rolle und es ist ratsam, alles daranzusetzen, damit dieser erste Eindruck ein guter wird.

Zwar sollte es nicht nötig sein darauf hinzuweisen, aber man sollte auch sicher sein hinsichtlich des genauen Ortes und Termins des Interviews. Man hat von Kandidaten gehört, die am falschen Ort oder zu der falschen Zeit auftauchten, und solch ein Fehler ist nicht gerade eine gute Empfehlung!

Der Kleidungsstil ist oftmals auch eine schwierige Entscheidung, obwohl die Fälle selten sind, bei denen Konformität negativ beurteilt wird.

Zur Vorplanung sollte eine angemessen gründliche Nachforschung hinsichtlich des Unternehmens und seiner Stellung auf dem Markt gehören. Das ist relativ einfach bei Aktiengesellschaften, aber wesentlich schwieriger bei Privatfirmen, insbesondere wenn sie nicht groß sind oder kein großes Öffentlichkeitsprofil haben. Wenn ein Anwerbeunternehmen eingeschaltet ist, werden Informationen zugänglich sein, aber in Situationen, in denen ein Unternehmen seine Anwerbung selbst betreibt ist es unwahrscheinlich, daß denjenigen, die zu einem Interview eingeladen wurden, mehr als Basisinformationen geliefert wurde.

Detaillierte Kenntnisse der in Frage kommenden Organisationen versetzt die Kandidaten in die Lage, mit ihren Fragen auf die wichtigeren Interessengebiete zu zielen und zu zeigen, daß sie ihre Initiative eingesetzt haben, um einiges über das Unternehmen zu erfahren. Dies deutet auf eine seriöse und engagierte Einstellung hin und suggeriert dem potentiellen Arbeitgeber, daß der Bewerber vorsichtige, gut durchdachte Entscheidungen auf der Grundlage akkurater Informationen treffen wird.

Die Fähigkeit, knapp und auf interessante Weise über eigene Erfahrungen, Leistungen und Bestrebungen zu sprechen erfordert ebenfalls sorgfältige Planung. Gar zu oft vernachlässigen Kandidaten diesen Gesichtspunkt ihrer Vorbereitung, weil sie – häufig zu unrecht – glauben, daß sie selbstverständlich ihren Werdegang kennen. Warum also Zeit auf diesen Gesichtspunkt ihrer Bewerbung verwenden? Den Grund, warum sie dies tun sollten, kann man in den verwendeten Adjektiven finden: «knapp» und «auf interessante Weise». Das läßt sich nicht so einfach machen, es sei denn, man hat sich Gedanken darüber gemacht, was relevant ist und wie man das am wirksamsten zum Ausdruck bringen kann.

Man kann wohl davon ausgehen, daß der Lebenslauf des Kandidaten richtig und in angemessener Weise umfassend ist und daß die Leute, welche die Interviewkandidaten aussuchen, die erhaltenen Informationen richtig interpretiert haben. Folglich ist es wahrscheinlich, daß diejenigen, die bis auf die Auswahlliste vorgedrungen sind, über die für die Tätigkeit erforderliche Erfahrung und Qualifikation verfügen. Mit anderen Worten: Die Interviews werden nur mit denen durchgeführt, die – auf dem Papier – für geeignet gelten. Unter solchen Umständen ist es wahrscheinlich, daß das Ergebnis mehr anhand der persönlichen als der technischen oder professionellen Qualitäten der Kandidaten bewertet wird. Einige der Schlüsselbereiche sind die Fähigkeit, wirkungsvoll zu kommunizieren, zu denken bevor man spricht und ein annehmbares Maß an Selbstvertrauen zu zeigen. Das alles läßt sich leichter erreichen mit solider, sorgfältiger Vorbereitung.

Nach den Gesprächen

Nachdem die Erstinterviews abgeschlossen sind, müssen beide Parteien zu einer Entscheidung kommen. Für den Arbeitgeber stellt sich die Frage, ob ein in die Auswahlliste aufgenommener Kandidat über die nötigen Fähigkeiten und persönlichen Eigenschaften verfügt, um die Position angeboten zu bekommen; und die Interviewten müssen entscheiden, ob sie noch daran interessiert sind. Ein zweites Treffen kann in beiden Fällen wünschenswert sein und ist auch nicht ungewöhnlich, wenn es sich um einigermaßen gehobene Stellungen handelt.

Der Einzelne sollte sich nicht scheuen, um ein zweites Interview zu bitten, besonders wenn er Gelegenheit hatte, die während des ersten Interviews erhaltenen Informationen noch einmal zu überdenken und ihm weitere Punkte eingefallen sind, die der näheren Klärung bedürfen.

Ziemlich häufig kommt es vor, daß es dem Arbeitgeber schwerfällt, sich zwischen zwei oder mehr Bewerbern zu entscheiden. In so einer Situation ist es fast unumgänglich diejenigen, die noch zur Wahl stehen, nochmals zu interviewen.

Wenn ein zweites Treffen arrangiert wird, ist es wahrscheinlich, daß die Bewerber definitiv an der Vakanz interessiert sind, und der Arbeitgeber ist relativ zuversichtlich, daß zumindest eine Person gut genug ist, um ein Angebot zu rechtfertigen. Während des zweiten Interviews sollten alle wesentlichen Punkte angesprochen werden, so daß die Bedingungen, zu welchen ein Angebot gemacht und angenommen werden kann, beiden Parteien im großen und ganzen bekannt sind. Die weniger wichtigen Einzelheiten sind dann zu klären, wenn die Einstellung grundsätzlich vereinbart ist.

Die Wahl von Ort und Art des zweiten Treffens bleibt dem Arbeitgeber überlassen, und sehr oft findet das Treffen in einer weniger förmlichen Atmosphäre statt. Vieles spricht für eine Einladung der Bewerber mit den besten Aussichten zu einem Essen mit vielleicht zwei oder drei leitenden Repräsentanten des Unternehmens. Es erübrigt sich, darauf hinzuweisen, daß es taktvoller ist, für jeden einzelnen Kandidaten ein separates Essen zu arrangieren! Immer häufiger werden auch die Ehepartner der Kandidaten zu dem Essen eingeladen, da viele Leute glauben, daß diese eine wichtige Rolle für die erfolgreiche Ausübung einer Tätigkeit spielen.

Einige amerikanische Organisationen bevorzugen einen mehr wettbewerbsmäßigen Endauswahl-Prozeß, während dies bei britischen Unternehmen selten ist. In solchen Fällen werden diejenigen Kandidaten, die noch im Wettbewerb sind, mit ihren Partner/inne/n zu einem privaten Wochenend-Treffen eingeladen, an dem auch mehrere Repräsentanten des Unternehmens teilnehmen, oft mit Partner/inne/n. Das Prinzip ist dasselbe wir bei einem Essen, aber natürlich bieten der längere Zeitraum und die besonderen Umstände eine bessere Gelegenheit, die Kandidaten in einer Vielzahl von Situationen auf die Probe zu stellen.

In den meisten Fällen ist in Großbritannien hier die Phase erreicht, mit der der Einstellungsprozeß abgeschlossen wird. Die Auswahl anhand der schriftlichen Unterlagen ist getroffen, die einleitenden Auswahl-Interviews haben stattgefunden, die Kandidaten der Auswahlliste wurden interviewt, der eine oder andere ist ein zweites Mal eingeladen worden, die Bedingungen sind besprochen worden, das Angebot ist gemacht worden, und die Annahme eingegangen. Trotz all der sorgfältigen Planung und aufgewendeter Zeit bleiben den meisten Leuten noch Zweifel. Das ist unumgänglich, weil erst nachdem der erfolgreiche Bewerber Gelegenheit gehabt hat, sich in seinem Tätigkeitsbereich einzurichten und seinen persönlichen Beitrag zu leisten, beide Parteien überzeugt sein können, daß die richtige Entscheidung getroffen wurde.

Weil diese Zweifel immer bestehen werden, sind viele zukünftige Arbeitgeber bestrebt, weitere Mittel zur Bestätigunmg ihrer Wahl zu finden. Die naheliegende Methode ist das Heranziehen von Referenzen. Andere Verfahren von unterschiedlicher Beliebtheit und Anwendung werden ebenfalls im Folgenden beschrieben.

Referenzen

Dieses Verfahren sollte bei jeder Neueinstellung angewandt werden. Das Angebot kann, ja sollte sogar gemacht werden, bevor Referenzen eingeholt werden, da die Kandidaten wahrscheinlich ungern ihrem derzeitigen Arbeitgeber gegenüber andeuten, daß sie an ein Ausscheiden denken, bevor sie ein definitives Angebot erhalten haben. Leider sind schriftliche Referenzen in Großbritannien oft sehr schmeichelhaft und unverbindlich und beschränken sich häufig auf grundlegende Tatsachen wie das Datum des Eintritts und des Ausscheidens. Wenn eine schriftliche Referenz angefordert wird, sollten bestimmte Fragen gestellt und der Aussteller dadurch gezwungen werden, einen Kommentar zu Bereichen von besonderer Bedeutung abzugeben. Ob nun eine schriftliche Referenz erlangt wird oder nicht, ist es auf jeden Fall der Mühe wert, mit dem Aussteller zu sprechen, weil hierbei gewöhnlich subjektivere Meinungen geäußert werden. Es gibt gegenteilige Ansichten bezüglich der Verläßlichkeit von Referenzen, und wahrscheinlich bieten sie wenig mehr als eine ziemlich vage Aussage über die Qualitäten des Kandidaten.

Psychometrisches Testverfahren

Dieser Ausdruck wird oft gebraucht, um Persönlichkeits- oder phychologische Tests zu beschreiben, Verfahren, die in den letzten Jahren bei vielen Unternehmen sehr beliebt wurden. Es wird geschätzt, daß 70 Prozent der Unternehmen Großbritanniens solche Tests zur Bewertung von Kandidaten anwenden.

Die Verläßlichkeit solcher Tests als ein Mittel, die Arbeitsleistung vorauszusagen, ist das Thema eines großen Meinungsstreits. Angesehene Wirtschaftspsychologen argumentieren, daß diese Tests unzuverlässig und folglich unfair seien, selbst wenn sie von qualifizierten Leuten durchgeführt und ausgewertet würden. Die Kosten für die Inanspruchnahme qualifizierter Psychologen zur Durchführung von Persönlichkeitstests sind jedoch für viele Unternehmen unerschwinglich, so daß eine Menge von Tests in Umlauf gekommen ist, die angeblich auch von psychologisch nicht qualifizierten Personen angewandt und interpretiert werden können. Andere Tests sind computergestützt, wobei der Computer die Auswertung übernimmt.

Ungeachtet der Tatsache, daß Attacken gegen Persönlichkeitstests in der Öffentlichkeit größere Aufmerksamkeit finden als Argumente zu deren Gunsten, besteht unter Fachleuten eine allgemeine Übereinstimmung, daß es sowohl gute und schlechte Persönlichkeits-Fragebogen wie auch gute und schlechte Gültigkeitsstudien gibt. Unbestrittenermaßen aber bestehen genügend Zweifel, um die Anwendung solcher Methoden zum Gegenstand sehr sorgfältiger Überlegung und Forschung zu machen.

Graphologie

Die Sucher nach einer verläßlichen Methode zur Bewertung des Leistungsvermögens von zukünftigen Mitarbeitern ist äußerst intensiv geworden, da immer mehr Arbeitgeber die Tatsache anerkennen, daß ihr Unternehmen nur so gut ist wie die Leute, die es beschäftigt. Die Auswirkungen der Einstellung des falschen Mannes oder der falschen Frau können erschreckend sein, und die Kosten für die Entlassung eines falsch qualifizierten Mitarbeiters und die Neubesetzung der Position können unerschwinglich sein. Es überrascht daher wenig, wenn man feststellt, daß viele Unternehmen neue oder andere Techniken mit großer Begeisterung aufnehmen.

Auf dem europäischen Festland ist die Graphologie zu einer beliebten Bewertungsmethode geworden. Es wird berichtet, daß 75 Prozent der Schweizer Maschinenbauunternehmen und 77 Prozent des französischen Managements bei Einstellungen diese Methode anwenden. In Großbritannien jedoch schätzt man, daß nur bei einem Prozent der Bewerber für Managementposten Handschriftenanalysen angefertigt werden.

Wie bei allem, was so subjektiv ist wie Persönlichkeitsanalysen, ist es schwierig, den wissenschaftlichen Nachweis zu liefern, daß die Methode vollkommen zuverlässig ist. Anhänger der Graphologie argumentieren, daß es unmöglich sei zu mogeln, da die Handschrift in allen Fällen analysiert wird, ohne daß der Graphologe den Kandidaten kennenlernt, und nicht geändert werden kann, um einen guten Eindruck zu machen. Die Graphologie sei zuverlässiger als das psychometrische Testverfahren, das sich auf eine Reihe psychologischer Fragen stützt, auf welche dieselbe Person zu verschiedenen Zeiten verschiedene Antworten geben kann.

Zusammenfassend läßt sich sagen, es erscheint zweifelhaft, daß entweder das psychometrische Testverfahren oder die Graphologie ausreichend zuverlässig wäre, um als einziges Mittel für die Bewertung eines Kandidaten eingesetzt zu werden. Als Ergänzung anderer Methoden können beide eine wertvolle Rolle spielen, indem sie Bereiche ausmachen, die der näheren Ergründung bedürfen.

Aushilfskräfte und vertragliche Mitarbeiter

Die Notwendigkeit hochqualifizierter Mitarbeiter kann nicht genug betont werden, und das trifft in gleichem Maße für Aushilfskräfte wie für festangestellte Mitarbeiter zu.

Nur wenige Organisationen sind in der glücklichen Lage, in allen ihren Abteilungen eine konstante Arbeitsauslastung zu haben. Man kann sich in der Tat schlecht eine Situation vorstellen, in der es keine Konjunkturgipfel und -flauten gäbe. Die übliche Lösung dieses Problems ist, über einen Mitarbeiterstab zu verfügen, der in der Lage ist, die hohe durchschnittliche Arbeitslast wirksam zu bewältigen, und Aushilfskräfte einzustellen, um mit außergewöhnlichen Belastungen fertigzuwerden.

Unglücklicherweise bedeutet diese Lösung, Unterbeschäftigung für viele Mitarbeiter, wenn die Arbeitslast über das außerordentliche Niveau zurückfällt. Durch eine solche Situation kann die Arbeitsmoral so stark beeinträchtigt werden, daß zusätzliche Probleme für das Unternehmen entstehen.

In vielen Fällen ist es die bessere Lösung, eben so viele Mitarbeiter einzustellen, wie zur Bewältigung der normalen Arbeitslast notwendig sind. Geringe Steuerungen der Arbeitslast können durch «Überstunden» aufgefangen werden. Bei stärker steigender Arbeitslast können dann zusätzlich Arbeitskräfte eingesetzt werden. So wäre die Belegschaft zu allen Zeiten rentabel eingesetzt. Das einzige Problem besteht darin, jederzeit eine ausreichende Zahl von Aushilfskräften mit den erforderlichen Fähigkeiten zur Verfügung zu haben.

Die Beschäftigung von Aushilfskräften kann auch die Lösung in einer Reihe anderer im Geschäftsleben häufig vorkommender Situationen sein, wo es um Mitarbeiter in sehr gehobenen Stellungen geht. Beispiele für solche Fälle können sein: das plötzliche Ausscheiden eines Senior Financial Manager, eines Computerfachmanns oder eines anderen hochgestellten Mitarbeiters aus welchen Gründen auch immer. Auf dieser Ebene jemanden zu ersetzen, erfordert Zeit, während der das Unternehmen durch die nicht besetzte Funktion einen ernsthaften Rückschlag erleiden könnte.

In den meisten Fällen ist es ratsam, diese Probleme mit der Unterstützung eines guten Personalberatungsunternehmens, welches eine in diesem Markt tätige Spezialabteilung unterhält, zu lösen.

Die Vorteile sind zahlreich. Solche Organisationen haben eine Mannschaft von Leuten, die sie regelmäßig beschäftigen und deren berufliche und persönliche Fähigkeiten erwiesen sind. Allgemein gesagt, stehen aus diesem Reservoir kurzfristig fähige Mitarbeiter zur Verfügung, und da sie auf der Gehaltsliste des Anwerbeunternehmens stehen, werden sie dem Unternehmen, für welches sie arbeiten, auf Rechnung überlassen. Das kann von Vorteil für solche Unternehmen sein, die strengen Kopfzählungsbeschränkungen seitens einer Muttergesellschaft unterliegen.

Die besseren Anwerbeunternehmen sind sich in hohem Maße der Notwendigkeit bewußt, dafür Sorge tragen zu müssen, daß ihre Aushilfskräfte oder vertraglichen Mitarbeiter überdurchschnittlich befähigt sind. Eine Aushilfskraft wird von dem Unternehmen, für welches sie arbeitet, strenger beurteilt als Festangestellte und muß folglich besser sein, um sicher zu gehen, daß nach Beendigung der Tätigkeit ein guter Bericht vorgelegt wird. Und es ist üblich, daß das Anwerbeunternehmen für jeden Auftrag eine umfassende Rückmeldung erwartet und erhält, um die Leistung seiner Mannschaft von Aushilfskräften ständig beurteilen zu können.

Ungeachtet der Tatsache, daß einige Leute glauben, eine Aushilfskraft sei weniger engagiert und loyal als ein ständiger Mitarbeiter, gibt es wenig Anzeichen für die Richtigkeit dieser Meinung, wobei vorausgesetzt ist, daß das Arbeitskräftereservoir gut kontrolliert und überprüft wird. Tatsächlich kann man behaupten, daß deren Tüchtigkeit und Einsatzbereitschaft größer ist, da sie keine Garantie einer ständigen Beschäftigung haben, nur für die tatsächlich geleisteten Arbeitsstunden bezahlt werden – ohne die Sondervergünstigungen bezahlten Urlaubs oder Krankenurlaubs – und ihre Dienste mit Stunden- oder Tagestarif gekündigt werden können.

Wenn es als gegeben anzusehen ist, daß jedes Unternehmen gelegentlich mit der Notwendigkeit konfrontiert wird, eine Position schnell und vorübergehend zu besetzen, so ist die Möglichkeit des Rückgriffs auf den wachsenden Markt überlassener Arbeitskräfte von beachtlichem Nutzen. Neben den zuvor genannten Beispielen ist es nicht ungewöhnlich, daß Unternehmen Phasen größerer Umstrukturierung durchmachen, in denen die endgültige Disposition und die Zahl der benötigten Mitarbeiter nicht festgelegt werden kann. Unter solchen Umständen scheint es kaum eine Alternative zur Beschäftigung von Aushilfskräften zu geben, bis zu einem Zeitpunkt, wo Entscheidungen getroffen und ständige Mitarbeiter eingestellt werden können.

In Großbritannien ist die Beschäftigung von Aushilfskräften oder vertraglichen Mitarbeitern bei allen Unternehmen im Lande, von den kleinsten bis zu den größten, durchaus üblich. Regierungsabteilungen, Banken, Börsenmakler, Wirtschaftsprüfungsfirmen und alle Arten von Wirtschaftsorganisationen beschäftigen regelmäßig Aushilfskräfte, von unerfahrenen Bürokräften bis hin zu leitenden Angestellten.

Arbeitsrechtliche Bestimmungen

Obwohl das britische Arbeitsrecht eindeutig darauf abzielt, dem Arbeitnehmer ein Höchstmaß an Schutz zu bieten, belastet es doch den Arbeitgeber nicht in dem Maße, wie das in einigen anderen Ländern Europas der Fall ist.

Das Gesetz besagt, daß jeder Arbeitnehmer einen schriftlichen Einstellungsvertrag haben muß oder eine schriftliche Vereinbarung, die Einzelheiten über das Beschäftigungsverhältnis enthalten muß. In beiden Fällen muß das Dokument:

- die Parteien benennen,
- das Datum des Beschäftigungsbeginns nennen,
- das Datum des Beginns der festen Einstellung des Arbeitnehmers nennen.

Es muß ferner folgende Angaben enthalten:

- den Lohn-/Gehaltstarif oder die Berechnungsgrundlage für die Entlohnung sowie den Lohnzahlungszeitraum,
- jegliche Festlegung der Arbeitszeit einschließlich der normalen Arbeitszeit,
- den Urlaubsanspruch einschließlich gesetzlicher Feiertage und den

– Lohn-/Gehaltstarif für Feiertagsarbeit,

– Bestimmungen hinsichtlich Abwesenheit aufgrund von Krankheit oder Verletzung sowie Krankengeldbezüge,

– Einzelheiten über Rentenpläne und ob die Beschäftigung des Arbeitnehmers nach dem staatlichen Altersversorgungsplan vereinbart wird,

– die beiderseitigen Kündigungsfristen,

– die Bezeichnung (Titel) der Tätigkeit des Arbeitnehmers,

– jegliche den Arbeitnehmer betreffenden disziplinarischen Bestimmungen

– an wen sich der Arbeitnehmer wenden kann, wenn er mit einer disziplinarischen Maßnahme unzufrieden ist.

Sollte es im Falle des Nichtvorhandenseins eines schriftlichen Arbeitsvertrages zu Streitigkeiten kommen, so geht man davon aus, daß ein Standardvertrag besteht. Grundlage dieses Standardvertrages sind die in dem Unternehmen bestehenden Beschäftigungsbedingungen oder Bedingungen, die nachweisbar vereinbart wurden, als das Angebot gemacht wurde, oder – wenn beides nicht zutrifft – die Standardbedingungen, die andernorts für ähnliche Beschäftigungsverhältnisse gelten.

Es wurden zahlreiche Gesetze zum Schutze der Arbeitnehmer verabschiedet, deren wichtigstes zur Zeit das Gesetz über Gesundheit und Sicherheit am Arbeitsplatz («Health and Safety at Work Act») von 1974 ist. Es betrifft jedermann ungeachtet der Tätigkeit und ist allgemeiner Natur, indem es die grundsätzlichen Pflichten des Arbeitgebers und des Arbeitnehmers definiert. Es gibt jedoch auch mehrere Gesetze, die für besonders festgelegte Anwesen oder Prozesse gelten, wie z.B. das Fabrikengesetz («Factories Act») von 1961 und das Gesetz über Büroräume, Ladengeschäfte und Eisenbahnanwesen («Offices, Shops and roalway Premises Act») von 1963. Das Gesetz über Gesundheit und Sicherheit am Arbeitsplatz hat jedoch übergeordnete Bedeutung und muß berücksichtigt werden, bevor besondere Standardbestimmungen anderer Gesetze Berücksichtigung finden.

Es gibt Gesetze und Bestimmungen, die für fast jeden denkbaren Beschäftigungsbereich Anwendung finden und u. a. folgendes regeln:

Brandschutzmaßnahmen
Unfallberichtswesen
Erste Hilfe
Aushangvorschriften für Mitteilungen
Kontrolle gesundheitsschädigender Substanzen
Bleigehaltkontrolle
Lärm
Taucherarbeiten
Sicherheitshinweisschilder
Schutzhelme
Temperatur
Belüftung
Versicherung

Diese relativ kurzgefaßte Liste mag den Eindruck einer solchen Gesetzesflut erwecken, jegliche Einstellung eine zu große Belastung darstelle; aber es gilt, darauf hinzuweisen, daß die meisten Vorschriften sich auf einfachen gesunden Menschenverstand gründen und wenig mehr erfordern als ein Mindestmaß an annehmbaren Arbeitsbedingungen. Nur wenige halbwegs einsichtige Arbeitgeber würden Gefahr laufen, gegen viele dieser Gesetze zu verstoßen – selbst wenn sie ihren Arbeitstag ohne das Studium der verschiedenen Gesetze beginnen.

Löhne, Zahlungszeiträume und Zahlungsart werden durch den Vertrag festgelegt und nicht durch irgendwelche gesetzlichen Regelungen. Dies trifft auch für die

Arbeitszeit zu, obwohl es gesetzliche Bestimmungen gibt, die für gewisse Arbeitnehmer wie z. B. Warentransport-Fahrer Anwendung finden.

Die einzigen rechtlich durchsetzbaren Mindestlöhne gibt es in Industriezweigen mit zuständigen Tarifausschüssen. Diese wurden ursprünglich eingesetzt, um die Entlohnung und die Bedingungen für Beschäftigte in solchen Industriezweigen zu regeln, in denen die bestehenden Regulierungsorgane für unzulänglich erachtet wurden. (Eine Liste von Industriezweigen mit Tarifausschüssen findet sich auf der Seite gegenüber.)

Einkommensteuer und Sozialversicherungsbeiträge werden normalerweise an der Quelle erhoben und werden vom Arbeitgeber von den Gehältern abgezogen und der Gesamtbetrag an die Steuerbehörde abgeführt.

Jeder, der den festgelegten Mindestbeitrag an Sozialversicherung gezahlt hat, hat Anspruch auf gesetzliches Krankengeld nach einer Abwesenheit von mindestens vier aufeinanderfolgenden Tagen. Nach einem festgelegten Verfahren leistet der Arbeitgeber diese Zahlung, die er dann von der Regierung zurückverlangen kann. Es gibt keine gesetzlichen Verpflichtungen, dem Arbeitnehmer den vollen Betrag seiner normalen Entlohnung zu zahlen.

Werdende Mütter, die während des vorgeschriebenen Zeitraumes gearbeitet und den erforderlichen Mindestbeitrag der Sozialversicherung gezahlt haben, haben ein Anrecht auf das gesetzliche Mutterschaftsgeld, in ähnlicher Weise wie beim gesetzlichen Krankengeld. Frauen, welche mindestens zwei Jahre ununterbrochen beschäftigt wären, haben Anspruch auf Wiedereinstellung am Arbeitsplatz, was bedeutet, daß der Arbeitgeber verpflichtet ist, ihren Arbeitsplatz bis zu maximal 29 Wochen nach Beginn der Woche, in welche ihre tatsächliche Entbindung fällt, für sie bereitzuhalten.

Zahlreiche Gesetze beziehen sich auf Benachteiligung aufgrund des Geschlechts oder der Rasse und enthalten u.a. Bestimmungen über gleichen Lohn und Chancengleichheit. Der Umfang der verschiedenen Parlamentsbeschlüsse hinsichtlich dieser Bestimmungen ist ziemlich komplex, läßt aber gewisse Ausnahmen zu, wo eine Benachteiligung erlaubt ist. Dennoch ist es in Großbritannien im allgemeinen gesetzeswidrig, jemanden aufgrund seiner Rasse, seines Geschlechts oder Religionszugehörigkeit zu benachteiligen.

Es würde den Rahmen dieses Buches sprengen, die verschiedenen arbeitsrechtlichen Bestimmungen in Großbritannien im einzelnen darzulegen, aber in Ergänzung der bereits erwähnten Punkte ist es wert festzustellen, daß es gesetzliche Regelungen bezüglich Situationen wie Entlassung, Personalabbau, Gewerkschaften, Schöffenamt und viele andere arbeitsrechtliche Gesichtspunkte gibt. Ein interessanter Punkt ist, daß keine gesetzliche Bestimmung besagt, daß ein Arbeitnehmer Urlaub haben muß! Jedoch wird ein Unternehmen, das diese Tatsache auszunutzen versucht, sicherlich einige Probleme bei der Einstellung von Arbeitskräften haben.

Anwerbung – Trends für die Zukunft

Bei einem Blick in die Zukunft lassen sich schwerlich dramatische Veränderungen der heutigen Situation vorstellen, es sei denn, daß solche Veränderungen durch Umstände hervorgerufen werden, welche die Welt, oder zumindest Europa insgesamt betreffen. Wie in allen anderen Ländern wird es natürlich auch in Großbritannien im Laufe der Jahre konjunkturelle Höhen und Tiefen geben, und die Arbeitslosenrate wird entsprechend schwanken.

Die «Bedrohung» durch die Technologie besteht bereits seit vielen Jahren, hat viele Arbeitsplätze abgebaut und eine höhere Arbeitslosigkeit mit sich gebracht. Dieses

Problem ist jedoch nicht allein auf Großbritannien beschränkt, da die Gesamtheit der entwickelten Welt technologischen Fortschritt sowie die Tatsache verkraften muß, daß Arbeiten, die früher von Menschen verrichtet wurden, jetzt billiger und wirksamer von Maschinen erledigt werden können. Dennoch mag es möglicher Nutzen der Technologie sein, daß die Menschen in der Lage sein werden, ihren Lebensstandard beizubehalten und zu verbessern und gleichzeitig mehr Freizeit zu genießen.

In Großbritannien gibt es einen weiteren Faktor, der die Beschäftigung und die derzeitige Denkungsweise der Arbeitgeber beeinflussen mag. Die demographischen Voraussagen deuten auf einen ständigen Rückgang der unter 25 Jahre alten Bevölkerung bei einem entsprechend raschen Anstieg der älteren Altersgruppen an. Bis jetzt scheinen nur wenige Unternehmen in Großbritannien sich mit diesem potentiellen Anwerbungsproblem auseinandergesetzt zu haben, obwohl ein Unternehmen, welches dies getan hat, festgestellt zu haben scheint, daß daraus echter Nutzen zu ziehen ist. Eine der führenden Heimwerker-Einzelhandelsketten des Landes ging mit der Eröffnung einer neuen Niederlassung im Norden ein Experiment ein. Sie starteten eine besondere Kampagne mit dem Ziel, den Großteil der Positionen mit Männern und Frauen über 55 zu besetzen. Die Kampagne war äußerst erfolgreich, ermöglichte es ihnen, ihr Ziel relativ leicht zu erreichen und bot ihnen den Luxus der Auswahl. Die Ergebnisse ihres Experiments waren spektakulär. Im Vergleich mit anderen, mehr konventionell besetzten Niederlassungen haben sie festgestellt, daß die Profite hoch sind, krankheitsbedingte Fehlzeiten hingegen gering, Vorratsverluste durch Diebstahl oder nachlässiger Inventarkontrolle unter dem Durchschnitt liegen und die Zufriedenheit der Kundschaft zugenommen hat. Angesichts dieser Erfahrung werden sie die «demographische Zeitbombe» wahrscheinlich weniger fürchten als einige Unternehmen dies zu tun scheinen.

Wiederum werden auch diese demographischen Veränderungen sicher nicht nur auf Großbritannien eine Auswirkung haben. Die Fortschritte in der Medizin führen zu verlängerter Lebensdauer, und die Notwendigkeit, die Weltbevölkerung unter Kontrolle zu halten, bedeutet, daß die Familien kleiner werden. Es scheint wenig Zweifel zu bestehen, daß alle zivilisierten Länder die durch eine alternde Bevölkerung entstehenden Probleme erkennen und lösen muß.

Die volle Auswirkung der Europäischen Gemeinschaft muß erst noch abgewartet werden, aber es steht zu hoffen, daß nach Auskurierung der Kinderkrankheiten die Gesamtauswirkung für alle Mitgliedsländer vorteilhaft sein wird. Unweigerlich wird es einen deutlichen Anstieg der Mobilität der Arbeitnehmerschaft geben, obwohl es unwahrscheinlich ist, daß es zu einem dramatischen Anwachsen der Zahl der Europäer käme, die Arbeit in anderen Mitgliedsländern suchen. Die menschliche Natur neigt dazu, nicht gerne auf Dauer aus ihrer Heimat wegzugehen. Dagegen wird es wahrscheinlich eine rasche Expansion europäischer Wirtschaftsentwicklung geben, was größere Arbeitsmöglichkeiten für eine Vielzahl verschiedener Nationalitäten schaffen wird.

Großbritanniens Zukunft scheint auf festen Füßen zu stehen. Es hat viele verschiedene Unternehmen aus fast jedem vorstellbaren Wirtschaftsbereich. Auch findet man alle Größen und Strukturen vom Einzelhändler bis hin zu den multinationalen Konzernen. Eine Fülle gelernter und ungelernter Arbeitskräfte steht zur Verfügung sowie eine relativ gesunde Wirtschaft und ein Klima, das nicht unter zu großen Extremen leidet. Kurz: In diesem Land läßt es sich gut leben und arbeiten.

Liste der Tarifausschüsse:

Folgende Tarifausschüsse sind tätig:
Gashaltige Wasser (Großbritannien)
Stiefel- und Schuhreparatur (Großbritannien)
Knopfherstellung (Großbritannien)
Kleidungsherstellung (Großbritannien)
Sargausstattung und Leichentuchherstellung (Großbritannien)
Tarifausschuß für Sargausstattung und Leichentuchherstellung (Großbritannien)
(Änderungs-) Beschluß von 1975 (S. I. 1975 Nr. 758) änderte den Zuständigkeitsbereich des Tarifausschusses durch Aufnahme von: Fertigstellung und Verpackung von Sargausstattung aus Plastikmaterialien
Baumwollabfallrückgewinnung (Großbritannien)
Pelz (Großbritannien)
Allgemeine Abfallmaterialrückgewinnung (Großbritannien)
Friseurbetriebe (Großbritannien)
Tarifausschuß für Friseurbetriebe (Großbritannien)
(Änderungs-) Beschluß von 1973 (S. I. 1973 Nr. 1781) schließt aus dem Tätigkeitsbereich des Tarifausschlusses Arbeiter aus, die in Friseurbetrieben von British Transport Hotels Ltd. tätig sind
Hut, Mütze und Putzwaren (Großbritannien)
Wäscherei (Großbritannien)
Tarifausschuß für Wäschereien (Großbritannien)
Beschluß von 1971 (S. I. 1971 Nr. 998)
schließt aus dem Zuständigkeitsbereich des Tarifausschlusses Arbeiter aus, die bei British Transport Hotels Ltd. beschäftigt sind
Genehmigte Einrichtungen für Nichtansässige
Tarifausschuß für genehmigte Einrichtungen für Nichtansässige
(Änderungs-) Beschluß von 1977 (S. I. 1977 Nr. 1689) schließt aus dem Zuständigkeitsbereich des Tarifausschusses Arbeiter aus, die in Großbritannien als Manager, Hilfsmanager beschäftigt sind, sowie deren Gattinnen/Gatten; Klubsekretärinnen; Türsteher; Unterhalter; Golfplatzwarte, Gärtner; Platzwarte und Kegelbahnbetreiber
Genehmigte Einrichtungen für Ansässige und genehmigte Restaurants
Leinen- und Baumwolltaschentuch und Haushaltswaren und Leinen-Meterware (Großbritannien)
Tarifausschuß für zusammengesetzte Textilien (Großbritannien)
(Änderungs-) Beschluß von 1975 (S. I. 1975 Nr. 1156) änderte den Tätigkeitsbereich des Tarifausschusses durch Ausschluß und Einschluß gewisser Arbeiter, die in dem Anhang zu dem Beschluß aufgeführt sind
Straußen- und Schmuckfeder und künstliche Blume (Großbritannien)
Kinderwagen und Rollstuhl (Großbritannien)
Einzelhandels-Maßschneiderei (Großbritannien)
Lebensmittel-Einzelhandel und verwandte Gewerbe (Großbritannien)
Einzelhandelsgewerbe (Nicht-Lebensmittel) (Großbritannien)
Seil, Schnur und Netz (Großbritannien)
Beutel und Tasche (Großbritannien)
Spielzeugherstellung (Großbritannien)
Nicht konzessionierter Erfrischungsstand

N. B.: Die Tarifausschüsse für Flachs und Hanf sowie für Spitzen sind derzeit nicht in Betrieb und haben keine Lohnbeschlüsse nach den neuen Richtlinien geschickt, welche eingeführt wurden als Ergebnis des Lohngesetzes von 1986 (siehe Seite 87 für weitere Einzelheiten).

Die Anschrift für die Dienststelle der Tarifausschüsse für England und Wales, Schottland und Großbritannien ist:

Steel Hause
11 Tothill Street
London SW1H 9NF
Tel. 071/273

ABSCHNITT 4

VERGÜTUNG

In Großbritannien wird die Vergütung für alle Management- und Angestelltenpositionen durch Nennung des Jahresgehalts angegeben. Dieses Gehalt wird in zwölf monatliche oder, in einigen Fällen, 13 vierwöchentliche Zahlungen aufgeteilt. Industriearbeiter, die in Großbritannien als «blue-collar workers» («blaue Kragen») bezeichnet werden, werden auf Stundenlohnbasis entlohnt und wöchentlich ausbezahlt.

Die für Management- und Angestelltenpositionen festgelegten Vergütungen werden mindestens einmal pro Jahr einer Revision unterzogen; in einigen Branchen geschieht dies jedoch halbjährlich. Die Überprüfung des Vergütungsniveaus wird gewöhnlich von zwei Faktoren bestimmt, deren erster der Lebenshaltungskosten-Faktor ist. Es ist in Großbritannien Tradition geworden, die Gehälter um den Betrag der Jahres-Inflationsrate anzuheben. Der zweite Faktor ist die erbrachte Leistung oder die Verantwortung. Grundlage hierfür ist in der Regel eine Bewertung der Leistung des betreffenden Arbeitnehmers hinsichtlich geänderter Pflichten und Verantwortungsbereiche der Position.

Gehaltsrevisionen bei Spitzenmanagern und auf Vorstandsebene werden vom Vorstand selbst festgelegt, und bei Aktiengesellschaften, deren Kapitalanteile an der Aktienbörse notiert werden, werden hierbei auch die Aufsichtsratsmitglieder hinzugezogen, die eine besondere Berater-Verantwortung hinsichtlich des Vergütungsniveaus tragen. In sehr großen Organisationen wird ein Vergütungskomitee eingerichtet, welches die Gehälter des Spitzenmanagements überprüft und festsetzt.

Ein wesentlicher Bestandteil der Vergütung sind in Großbritannien die Sachleistungen. Die englische terminologie hierfür ist «perquisites» oder «perks». Diese bestehen in nicht im Gehalt enthaltenen Sachwerten wie Firmenwagen, Ruhegeldzahlungen, Lebensversicherung, Krankenversicherung u. v. m. Der Wert dieser «perks» kann beachtlich sein und einen wesentlichen Prozentsatz des Gesamtvergütungspakets ausmachen. Das Anwachsen dieses Bestandteils der Gesamtvergütung wird der hohen Personenbesteuerung zugeschrieben, die in den 1960er und 1970er Jahren in Großbritannien herrschte. Da es jedoch in den 1980er und 1990er Jahren zu einer Senkung der Personenbesteuerung kam, sind diese «perks» weniger wichtiger geworden. Es gab eine Zeit, als diese Vergünstigungen sehr steuerwirksam waren; aber in den letzten Jahren haben die britischen Steuerbehörden jeglichen Steuervorteil deutlich reduziert.

In Großbritannien erhalten Angestellte auf Manager-Ebene durchschnittlich drei bis vier Wochen bezahlten Urlaub pro Jahr. In den vergangenen zwanzig Jahren hat sich hier einiges bewegt, und immer häufiger ist längerer Urlaub Bestandteil der Gesamtvergütung. Interessanterweise waren viele Niederlassungen amerikanischer Unternehmen bahnbrechend bei der Verlängerung der Urlaubszeit für ihre britischen Angestellten – aber für ihre Mitarbeiter zu Hause (in den U.S.A.) verteidigen sie beharrlich einen recht kargen Urlaubsanspruch!

Seit den 1980er Jahren kümmern sich die Arbeitgeber viel mehr um die Umweltbedingungen am Arbeitsplatz – hauptsächlich aufgrund der britischen Gesetzgebung und der EWG-Direktiven. Gesundheits- und Sicherheitsfaktoren werden immer wichtiger. Ein gutes Beispiel hierfür ist die von fast allen Arbeitgebern übernommene Rauchverbots-Politik.

Die Vergütungsstatistiken

Die Quellen für die Statistiken und Tabellen sind angegeben. Wo keine Quellenangabe erfolgt, stammen die Statistiken von der Michael Page Group Research and Information Division.

GEHÄLTER IN GROSSBRITANNIEN

Allgemeines

In Großbritannien setzt sich die Vergütung für Manager aus mindestens vier Bestandteilen zusammen, zu denen weitere Sachleistungen hinzukommen. Erstens gibt es das Basisgehalt, nach dem alle prozentualen Gehaltszusätze berechnet werden. Zweitens ist oftmals ein Bonus/eine Provision Bestandteil. Dieser Bestandteil reflektiert gewinn- und leistungsbezogene und andere ähnliche Zahlungen. Als nächstes folgt die Bewertung der am weitestverbreiteten Sachleistung (der Firmenwagen). Der vierte Bestandteil sind Ruhegeldzahlungen, gewöhnlich ein Prozentsatz des Basisgehalts. Andere, jedoch unbedeutendere Bestandteile des Gehaltspakets sind: zusätzliche private Krankenversicherung; Lebensversicherung mit Auszahlungen von bis zu vier Gehältern im Todesfall; ständige Krankenversicherung für die Gehaltsfortzahlung während längerer Krankheitsperioden; der Wert von Niedrigzins-Darlehen, eine sehr oft von Banken und anderen Geldinstituten gewährte Vergünstigung, usw. An späterer Stelle in diesem Abschnitt wird das Thema der Vergünstigungen mehr im einzelnen behandelt.

Die nachfolgende Tabelle zeigt die Basisgehälter für Generaldirektoren / Vorstandsvorsitzende und Angestellte im gehobenen und mittleren Management Anfang 1992.

BRITISCHE GEHÄLTER FÜR FÜHRUNGSKRÄFTE

Positionstitel	Durchschnittsgehalt nach Unternehmensgröße UMSATZ (£-Sterling)		
	bis £ 100 Mio.	£ 100 bis £ 600 Mio.	über £ 600 M.
Vorstand/Generaldirektor	90 000	150 000	165 000
Direktoren	55 000	95 000	105 000
Gehobenes Management	40 000	55 000	65 000
Mittleres Management	25 000	40 000	45 000

ÜBLICHE SACHLEISTUNGEN FÜR BRITISCHE FÜHRUNGSKRÄFTE

	Unternehmungsgröße gemessen am Umsatz (£-Sterling)		
	£ 100 Mio.	£ 100 bis £ 600 Mio.	über £ 600 Mio.
Generaldirektoren			
Gewinnbezogener Bonus	12 000	14 000	21 000
Ruhegeldzahlungen	15 000	24 000	26 000
Firmenwagen	14 000	15 000	17 000
Krankenversich. etc.	2 000	2 000	2 000
GESAMTWERT	43 000	55 000	66 000
Direktoren			
Gewinnbezogener Bonus	6 000	9 000	9 000
Ruhegeldzahlungen	7 000	13 000	18 000
Firmenwagen	9 000	13 000	13 000
Krankenversich. etc.	1 000	1 000	1 000
GESAMTWERT	23 000	36 000	41 000
Gehobenes Management			
Gewinnbezogener Bonus	2 000	4 000	4 000
Ruhegeldzahlungen	4 000	7 000	9 000
Firmenwagen	7 000	8 000	9 000
Krankenversich. etc.	1 000	1 000	1 000
GESAMTWERT	14 000	20 000	23 000
Mittleres Management			
Gewinnbezogener Bonus	1 000	2 000	2 000
Ruhegeldzahlungen	3 000	5 000	5 000
Firmenwagen	4 000	7 000	7 000
Krankenversich. etc.	1 000	1 000	1 000
GESAMTWERT	9 000	15 000	15 000

GESAMTGEHÄLTER BRITISCHER FÜHRUNGSKRÄFTE EINSCHLIESSLICH DER SACHLEISTUNGEN

Positionstitel	Unternehmensgröße gemessen am UMSATZ (£-Sterling)			Prozentuale (durchschnittl.) Erhöhung im letzten Jahr
	bis £ 100 Mio.	£ 100 bis £ 600 Mio.	über £ 600 Mio.	
Vorstand/Generaldirektor	133 000	205 000	231 000	9,8
Direktoren	78 000	131 000	156 000	9,6
Gehobenes Management	54 000	75 000	88 000	9,1
Mittleres Management	34 000	55 000	60 000	8,9

REGIONALE UNTERSCHIEDE IN GROSS-BRITANNIEN

In den verschiedenen Gegenden Großbritanniens gibt es wesentliche Unterschiede in den Gehaltsebenen für Manager. Die nachfolgende Tabelle zeigt in Prozentangaben die Abweichungen von Gesamt-Großbritannien.

REGIONALE ABWEICHUNGEN BEI DER VERGÜTUNG FÜR BRITISCHE FÜHRUNGSKRÄFTE

REGION	PROZENTSATZ
LONDON	112,1
SÜDWEST	103,8
SÜDOST	102,7
SCHOTTLAND	99,9
EAST ANGLIA	98,7
NORDWESTEN	98,2
EAST MIDLANDS	95,9
NORDOSTEN	94,9
YORKSHIRE	94,4
WEST MIDLANDS	93,2

Quelle: PE International

Aus vorstehender Tabelle ist ersichtlich, daß in London tätige Führungskräfte 12,1 % über dem nationalen Durchschnitt gezahlt bekommen, während die in den West Midlands (Birmingham) lebenden 6,8 % unter dem nationalen Durchschnitt verdienen. Es mag erstaunen, daß in Schottland tätige Führungskräfte etwa so viel verdienen wie der nationale Durchschnitt, aber das ist in gewissem Umfang auf die höheren Gehälter zurückzuführen, die im Finanzsektor in Edinburgh sowie in der um Aberdeen ansässigen Ölindustrie gezahlt werden.

VERGÜTUNG FÜR FINANZPOSITIONEN IN HANDEL UND INDUSTRIE

Die folgenden Statistiken zeigen den Wert der Gehälter auf neun Ebenen, wobei das Mindestgehalt (Min.) und am häufigsten vorkommende Gehalt (Modus) angegeben sind. Hier folgt eine kurze Erklärung der verwendeten Begriffe:

Director of Finance and Administration
Höchste Führungskraft im Finanzwesen auf jeder Unternehmensebene.

Financial Controller
Zweiter Finanzmanager auf jeder Unternehmensebene, dem Director of Finance and Administration unterstellt.

Financial/Management Accountant
Position im mittleren Management mit Funktionsverantwortung, dem Financial Controller unterstellt.

Gruppe
Die zentrale Funktion eines öffentlichen oder Privatunternehmens, das Aktionären gegenüber verantwortlich ist.

Division
Unmittelbare Managementstruktur mit Verantwortung für zwei oder mehr Niederlassungen.

Tochtergesellschaft (Subsidiairy)
Ein Unternehmensbetrieb, der entweder einem Unternehmensbereich oder direkt einer Gruppe unterstellt ist.

Alle Gehaltsangaben erfolgen in £ .000 (Tausend £).

LONDON

Position/Unternehmensumsatz		Gruppe		Division		Tochtergesellschaft	
		Min.	Modus	Min.	Modus	Min.	Modus
Director of Finance and Administration	£100M+	60	100	60	75	50	60
	£30-99M	40	72	40	55	35	45
	£29M	30	45	40	45	30	45
Financial Controller	£100M+	50	65	35	40	30	35
	£30-99M	30	45	30	35	30	35
	£ 29M	30	45	–	–	30	30
Financial/Management Accountant	£100M+	32	40	30	33	25	33
	£30-99M	30	32	–	–	25	30
	£ 29M	–	–	–	–	25	28

SÜDOST-ENGLAND

Position/Unternehmensumsatz		Gruppe		Division		Tochtergesellschaft	
		Min.	Modus	Min.	Modus	Min.	Modus
Director of Finance and Administration	£100M+	55	90	50	70	50	55
	£30-99M	40	75	35	45	35	45
	£ 29M	35	50	35	45	32	40
Financial Controller	£100M+	40	47	35	45	30	45
	£30-99M	30	45	30	35	35	35
	£ 29M	30	37	–	–	27	32
Financial/Management Accountant	£100M+	32	35	30	35	28	30
	£30-99M	30	30	–	–	25	30
	£ 29M	–	–	–	–	25	25

MIDLANDS

Position/Unternehmensumsatz		Gruppe		Division		Tochtergesellschaft	
		Min.	Modus	Min.	Modus	Min.	Modus
Director of Finance and Administration	£100M+	55	70	40	50	40	50
	£30-99M	35	50	32	40	35	45
	£ 29M	30	40	30	35	30	40
Financial Controller	£100M+	40	50	35	45	35	45
	£30-99M	32	37	30	35	32	35
	£ 29M	30	35	–	–	28	35
Financial/Management Accountant	£100M+	35	35	30	33	30	30
	£30-99M	25	30	–	–	25	30
	£ 29M	–	–	–	–	20	24

SÜDWESTEN

Position/Unternehmensumsatz		Gruppe		Division		Tochtergesellschaft	
		Min.	Modus	Min.	Modus	Min.	Modus
Director of Finance and Administration	£100M+	60	75	40	55	40	55
	£30-99M	50	55	35	45	30	40
	£ 29M	40	50	33	40	30	33
Financial Controller	£100M+	34	45	35	37	35	44
	£30-99M	35	37	30	35	30	37
	£ 29M	32	35	–	–	30	37
Financial/Management Accountant	£100M+	30	32	28	35	28	33
	£30-99M	27	32	–	–	25	27
	£ 29M	–	–	–	–	22	25

NORDEN

Position/Unternehmensumsatz		Gruppe		Division		Tochtergesellschaft	
		Min.	Modus	Min.	Modus	Min.	Modus
Director of Finance and Administration	£100M+	50	75	37	45	35	45
	£30-99M	45	50	32	40	33	42
	£29M	30	42	30	37	28	35
Financial Controller	£100M+	38	50	25	35	30	37
	£30-99M	23	37	25	30	30	32
	£ 29M	30	30	–	–	25	25
Financial/Management Accountant	£100M+	25	32	26	30	25	30
	£30-99M	23	27	–	–	22	25
	£ 29M	–	–	–	–	20	23

SCHOTTLAND

Position/Unternehmensumsatz		Gruppe		Division		Tochtergesellschaft	
		Min.	Modus	Min.	Modus	Min.	Modus
Director of Finance and Administration	£100M+	45	55	35	40	35	40
	£30-99M	40	45	35	37	35	35
	£ 29M	30	35	30	32	30	30
Financial Controller	£100M+	30	35	30	30	30	30
	£30-99M	30	30	25	27	23	27
	£ 29M	25	25	–	–	20	22
Financial/Management Accountant	£100M+	22	27	22	27	22	27
	£30-99M	20	25	–	–	20	22
	£ 29M	–	–	–	–	20	20

GEHÄLTER IM FINANZDIENSTLEISTUNGSSEKTOR

		US- und japanische Banken		Englische und europäische Banken		Makler- und Immobiliengewerbe		Versicherungswesen	
		Min.	Modus	Min.	Modus	Min.	Modus	Min.	Modus
Director of Finance and Administration									
Hauptsitz	Groß	110	150	90	120	85	120	80	110
	Mittel	80	90	80	100	65	90	65	90
	Klein	55	70	45	60	45	65	40	65
Betriebseinheit	Groß	75	85	62	80	60	70	55	70
	Mittel	45	65	40	50	35	50	40	50
	Klein	37	45	35	40	32	35	30	35
Financial Controller (Leiter Finanz- und Rechnungswesen)									
Hauptsitz	Groß	73	85	60	75	55	75	45	60
	Mittel	55	70	52	65	42	55	40	55
	Klein	31	40	35	40	35	40	35	40
Betriebseinheit	Groß	45	55	45	55	40	48	40	45
	Mittel	40	45	38	45	35	40	35	40
Financial/management/product accountant (Leiter Rechnungswesen, Kontroller)									
Hauptsitz	Groß	33	44	35	45	35	45	35	45
	Mittel	32	36	30	35	32	32	30	33
Betriebseinheit	Groß	33	35	30	32	30	31	34	35

GEHÄLTER IN DER INTERNEN REVISION

Angaben in £ 1.000	LONDON Min.	LONDON Modus	SÜDOSTEN Min.	SÜDOSTEN Modus	SÜDWESTEN Min.	SÜDWESTEN Modus
BEREICHSLEITER	38	55	40	55	40	45
MANAGER	28	42	30	40	30	30
REVISOR	24	26	24	26	20	20

	MIDLANDS Min.	MIDLANDS Modus	NORDEN Min.	NORDEN Modus	SCHOTTLAND Min.	SCHOTTLAND Modus
BEREICHSLEITER	30	40	30	40	30	35
MANAGER	25	30	25	30	25	30
REVISOR	20	20	20	20	20	20

GEHÄLTER IN DER FINANZPLANUNG UND ANALYSE

Angaben in £ 1.000	LONDON Min.	LONDON Modus	SÜDOSTEN Min.	SÜDOSTEN Modus	SÜDWESTEN Min.	SÜDWESTEN Modus
BEREICHSLEITER	35	60	35	45	35	40
MANAGER	28	40	28	37	30	35
ANALYTIKER	28	30	30	30	22	25

	MIDLANDS Min.	MIDLANDS Modus	NORDEN Min.	NORDEN Modus	SCHOTTLAND Min.	SCHOTTLAND Modus
BEREICHSLEITER	32	45	30	42	30	35
MANAGER	27	35	30	30	25	30
ANALYTIKER	20	20	20	20	20	20

GEHÄLTER FÜR FINANZPOSITIONEN IN EUROPA

In Industrie und Handel beschäftigte Buchhalter

Es mag interessant sein, die entsprechenden Zahlen für Führungskräfte im Finanzbereich in Frankreich, Belgien, Holland und Deutschland zu sehen. Die nachfolgenden Tabellen wurden aus Statistiken zusammengestellt, die von Michael-Page-International-Büros in den betreffenden Ländern geführt werden. Wiederum erfolgen alle Gehaltsangaben in £ .000 (Tausend Pfund Sterling).

FRANKREICH

Position/Unternehmensumsatz		Gruppe		Division		Tochtergesellschaft	
		Min.	Modus	Min.	Modus	Min.	Modus
Director of Finance and Administration	£100M+	60	76	50	65	47	55
	£30-99M	36	48	40	45	40	45
	£ 20M	30	40	30	37	30	37
Financial Controller	£100M+	40	50	35	45	28	35
	£30-99M	28	36	–	–	–	–
	£ 29M	–	–	–	–	–	–

BELGIEN

Position/Unternehmensumsatz		Gruppe		Division		Tochtergesellschaft	
		Min.	Modus	Min.	Modus	Min.	Modus
Head of Finance	£100M+	58	64	47	50	45	50
	£30-99M	45	47	42	45	42	45
	£ 29M	33	37	33	37	33	35
Financial Controller	£100M+	36	40	32	36	32	36
	£30-99M	32	36	–	–	–	–
	£ 29M	–	–	–	–	–	–

HOLLAND

Position/Unternehmensumsatz		Gruppe		Division		Tochtergesellschaft	
		Min.	Modus	Min.	Modus	Min.	Modus
Director of Finance and Administration	£100M+	63	75	50	60	47	55
	£30-99M	48	60	38	45	35	42
	£ 29M	42	50	30	36	27	33
Financial Controller	£100M+	39	51	35	42	30	36
	£30-99M	31	39	–	–	–	–
	£ 29M	–	–	–	–	–	–

DEUTSCHLAND

Position/Unternehmensumsatz		Gruppe		Division		Tochtergesellschaft	
		Min.	Modus	Min.	Modus	Min.	Modus
Director of Finance and Administration	£100M+	68	88	56	81	58	75
	£30-99M	61	75	51	61	53	64
	£ 29M	47	56	47	56	47	56
Financial Controller	£100M+	47	58	44	51	44	51
	£30-99M	39	46	37	44	37	44
	£ 29M	32	41	32	37	32	37

RECHTSANWÄLTE

Die nachfolgenden Tabellen zeigen die Gehälter in den juristischen Berufen. Die Inhaber von Anwaltskanzleien werden in Großbritannien «Partner» genannt, und diese Partner werden hauptsächlich auf der Basis von Gewinnbeteiligung bezahlt, obwohl die Partner in einigen größeren Firmen auch auf Gehaltsbasis angestellt sein können. Auch hängt in größeren Firmen der Gewinnanteil direkt von der Höhe des Honorareinkommens ab, welches der einzelne Partner erwirtschaftet. Viele Anwaltskanzleien in Großbritannien haben durch den Aufkauf kleinerer Firmen expandiert und folglich durch diesen Zuerwerb ihre Unternehmen zu großen Organisationen entwickelt (siehe Tabelle).

BRITISCHE ANWALTSKANZLEIEN – DIE ZWANZIG GRÖSSTEN

	Nr.	Firmenname	£Sterling Bruttohonorare
	1	Clifford Chance	232 000 000
	2	Linklaters & Paines	144 000 000
	3	Freshfields	115 000 000
	4	Slaughter and May	113 000 000
	5	Lovell White Durrant	111 000 000
	6	Allen & Overy	94 000 000
	7	Herbert Smith	89 000 000
	8	Simmons & Simmons	84 000 000
	9	Norton Rose	72 000 000
	10	Nabarro Nathanson	63 000 000
	11	Denton Hall Burgin & Warren	61 000 000
	12	McKenna & Co	47 000 000
	13	Cameron Markby Hewitt	45 000 000
	14	Ashurst Morris Crisp.	40 000 000
	15	Richards Butler	39 000 000
=	16	Stephenson Harwood	38 000 000
=	16	Wilde Sapte	38 000 000
	18	Theodore Goddard	35 000 000
	19	Clyde & Co	32 000 000
=	20	Berwin Leighton	31 000 000
=	20	Taylor Joynson Garrett	31 000 000
=	20	Turner Kenneth Brown	31 000 000

Quelle: Legal Business 1992

Gehälter

Die Gehälter für angestellte Juristen basieren auf den Prämissen «Einsatzort» und «Dienstalter». Nachfolgende Tabellen zeigen deutlich die Unterschiede zwischen Dienstältesten (4 Jahre) und Berufsanfängern (ANFA). Die Gehälter unterteilen sich je nach Einsatzort und Art der Tätigkeit («Fachgebiet»).
Alle Gehaltsangaben erfolgen in £.000 (Tausend Pfund Sterling) und beinhalten keinerlei zusätzliche Vergünstigungen.

ENGLANDS SÜDOSTEN

SPEZIALISIERUNG	ERFAHRUNG				
	ANFA	1 Jahr	2 Jahre	3 Jahre	4 Jahre
Privateigentumsfragen*	15-18,5	16-19,5	17,5-22	19-24	22+
Fragen wirtschaftlich genutzten Eigentums*	16,5-21	17-22	18-23,5	19-26	24+
Zivil-, Straf- und Eherechtsverfahren	15-19	16-20	18-24	19-26	26+
Handelsstreitigkeiten	16,5-21	17-22	18-26	20-28	27+
Betriebsstreitigkeiten	17-22	18-23	19-27	20-28	28+
Privatkunden	15-19	16-20	17-21	19-24	24+

EAST MIDLANDS

SPEZIALISIERUNG	ERFAHRUNG				
	ANFA	1 Jahr	2 Jahre	3 Jahre	4 Jahre
Privateigentumsfragen	14-17	14-18	14,5-20	15,5-21,5	18+
Fragen wirtschaftlich genutzten Eigentums	15-20	15-21	16-23	17-25	21+
Zivil-, Straf- und Eherechtsverfahren	14-17	15,5-19	16-21,5	16-23	18+
Handelsstreitigkeiten	15-20	17-21	19-25	20-26	21+
Betriebsstreitigkeiten	16-20	17-22	19-26	20-27	23+
Privatkunden	14-18	15,5-19	16-21	16,5-23	20+

WEST MIDLANDS

SPEZIALISIERUNG	ERFAHRUNG				
	ANFA	1 Jahr	2 Jahre	3 Jahre	4 Jahre
Privateigentumsfragen	14-17	14-17,5	14,5-20	15,5-21,5	18+
Fragen wirtschaftlich genutzten Eigentums	15-22	15,5-22	16-23	17-25	21+
Zivil-, Straf- und Eherechtsverfahren	15-18	15,5-19	16-21,5	16-23	18+
Handelsstreitigkeiten	16-22	17-22	19-25	20-26	21+
Betriebsstreitigkeiten	16-22	17-23	19-26	20-27	23+
Privatkunden	14-21	15,5-21	16-22	16,5-23	20+

YORKSHIRE UND DER OSTEN

SPEZIALISIERUNG	ERFAHRUNG				
	ANFA	1 Jahr	2 Jahre	3 Jahre	4 Jahre
Privateigentumsfragen	14-16	15-17,5	17-20	18-21	18+
Fragen wirtschaftlich genutzten Eigentums	16-19,5	17-20	18-23	20-25	22+
Zivil-, Straf- und Eherechtsverfahren	14-18	15-19	17-22	18-24	20+
Handelsstreitigkeiten	16-19,5	17-20	18-23	20-25	22+
Betriebsstreitigkeiten	16-19,5	18-22	19-23	20-25	22+
Privatkunden	14-18	16-19	17-21	18-22	20+

SÜDWESTEN UND SÜD-WALES

SPEZIALISIERUNG	ERFAHRUNG				
	ANFA	1 Jahr	2 Jahre	3 Jahre	4 Jahre
Privateigentumsfragen	16-17,5	17-18,5	18-19	19-22	22 +
Fragen wirtschaftlich genutzten Eigentums	16-18	18-19	19-20,5	22-24	24,5+
Zivil-, Straf- und Eherechtsverfahren	16-18	17-19	18,5-21	21-23	23,5+
Handelsstreitigkeiten	16-19	18-20,5	19-22	23-24	25 +
Betriebsstreitigkeiten	16-19	18-20,5	20-22	23-24	25 +
Privatkunden	16-18	17-19	19-20,5	20-22	23,5+

NORDWEST-ENGLAND

SPEZIALISIERUNG	ERFAHRUNG				
	ANFA	1 Jahr	2 Jahre	3 Jahre	4 Jahre
Privateigentumsfragen	15-17	16-19	17-20	19-23	19+
Fragen wirtschaftlich genutzten Eigentums	16-20	18-22	20-24	22-27	24+
Zivil-, Straf- und Eherechtsverfahren	14-16	15-17	16-19	18-20	19+
Handelsstreitigkeiten	16-20	17-21	20-23	21-26	23+
Betriebsstreitigkeiten	17-20	18-22	20-25	22-27	24+
Privatkunden	14-17	15-18	16-20	18-23	18+

SCHOTTLAND

SPEZIALISIERUNG	ERFAHRUNG				
	ANFA	1 Jahr	2 Jahre	3 Jahre	4 Jahre
Privateigentumsfragen	14-17	14-18	15-20	16-21	18 +
Fragen wirtschaftlich genutzten Eigentums	14-18	15-20	18-22	18-25	19 +
Zivil-, Straf- und Eherechtsverfahren	14-17,5	15-18	15-20	17-21	18 +
Handelsstreitigkeiten	14-18	15,5-20	17-22	18-25	19,5+
Betriebsstreitigkeiten	14-18	16-20	17,5-24	18,5-26	19,5+
Privatkunden	13-17	14-18,5	15-19	17-20	17,5+

LONDONER PRIVATPRAXEN

Gehälter, die Assistentanwälten von mittleren bis großen Firmen in der Londoner Innenstadt gezahlt werden

Angaben in £ 1.000	Spanne	Durchschnitt
Anfänger	24-27,5	25-25,5
Nach 6 Monaten	24-29	26
1 Jahr	26,5-33	28
1,5 Jahre	27-34,5	30,5
2 Jahre	30-40	35
2,5 Jahre	32-42	35,5
3 Jahre	35-47	38
4 Jahre	38-52	42
5 Jahre	40-65	–
6 Jahre	43-80+	–

LONDON UND DER SÜDOSTEN
RECHTSANWÄLTE IN HANDEL/INDUSTRIE

Die nachfolgenden Zahlen schließen vertragliche und Bonuszahlungen sowie eine Londoner Standortzulage ein, beinhalten aber keine Vergütung für Firmenwagen, private Krankenversicherung oder Ruhegelder. Es ist nicht möglich, einen genauen Prozentsatz für diejenigen Positionen anzugeben, die einen Firmenwagen bieten; dieser ist jedoch eine übliche Vergünstigung, die Anwälten in der Industrie auf allen Ebenen geboten wird. Für Anwälte mit über dreijähriger Berufserfahrung wäre es äußerst unüblich, ihnen keinen Firmenwagen zu stellen. Bei Geldinstituten ist es außerdem üblich, einen subventionierten Privatdarlehensplan zu bieten.

Angaben in £ 1.000	Spanne	Durchschnitt
Anfänger	22-27	25
1 Jahr	23-32	28
2 Jahre	25-36	32
3 Jahre	28-40	36
4 Jahre	33-50	40
5 Jahre	40-65+	55

ÄRZTE UND ZAHNÄRZTE

Obwohl es in Großbritannien einen privaten Sektor für Gesundheitsvorsorge gibt, werden die ärztlich-medizinischen Dienste fast ausschließlich vom Nationalen Gesundheitsdienst («National Health Service» = NHS) erbracht. Der NHS ist ein mit öffentlichen Geldern finanzierter Gesundheitsdienst, dessen Grundprinzip es ist, daß sämtliche ärztlich-medizinische Hilfe der Bevölkerung dort, wo sie benötigt wird, kostenlos zur Verfügung stehen sollte.

Alle Ärzte und Zahnärzte, die sich in den Universitäten und medizinischen Hochschulen in Großbritannien qualifizieren, müssen dies gemäß den Bestimmungen und Ausbildungsverfahren des NHS tun. Der NHS ist daher für alle Ärzte und Zahnärzte während ihrer gesamten Ausbildung sowie der ersten praktischen Erfahrung verantwortlich. Nach Abschluß ihrer Ausbildung arbeiten der überwiegende Teil der Ärzte und Zahnärzte innerhalb des NHS und folgen der Berufslaufbahn innerhalb dieser Organisation. 1991/92 beschäftigte der NHS über 120 000 Ärzte und Zahnärzte. Die Verträge, die diese mit dem NHS abschließen, erlauben ihnen auch die private Ausübung ihrer Tätigkeit. Das bedeutet, daß sie berechtigt sind, Patienten außerhalb des NHS zu behandeln und diesen Patienten die geleisteten Dienste zu berechnen. Folglich besteht bei den berufstätigen Ärzten- und Zahnärzten in Großbritannien eine Mischung aus Privat- und NHS-Praxis. Der Anteil dieser Privatpraxen ist bei den einzelnen Chirurgen, Ärzten und Zahnärzten sehr unterschiedlich.

Viele Ärzte, die in einer Praxis für Allgemeinmedizin arbeiten, nehmen überhaupt keine Privatpatienten an, einige nur eine sehr geringe Anzahl. Ein Chirurg andererseits kann auf privater Basis eine Vielzahl von Operationen vornehmen, und seine Honorare aus dieser Tätigkeit können sein NHS-Gehalt verdrei- oder -vierfachen. Wegen der gewaltigen Unterschiede bei privat erwirtschafteten Honoraren zeigen die nachfolgenden Tabellen nur die Vergütung im Rahmen der NHS-Tätigkeit. Den Zahlen liegen die für 1991/92 vereinbarten Gehaltstabellen zugrunde. Alle Zahlenangaben erfolgen ausschließlich der Ortszulagen für London. Dies sind zusätzliche Beträge, die die Angestellten in London als Ausgleich für höhere Lebenshaltungskosten, erhöhte Fahrtkosten usw. erhalten.

GEHÄLTER DER IM NATIONAL HEALTH SERVICE TÄTIGEN ÄRZTE UND ZAHNÄRZTE

Stellenbezeichnung/Titel (niedrigste bis höchste Pos. – Angaben in £ 1.000)	Gehalt Min.	Gehalt Max.
Krankenhausassistenzarzt (House Officer) (niedrigster Rang)	12325	13915
Krankenhausarzt (Senior House Officer)	15375	19515
in der Verwaltung tätiger Arzt (Registrar)	17440	21145
oberster Verwaltungsbeamter (Senior Registrar)	20080	25405
Leitender Allgemeinpraktiker (Staff Grade Practitioner)	19215	28635
Fachassistent (Associated Specialist)	21310	37065
Facharzt (Consultant) (höchster Rang)	35930	46390

ÄRZTE FÜR ALLGEMEINMEDIZIN

Die Vergütung für Ärzte mit einer Praxis für Allgemeinmedizin erfolgt auf der Basis einer beabsichtigten Durchschnitts-Nettovergütung nach Abzug der Kosten. Für 1991/92 wurde dieser Betrag auf £ 37 975 per annum festgesetzt. Die Festlegung des Gehaltsniveaus für Allgemeinmediziner (praktische Ärzte) wird von einer Reihe von Zulagen, Spesen und «Kopfzahlungen» auf der Grundlage der Anzahl der in der Patientenkartei eines Arztes eingetragenen Patienten beeinflußt. Sonderhonorare werden gezahlt für Vorsorgemedizin, Immunisierung und Impfung, Zerviszytologie, Empfängnisverhütung, gesundheitsfördernde Maßnahmen, Notfallbehandlung usw. In ähnlicher Weise werden die Honorare für die besonderen Probleme einer Arztpraxis in ländlichen Gebieten, in benachteiligten Innenstadtbezirken sowie aufgrund anderer geographischer Bedingungen angepaßt.

ÄRZTE FÜR ALLGEMEINE ZAHNMEDIZIN

Das angestrebte durchschnittliche Nettoeinkommen für Zahnärzte, die in einer Praxis für allgemeine Zahnmedizin arbeiten, ist auf £ 33 010 festgesetzt. Ähnlich wie bei den Ärzten ist dies der Betrag nach Abzug der Kosten. Zahnärzte arbeiten auch als gehaltsempfangende Angestellte innerhalb des NHS und sind meistens in kommunalen Gesundheitszentren und Krankenhäusern beschäftigt. Die Gehälter dieser Zahnärzte, von Alter und Erfahrung abhängig, liegen zwischen £ 17 780 und £ 25 880.

ANGESTELLTE IM ÖFFENTLICHEN GESUNDHEITSDIENST

Folgende Gehälter werden den Angestellten im öffentlichen Gesundheitsdienst gezahlt:

Stellenbezeichnung	Gehalt	
	Min.	Max.
Auszubildende	17.440	25.405
Fachärzte	26.240	38.805
Beratende Fachärzte	35.930	46.390

ANGESTELLTE IM KOMMUNALEN GESUND-HEITSDIENST

Man unterscheidet zwei Gruppen von Angestellten im Kommunalen Gesundheitsdienst, deren Gehälter sich wie folgt unterscheiden:

ANGESTELLTE IM KOMMUNALEN GESUND-HEITSDIENST

	Min.	Max.
Amtsärzte	18.380	25.555
Oberamtsärzte	26.225	37.635

ANGESTELLTE IM KOMMUNALEN ZAHNMEDIZINISCHEN DIENST

Stellenbezeichnung	Gehalt	
	Min.	Max.
Auszubildende im kommunalen zahn-medizinischen Diensty	17.440	25.405
Bezirks-Assistenzzahnarzt	28.480	36.780
Fachzahnarzt im öffentlichen Dienst	35.930	46.390
Amtszahnarzt - Klinikpersonal	17.520	25.740
Oberamtszahnarzt - Klinikpersonal	25.740	34.800

Nachtrag

Zum Zeitpunkt der Abfassung dieses Berichts wurden neue Gehaltsskalen für Ärzte und Zahnärzte innerhalb des NHS vorgeschlagen. Die Vergütung für 1992/93 weist eine Steigerung von 5,5 % für Ärzte und Zahnärzte mit festem Gehalt sowie 8,5 % für Ärzte für allgemeine Zahnmedizin aus. Entsprechende Vorschläge gab es bezüglich einer Steigerung der Zulagen und Spesen. Falls die Vorschläge angenommen werden, wird sich das wie folgt auf die Gehälter von Ärzten und Zahnärzten auswirken:

VORGESCHLAGENE ÄNDERUNGEN 1992/1993

AUSWIRKUNG AUF DIE BASISGEHÄLTER VON ÄRZTEN UND ZAHNÄRZTEN

Stellenbezeichnung	Gehalt	
	Min.	Max.
Krankenhausärzte und -zahnärzte		
Krankenhausassistenzärzte	13.000	14.680
Krankenhausärzte	16.225	20.585
in der Verwaltung tätige Ärzte	18.395	22.310
Fachärzte	37.905	48.905
Kommunaler Gesundheitsdienst		
Amtszahnarzt	18.485	27.155
Klinikamtsarzt	19.395	26.955
Oberamtszahnarzt	27.155	36.715
Klinikoberamtsarzt	27.665	39.705
Allgemeinpraxis		
Ärzte - angestrebte Nettovergütung	40.010	
Zahnärzte - angestrebte Nettovergütung	35.815	

FREISCHAFFENDE UND ANGESTELLTE ARCHITEKTEN

In Großbritannien wird das Architekturgewerbe von seinem Berufsverband überwacht: dem «Royal Institute of British Architects» (Königliches Institut der britischen Architekten). Etwa 25 % der angestellten Architekten sind im öffentlichen Sektor beschäftigt, insbesondere in der Kommunalverwaltung. Schon immer haben alle größeren Städte in Großbritannien sowie die Regionalbehörden ihre eigenen internen Architektur-Abteilungen gehabt. In den letzten zehn Jahren ist jedoch ein deutlicher Trend fort vom öffentlichen Sektor und hin zum privaten Sektor aufgekommen. Die Betonung von «value for money» für öffentliche Dienstleistungen, Privatisierung und konkurrenzfördernde Ausschreibungen seitens der britischen Regierung hat insgesamt zum Wachstum des privaten Sektors und zum Abbau der Dienstleistungen im öffentlichen Sektor beigetragen.

Der private Sektor besteht aus einer Vielzahl von Unternehmen unterschiedlicher Größe: von alleintätigen Architekten, der für eigene Rechnung arbeitet, bis zu sehr großen Firmen mit Teilhabern oder angestellen Partnern und zahlreichem Hilfspersonal. Zum privaten Sektor gehören auch die in der Industrie angestellten Architekten einschließlich derer, die bei den großen Tiefbauunternehmen und im Baugewerbe allgemein beschäftigt sind. Es wird geschätzt, daß etwa 10 % der Architekten in der Industrie beschäftigt sind.

VERGÜTUNG FÜR ARCHITEKTEN

QUALIFIZIERTE ARCHITEKTEN MIT BERUFSERFAHRUNG

	Gehalt	
Privatbüros	Min.	Max.
Selbständige	15.700	31.000
Partner	23.050	47.250
Angestellte	18.550	26.150
Industrie		
Angestellte	22.500	32.100
Öffentlicher Sektor		
Angestellte	21.050	27.500

GEOGRAPHISCHE FAKTOREN
QUALIFIZIERTE ARCHITEKTEN MIT BERUFSERFAHRUNG

DURCHSCHNITTSEINKOMMEN NACH REGIONEN GROSSBRITANNIENS

	Privatbüros	Industrie	Öffentl. Sektor
Großraum London	28.950	28.500	26.250
Südost-England	26.300	27.600	26.200
East und West Midlands	25.300	26.500	23.500
Südwesten und Wales	23.200	25.000	24.000
Norden Englands	25.800	25.050	22.850
Schottland	26.300	25.300	23.150

VERGÜTUNG UND ERFAHRUNG

Die Vergütung innerhalb dieser Berufsgruppe steigt im direkten Verhältnis zu Alter und Berufserfahrung. Die nachfolgende Tabelle verdeutlicht dies durch einen Blick auf die Durchschnittgehälter in verschiedenen Stadien einer Berufslaufbahn.

QUALIFIZIERTE ARCHITEKTEN

EINFLUSS VON ERFAHRUNG AUF VERGÜTUNG

	Privatbüros	Industrie	Öffentl. Sektor
Kürzlich qualifiziert	18.900	20.100	15.200
5 Jahre Erfahrung	27.550	24.800	17.850
10 Jahre Erfahrung	31.500	26.250	22.250
15 Jahre Erfahrung	31.700	28.900	23.500
20 Jahre Erfahrung	37.000	29.500	24.700

VERGÜNSTIGUNGEN ALS TEIL DER GESAMTVERGÜTUNG FÜR ARCHITEKTEN

Unter den vielen Sondervergünstigungen, die Architekten geboten werden, werden nachfolgend die üblichsten aufgeführt:

- Firmenwagen
- Krankenversicherung
- Zusätzliches Ruhegeld
- Lebensversicherung
- Berufsabonnements
- Privattelefon

Diese Vergünstigungen stehen jedoch nicht durchweg in allen Positionen zur Verfügung. So ist es zum Beispiel sehr unwahrscheinlich, daß den im öffentlichen Sektor beschäftigten Architekten ein Firmenwagen gestellt wird, während die Statistiken zeigen, daß weit über 60 % der in der Industrie beschäftigten Architekten einen Wagen gestellt bekommen. Diese Vergünstigungen sind bei weitem nicht umfassend, aber es trifft zu, daß Vergünstigungen dieser Art im privaten Sektor und in der Industrie weitaus üblicher sind.

ARCHITEKTEN-HILFSPERSONAL

Die Architektenbüros werden hauptsächlich durch Zeichenbüro-Angestellte, Konstruktionszeichner und CAD Operator unterstützt. Die nachfolgende Tabelle zeigt die Durchschnittsgehälter für Hilfspersonal in Architekturbüros auf Manager-Ebene.

ARCHITEKTEN-HILFSPERSONAL DURCHSCHNITTSGEHÄLTER

Nationaler Durchschnitt	Zeichenbüro	Konstruktionsz.	CAD Operator
Mindesgehalt	21.520	13.300	10.700
Höchstgehalt	31.100	19.700	15.720
Regionale Durchschnittszahlen:			
Großraum London	23.230	17.400	15.010
Südost-England	29.200	17.670	13.270
East und West Midlands	21.270	15.100	13.000
Südwesten und Wales	20.700	16.230	12.150
Norden Englands	20.520	17.050	11.900
Schottland	20.500	15.550	11.500

DIE LEHRERBERUFE

In Großbritannien ist die überwiegende Mehrheit der Lehrer im öffentlichen Sektor beschäftigt. Obweohl es auch Privatschulen gibt, stellen diese einen sehr geringen Prozentsatz des Gesamtangebots dar. Die Reklame, die manchmal für das englische Privatschulensystem gemacht wird, reflektiert vielleicht nicht in ausreichendem Maße die Tatsache, daß die den jungen Leuten Großbritanniens heute vom Staat gebotene Schulbildung vollkommen kostenlos ist.

Folglich werden wir uns bei der Diskussion der Vergütung der Lehrkräfte nur auf die Gehaltsebenen im staatlichen Sektor beschränken. Es trifft jedoch im allgemeinen zu, daß den Lehrkräften im privaten Sektor üblicherweise geringfügig höhere Gehälter gezahlt werden als denjenigen im staatlichen Sektor. Für Schüler von Privatschulen ist es viel häufiger üblich, ein Internat zu besuchen; d.h. sie wohnen während der Schulzeit in der Schule und erhalten dort ihre Unterkunft und Verpflegung. Im staatlichen Sektor ist der Besuch eines Internats (boarding school) so gut wie unbekannt, und die staatliche Schulbildung erfolgt auf der Basis der Ganztagsschule. Folglich reflektieren die Gehälter der Lehrer im Privatschulsystem den größeren Zeitaufwand für die Schüler und den Umfang der zu übernehmenden Aktivitäten außerhalb des eigentlichen Lehrplans.

Im staatlichen Sektor sind über 500.000 Lehrer, Schulleiter und stellvertretende Schulleiter beschäftigt. Die Gehälter werden von einem Revisionsausschuß festgesetzt, der alljährlich dem Department of Education – dem für die Lehrerberufe verantwortlichen Ministerium der Regierung – einen Bericht vorlegt.

Gehälter – Schulleiter und stellvertretende Schulleiter

Die nachfolgende Tabelle zeigt die Gehälter für Schulleiter und stellvertretende Schulleiter. Die Punkte auf der Skala, die das Gehalt festlegen, werden ihrerseits von verschiedenen Kriterien bestimmt, wie z. B.:

* Verantwortung der Position.
* Sozialer, kultureller und wirtschaftlicher Hintergrund der die Schule besuchenden Schüler.
* Schwierigkeiten der Stellenbesetzung.
* Der Leistungsanteil des Lehrers, der die üblichen Anforderungen übersteigt.
* Andere außergewöhnliche Umstände.

SCHULLEITER

Gruppe	Spanne
1	£ 22.182 - £ 27.273
2	£ 24.716 - £ 30.060
3	£ 27.273 - £ 33.453
4	£ 30.543 - £ 38.304
5	£ 34.668 - £ 44.244
6	£ 39.153 - £ 50.181

STELLVERTRETENDE SCHULLEITER

Gruppe	Spanne
1	£ 22.182 - £ 24.726
2	£ 22.545 - £ 25.455
3	£ 23.271 - £ 26.544
4	£ 24.726 - £ 29.091
5	£ 27.273 - £ 31.998
6	£ 30.060 - £ 36.489

Staatliche geprüfte Lehrer

Die Gehaltsskala für staatliche geprüfte Lehrer sieht wie folgt aus. Der Punkt auf der Skala, bei dem das Gehalt festgelegt wird, wird von ähnlichen Kriterien bestimmt wie bei den Schulleitern und stellvertretenden Schulleitern.

STAATLICH GEPRÜFTE LEHRER

Skalenpunkt	Gehalt
1	£ 11.184
2	£ 11.775
3	£ 12.366
4	£ 12.954
5	£ 13.839
6	£ 14.721
7	£ 15.606
8	£ 16.488
9	£ 17.664
10	£ 18.837

Es ist möglich, daß zusätzlich zu diesen Basisgehältern Zulagen gezahlt werden, die zwischen £ 294 per annum und £ 1172 per annum liegen können. Diese variablen Zahlungen werden wiederum bestimmt durch die Beurteilung der Gesamtleistung des Lehrers unter Berücksichtigung aller Berufspflichten, insbesondere aber des Klassenunterrichts.

Leistungszulagen

Besondere Zulagen werden folgenden Lehrkräften gezahlt:

1. Lehrer an besonderen Schulen – Schulen, die Schüler mit besonderen Bedürfnissen unterrichten.
2. Lehrer an Normalschulen, die besondere Klassen unterrichten, in denen Schüler mit Hör- und Sehschäden sind.
3. Lehrer, die die nachfolgenden Qualitäten bewiesen haben:
   a) Übernahme von Verantwortung, die über das bei den meisten Lehrern übliche Maß hinausgeht.
   b) Nachweis hervorragender Fähigkeiten im Klassenunterricht.
   c) Unterricht in Fächern, wo Lehrermangel herrscht.
   d) Ausfüllen einer Position, die schwer zu besetzen ist.

SPANNE DER LEISTUNGSZAHLUNGEN

Kategorie	Betrag
A	£ 1.296
B	£ 2.097
C	£ 4.194
D	£ 5.595
E	£ 7.692

Ortszulagen im Raum London

Es wird anerkannt, daß Lehrer, die im Raum London tätig sind, höhere Lebenshaltungskosten haben als diejenigen außerhalb dieses Raumes. Folglich erhalten Lehrer innerhalb des Raumes London folgende gestaffelte Zulagen:

ZULAGEN
STADT UND GROSSRAUM LONDON

Innenbezirk London £ 1.845 p.a.
Außenbezirk London £ 1.212 p.a.
Randbezirke £ 471 p.a.

BANKEN UND FINANZSEKTOR

Es steht außer Frage, daß die Zahl der Beschäftigten im Banken- und Finanzsektor der britischen Wirtschaft in den 80er Jahren enorm angestiegen ist. Die Vergütung für die in diesem Sektor Beschäftigten war traditionsgemäß hoch, aber in den späten 80er Jahren erreichte sie astronomische Proportionen. In den frühen 90er Jahren kam man jedoch auch in diesem Marktbereich wieder auf den Boden zurück, und die Vergütungsebenen werden jetzt wieder auf ein erschwingliches Level festgesetzt.

Die Tradition hat eine große Rolle dabei gespielt, die Einzelheiten der Vergütung in diesem Sektor geheim zu halten. Diese Geheimhaltung ist sehr verbreitet und gründet sich hauptsächlich auf den Wettbewerb zwischen den Finanzinstitutionen und -organisationen um das beste Personal, zusammen mit einer Geschäftspolitik, außerordentlich guten Mitarbeitern in der Tat sehr hohe Beträge zu zahlen, um sich ihrer Loyalität zu vergewissern. Diese Praxis ist in Großbritannien als «goldene Handschellen» bekannt. Die Vergütungsebenen in diesem Sektor werden auch durch Bonuszahlungen beeinflußt. Diese können Einzelleistungen allein, Leistungen von Teams oder Leistungen der Organisation insgesamt widerspiegeln. Es ist weder praktisch noch hilfreich, Gesamtvergütungen in diesem Sektor zu betrachten, ohne das Bonus-Element zu berücksichtigen, welches eine Spannbreite von zusätzlichen 10 % bis zu einem so hohen Betrag wie 70 % zu dem Basisgehalt betragen kann. Die durchschnittliche Bonuszahl ergibt in unserem Beispiel 19,5 % – eine sehr wesentliche Aufstockung des Gehalts!

Unser Beispiel zeigt die Vergütungsebene für Mitarbeiter mit einiger Berufserfahrung, aber nicht unbedingt auf Spitzenmanager-Ebene. Das Alter ist kein Faktor in diesem Sektor. Es ist durchaus nicht selten, daß jemand im Alter von Mitte Zwanzig genau so viel verdient wie jemand von Mitte Fünfzig in einer vergleichbaren Position und mit vergleichbarem Verantwortungsbereich. Ausgeschlossen aus unserem Beispiel sind auch außergewöhnliche Einkommen, wenn etwa eine bestimmte Person eine Gesamtvergütung erhält, die im Vergleich mit den Normen in der Industrie völlig irrelevant ist.

Alle angeführten Zahlen beziehen sich auf Positionen innerhalb des Finanzsektors der Londoner Innenstadt. Positionen außerhalb Londons werden eher niedrigere Gehaltsebenen aufweisen, aber die Beispiele von Positionen in Londoner Außenbezirken und die Individualität der Gesamtvergütungen hat uns keine Basis geliefert, um von Bedeutung zu sein.

BANKEN- UND FINANZSEKTOR VERGÜTUNGSEBENEN IN DER LONDONER INNENSTADT

Stellenbezeichnung	Durchschnittsgehalt £ p.a.
Head of Bond Sales	£ 124.500
Head of Corporate Finance	£ 120.300
Head of Capital Market	£ 117.250
Head of Funds Management	£ 97.000
Head of Equity Trading	£ 96.100
Head of SWAPS	£ 93.600
Head of Euroband Trading	£ 91.300
Head of Equity Sales	£ 91.250
Head of Foreign Exchange Dealing	£ 87.750
Head of Research	£ 80.100
Chief Foreign Exchange Dealer	£ 72.200
Head of Computer Operations	£ 58.750
Chief Sterling Dealer	£ 48.500

Diese Zahlen schließen die zuvor besprochenen Bonuszahlungen ein. Es ist offensichtlich, daß Bonuszahlungen an Währungshändler einen höheren prozentualen Anteil des Gesamtgehalts ausmachen als solche an Angestellte, die nicht direkt Einkünfte erwirtschaften.

Auch ist es üblich, daß Angestellte in diesem Sektor beachtliche Vergünstigungen erhalten, wie z. B. Niedrigzinsdarlehen, Firmenwagen und zusätzliche Ruhegeldzahlungen. Aufgrund der individuellen Festlegung der Gesamtvergütung wurden diese Vergünstigungen in unserem Beispiel ausgeschlossen. Diese werden an anderer Stelle in diesem Abschnitt genauer besprochen.

MARKETING MANAGEMENT

Die Gehälter im Bereich Marketing haben in den vergangenen zehn Jahren in Großbritannien ein überdurchschnittliches Wachstum gezeigt. Hierfür gibt es viele Gründe; in erster Linie aber hat die Konkurrenzsituation der 80er Jahren dazu geführt, daß die im Marketing-Sektor Beschäftigten ihren Einfluß auf Beschlußfassung, Planung und Politik der Unternehmen wesentlich verstärkt haben. Es ist heute weitaus üblicher, daß ein Marketing Director Mitglied im Vorstand einer Aktiengesellschaft ist, als dies vor zehn Jahren der Fall war.

MARKETING

DURCHSCHNITTSGEHÄLTER IN GROSS-BRITANNIEN

Stellenbezeichnung	Gehalt
Marketing Director	£ 42.700
Marketing Manager	£ 26.800
Group Product Manager	£ 25.100
Senior Product Manager	£ 23.050
Product Manager / Brand Manager	£ 19.800
Marketing Assistent	£ 13.100
Marktforschungsassistent	£ 12.700

MARKETING
DURCHSCHNITTSGEHÄLTER NACH BRITISCHEN REGIONEN

Stellenbezeichnung	Durchschnittsgehälter		
	London	Südosten	Südwesten
Marketing Director	56.200	50.020	32.200
Marketing Manager	28.850	23.500	20.350
Group Product Manager	24.950	22.600	20.100
Senior Product Manager	20.190	21.950	18.900
Prod. Man. / Brandmanager	21.050	19.900	15.000
Marketing Assistant	14.500	13.100	9.100
Marktforschungsassistent	13.400	11.250	kZ

Stellenbezeichnung	Durchschnittsgehälter		
	Midlands	Nordwesten	Schottland
Marketing Director	39.150	31.200	34.900
Marketing Manager	21.000	22.150	25.350
Group Product Manager	24.050	20.300	24.050
Senior Product Manager	18.000	19.000	19.900
Prod. Man. / Brandmanager	17.800	16.900	15.100
Marketing Assistant	10.000	12.100	9.800
Marktforschungsassistent	10.600	kZ	kZ

kZ = keine Zahlen verfügbar

MARKETING MANAGEMENT
DIE HÄUFIGSTEN VOM ARBEITGEBER GEWÄHRTEN VERGÜNSTIGUNGEN

Vergünstigungen	Marketing Director	Marketing Manager	Product Manager
Firmenwagen	99 %	92 %	73 %
Kostenloses Benzin	74 %	40 %	21 %
Gewinnbeteiligung	20 %	11 %	5 %
Bonus	55 %	45 %	35 %
Krankenversicherung	90 %	76 %	52 %
Zusätzliches Ruhegeld	60 %	43 %	40 %

Vergünstigungen

Die obenstehende Tabelle zeigt Vergünstigungen, die dem Marketing Management gezahlt werden, wobei anhand gewisser Stellenbezeichnungen angegeben wird, welcher Prozentsatz diese Vergünstigungen erhält.

Industriesektor

Vergütung für alle Ebenen von Marketing-Positionen in unterschiedlichen Bereichen der Industrie erfolgt zu den folgenden Durchschnittswerten:

DURCHSCHNITTSVERGÜTUNG NACH BRANCHEN

Branche	Durchschnittsvergütung
Marketing Services	£ 31.500
Konsumentenprodukte (einschl. Lebensmittel)	£ 28.050
Medien	£ 27.100
Pharmazeutika	£ 26.950
Banken und Finanzwesen	£ 26.900
Einzelhandel	£ 26.200
Öffentl. Sektor (einschl. Regierung)	£ 24.650
Computerwesen	£ 23.300
Freizeit und Reisen	£ 21.700
Baugewerbe und Herstellung	£ 21.500

Sprachkenntnisse

Marketing Manager mit Fremdsprachenkenntnissen machen noch immer einen sehr geringen Teil der Gesamtheit aus. Eine vor kurzem erfolgte Umfrage hat ergeben, daß höchstens 15 % aller Marketing-Leute eine Zweitsprache beherrschen und daß der Durchschnitt knapp unter 10 % liegt. Französisch und Deutsch sind die üblichsten Zweitsprachen; Spanisch kommt an dritter Stelle.

INFORMATIONSTECHNOLOGIE

Zur Informatik-Industrie gehören alle Bereiche des Computerwesens und der elektronischen Datenverarbeitung. Die Gehälter in diesem Sektor werden vom Grad der Erfahrung bestimmt. Alter stellt keine Barriere dar, wenngleich die Branche als eine der jungen Leute bekannt ist. Auch herrscht in dieser Branche wirkliche Chancengleichheit. Unsere Studien ergaben absolut keine Gehaltsdiskriminierung hinsichtlich Alter, Geschlecht oder irgendwelcher anderer Kriterien.

DURCHSCHNITTSGEHÄLTER IN GROSSBRITANNIEN

Stellenbezeichnung	Durchschnittsgehalt
Computer-/EDV-Manager	£ 32.250
System Manager	£ 26.600
Operations Manager	£ 27.190
Senior Systems Analyst	£ 22.430
Systems Analyst	£ 18.000
Senior Programmer	£ 18.100
Software Engineer	£ 13.600
Computer Office Supervisor	£ 12.500

INFORMATIONSTECHNOLOGIE

DURCHSCHNITTSGEHÄLTER NACH BRITISCHEN REGIONEN

	GEHALT (£)		
	London	Südosten	Südwesten
Computer-/EDV-Manager	37.500	32.700	28.050
System Manager	30.600	26.500	22.800
Operating Manager	32.900	28.100	23.620
Senior Systems Analyst	24.550	23.200	20.050
Systems Analyst	22.350	19.600	16.000
Senior Programmer	21.300	20.250	18.000
Software Engineer	15.900	14.050	12.200
Computer Office Supervisor	14.850	14.000	12.950

	GEHALT (£)		
	Midlands	Nordwesten	Schottland
Computer-/EDV-Manager	28.100	27.700	28.900
Systems Manager	23.900	19.900	24.000
Operating Manager	24.150	22.900	25.000
Senior Systems Analyst	20.000	19.150	20.990
Systems Analyst	15.050	15.700	16.900
Senior Programmer	15.300	14.250	15.350
Software Engineer	13.850	13.100	13.100
Computer Office Supervisor	11.700	12.900	12.000

VERKAUF

Die Vergütungsebenen für Angestellte im Verkauf/Vertrieb beinhalten oft eine Leistungsprämie oder Provisionszahlungen. Unsere Studie gründet sich auf tatsächlich gezahlte Gehälter, welche dieses Provisionselement mit einschließen.

DURCHSCHNITTSGEHÄLTER IN GROSSBRITANNIEN

Stellenbezeichnung	Gehalt
Verkaufsleiter	£ 30.000
Regionalverkaufsleiter	£ 24.900
Gebietsverkaufsleiter	£ 21.250
Dienstälterer Verkäufer/Vertreter	£ 18.100
Verkäufer/Vertreter	£ 15.250

DURCHSCHNITTSGEHÄLTER NACH BRITISCHEN REGIONEN

	GEHALT (£)		
	London	Südosten	Südwesten
Verkaufsleiter	34.890	31.600	21.450
Regionalverkaufsleiter	25.700	22.950	18.950
Gebietsverkaufsleiter	22.650	19.900	17.000
Dienstälterer Verkäufer/Vertreter	19.000	17.850	15.900
Verkäufer/Vertreter	15.300	15.050	13.300

	GEHALT (£)		
	Midlands	Nordwesten	Schottland
Verkaufsleiter	24.100	24.600	25.700
Regionalverkaufsleiter	22.350	19.900	21.750
Gebietsverkaufsleiter	18.900	19.250	20.950
Dienstälterer Verkäufer/Vertreter	15.900	15.500	16.650
Verkäufer/Vertreter	13.300	13.100	14.600

Vergünstigungen

Praktisch alle Angestellten im Verkauf/Vertrieb sind mit einem Firmenwagen ausgestattet, der die einzige wesentliche Vergünstigung darstellt, die sie erhalten.

WISSENSCHAFTLER

Diese Überschrift faßt eine breite Palette von Berufsgruppen zusammen. Für die Zwecke der Vergütungsstatistik wurden diejenigen berücksichtigt, die in der reinen Wissenschaft, in Forschung und Entwicklung und in technischen Bereichen tätig sind.

WISSENSCHAFTLER

DURCHSCHNITTSGEHÄLTER IN GROSSBRITANNIEN

Stellenbezeichnung	Gehalt
Wissenschaftlicher Leiter	£ 30.050
Leiter der Abteilung Forschung u. Entwicklg.	£ 28.800
Dienstälterer Wissenschaftler	£ 25.300
Wissenschaftler	£ 17.000
Laborleiter	£ 19.100
Wissenschaftlicher Assistent	£ 14.300
Techniker	£ 12.800

WISSENSCHAFTLER

DURCHSCHNITTSGEHÄLTER NACH BRITISCHEN REGIONEN

	GEHALT (£)		
	London	Südosten	Südwesten
Wissenschaftlicher Leiter	36.600	29.900	23.000
Leiter der Abteilung Forschung u. Entwicklg.	34.600	28.050	22.390
Dienstälterer Wissenschaftler	27.300	23.720	20.900
Wissenschaftler	17.800	16.900	17.000
Laborleiter	19.100	19.000	16.250
Wissenschaftlicher Assistent	16.300	15.100	14.000
Techniker	13.300	13.750	12.500

	GEHALT (£)		
	Midlands	Nordwesten	Schottland
Wissenschaftlicher Leiter	30.950	25.950	24.350
Leiter der Abtl. Forschung u. Entwicklg.	27.100	23.420	25.050
Dienstälterer Wissenschaftler	21.150	22.290	25.300
Wissenschaftler	16.690	16.000	16.050
Laborleiter	16.300	14.900	15.950
Wissenschaftlicher Assistent	12.600	12.950	12.100
Techniker	11.200	12.000	12.100

INGENIEURE

Die Gehälter für Ingenieure sind in Großbritannien immer hinter den Vergütungen zurückgeblieben, die anderen Berufsgruppen gezahlt wurden. Unter Zugrundelegung nationaler Durchschnittszahlen finden sich die Ingenieure am Ende der Liste, die Buchhalter, Anwälte, Ärzte und Architekten einschließt, wobei nur Lehrer und Wissenschaftler geringfügig weniger verdienen als die in der Maschinenbauindustrie Beschäftigten.

Gemeinhin geht man davon aus, daß der Hauptgrund für diesen niedrigen Rang innerhalb der Vergütungstabelle der Berufsgruppen das Wirtschaftsnetz von Angebot und Nachfrage ist. Mit anderen Worten: Zu viele Ingenieure jagen nach zu wenigen Spitzenpositionen, und die Vielzahl der auf den Markt drängenden reduziert die Gehaltsmöglichkeiten.

Zum Zwecke unserer Studie werden Ingenieure nach ihrer Stellenbezeichnung in die Untersuchung eingeschlossen, was in gewisser Weise mit Erfahrung und Dienstalter gleichzusetzen ist. Untersucht wurden eine Reihe von technischen Fähigkeiten, u.a. Elektronik und Elektrobereich, Baugewerbe, Maschinenbau, Produktion, Fernmeldewesen, Kfz-Wesen und Raumfahrt.

INGENIEURE

DURCHSCHNITTSGEHÄLTER IN GROSSBRITANNIEN

Stellenbezeichnung	Gehalt
Leiter der technischen Abteilung (Chef-Ingenieur)	£ 29.750
Leiter des technischen Kundendienstes	£ 27.300
Abteilungsleiter	£ 24.300
Dienstälterer Ingenieur	£ 19.900
Ingenieur	£ 16.200
Technischer Assistent	£ 14.900

INGENIEURE
DURCHSCHNITTSGEHÄLTER NACH BRITISCHEN REGIONEN

	GEHALT (£) London	Südosten	Südwesten
Leiter der technischen Abteilung (Chef-Ingenieur)	32.440	31.000	27.100
Leiter des technischen Kundendienstes	29.300	28.620	21.000
Abteilungsleiter	26.190	26.000	21.900
Dienstälterer Ingenieur	23.440	20.850	19.750
Ingenieur	17.990	16.250	15.750
Technischer Assistent	15.880	14.100	13.500

	GEHALT (£) Midlands	Nordwesten	Schottland
Leiter der technischen Abteilung (Chef-Ingenieur)	28.100	26.050	32.700
Leiter des technischen Kundendienstes	22.750	21.350	25.600
Abteilungsleiter	20.500	20.350	27.150
Dienstälterer Ingenieur	19.100	18.720	20.950
Ingenieur	15.750	16.050	15.600
Technischer Assistent	14.100	14.000	17.990

Wegen der großen Vielfalt von Positionen in diesem Sektor mag es nützlich sein, einen Blick auf das Durchschnittsgehalt für eine Position auf Abteilungsleiter-Ebene in den einzelnen Industriezweigen zu werfen.

DURCHSCHNITTSGEHÄLTER FÜR ABTEILUNGSLEITER NACH INDUSTRIEZWEIGEN

Zivilingenieurswesen	£ 33.440
Energie (hauptsächlich Öl)	£ 32.950
Chemie	£ 32.250
Lebensmittel	£ 25.930
Herstellung allgemein	£ 24.300
Elektronik	£ 23.100
Kfz-Herstellung	£ 22.700
Mechanik allgemein	£ 21.750
Öffentlicher Sektor	£ 21.350
Elektrobranche allgemein	£ 20.200

DURCHSCHNITTSGEHÄLTER IN GROSS-BRITANNIEN

Stellenbezeichnung	Gehalt
Mediendirektor	£ 47.900
Medienmanager	£ 31.500
Medienplaner	£ 21.950
Käufer von Fernsehzeit	£ 21.900
Medienassistent	£ 13.050
Werbeleiter	£ 45.200
Werbemanager	£ 20.250
leitender Verkaufsangestellter	£ 18.050
PR Manager	£ 28.500

MEDIEN

In den 80er und 90er Jahren haben die Medien und ihre assoziierten und Dienstleistungsbranchen stark expandiert. Viele Positionen wurden aufgrund des Wachstums in diesem Sektor geschaffen, und die Vergütungsebenen wurden dem neuen Nachfrage-Niveau angepaßt.

Für unsere Zwecke wurden Mediendirektoren, Werbeleiter, Verkaufsleiter, Medienmanager, PR Manager und leitende Verkaufsangestellte in die Untersuchung einbezogen.

Die meisten Medienpositionen haben London als Einsatzort. Folglich wurden in unsere Studie keine Positionen außerhalb Londons aufgenommen.

Vergünstigungen

Die in der Medienbranche Beschäftigten erhalten ein beachtliches Maß an Vergünstigungen zusätzlich zu ihren Basisgehalt. Die Stellung eines Firmenwagens ist allgemein üblich, und über 80 % der Angestellten im gehobenen Management erhalten diese Vergünstigung. Eine kürzlich durchgeführte Studie zeigte, daß der beliebteste Wagen im Medienmanagement der BMW ist.

SONDERVERGÜNSTIGUNGEN

In Großbritannien ist die Gewährung von Sondervergünstigungen seitens des Arbeitsgebers ein wesentliches Element bei der Festlegung und beim Vergleich von Gesamtvergütungen.

Firmenwagen, private Krankenversicherung, zusätzliche Ruhegeldzahlungen, Niedrigzins- oder zinsfreie Darlehen, Firmenanteilsoptionen, kostenloses Benzin und Lebensversicherungen sind nur einige der vielen Vergünstigungen, die zu den Gehältern hinzukommen, um die Gesamtvergütung sowohl für bereits beschäftigte wie auch für neu hinzukommende Angestellte attraktiv zu machen.

Die britische Steuerbehörde (Inland Revenue) schätzt, daß etwa 2,5 Millionen Angestellte Vergünstigungen erhalten, die zu versteuern sind. Der Wert dieser Vergünstigungen wird auf etwa £ 2,5 Milliarden Pfund Sterling geschätzt, und die für diese Vergünstigungen gezahlten Steuern belaufen sich auf fast £ 1 Milliarde Pfund Sterling.

Im folgenden werden einige der wichtigeren Vergünstigungen beschrieben.

Firmenwagen

Die Stellung eines vom Arbeitsgeber bezahlten und unterhaltenen Wagens ist sicherlich die beliebteste und begehrteste Vergünstigung. Es wird geschätzt, daß über 75 % der Angestellten, die zu versteuernde Vergünstigungen erhalten, einen Firmenwagen zu ihrer Verfügung haben. Diese Vergünstigung ist zunehmend ins Kreuzfeuer der britischen Steuerbehörde geraten, und in jedem Folgejahr wurde die steuerliche Belastung dieser Vergünstigung größer.

Für das am 5. April 1993 endende Rechnungsjahr gelten folgende Besteuerungsskalen:

ZU VERSTEUERNDE FIRMENWAGEN

WENIGER ALS 4 JAHRE ALTE WAGEN
Neuwert bis £ 19.250

Hubraum	
0 - 1400 m^3	£ 2.140
1401 - 2000 m^3	£ 2.770
2001 - darüber	£ 4.440

Neuwert über £ 19.250

£ 19.251 - £ 29.000	£ 5.750
über £ 29.000	£ 9.300

Diese Zahlen werden halbiert, wenn die dienstlich gefahrenen Meilen mindestens 18.000 im Jahr betragen. Wenn die Dienst-Meilen weniger als 2.500 betragen, wird die zu versteuernde Vergünstigung mit 150 % der obigen Zahlen veranschlagt.

KRAFTSTOFFVERGÜNSTIGUNG

Wenn der Arbeitgeber allen Kraftstoff zahlt, wird diese Vergünstigung steuerlich wie folgt veranschlagt:

Hubraum	Benzin	Diesel
O - 1400 m^3	£ 500	£ 460
1401 - 2000 m^3	£ 630	£ 460
2001 - darüber	£ 940	£ 590

Die Vergünstigung wird halbiert, wenn die dienstlich gefahrenen Meilen mindestens 18.000 im Jahr betragen.

Diese Vergünstigungswerte werden dem Einkommen der Angestellten hinzugerechnet, und für diejenigen, die einen höheren Steuersatz zahlen (die über £ 23.700 im Jahr verdienen), wären 40 % an Steuern zu zahlen.

Bei der Vergünstigung des Firmenwagens ist Großbritannien traditionell Vorreiter in Europa gewesen. Eine kürzlich durchgeführte Studie zeigt die Verbreitung dieser Vergünstigung bei Finanz-, Marketing- und Verkaufsfunktionen im gehobenen Management.

FIRMENWAGEN

Land	Prozentsatz der Manager mit einem Firmenwagen
Vereinigtes Königreich	92 %
Belgien	76 %
Italien	70 %
Niederlande	56 %
Schweden	52 %
Deutschland	51 %
Spanien	36 %
Österreich	32 %
Frankreich	30 %

Quelle: UBS 1992

Ruhegeldzahlungen

Diese Vergünstigung ist vielleicht die attraktivste und sicher die steuerwirksamste für einen Angestellten, weil Zahlungen in einen Rentenfonds innerhalb bestimmter Grenzen gänzlich steuerfrei sind. Dies trifft sowohl für den Arbeitnehmer- wie auch für den Arbeitgeberanteil zu. Ein Beispiel: Ein höhergestellter Manager mit einem Einkommen von £ 50.000 im Jahr hat die Möglichkeit, steuerfrei Ruhegeldzahlungen in Höhe von bis zu 25 % seines Einkommens im Alter von 46 – 50 Jahren zu beanspruchen. Dieser Prozentsatz steigt mit zunehmendem Alter des Angestellten bis zu einem Höchstwert von 40 % des Einkommens. Ruhegelder entziehen sich dem Zugriff der Steuerbehörde, da sie als langfristige Spareinlagen gesehen werden.

Private Krankenversicherung

Arbeitsgeber gewähren ihren Mitarbeitern diese Vergünstigung, indem sie mit größeren Krankenversicherungsgesellschaften besondere Beiträge vereinbaren. Der Arbeitsgeber gewährt dann dem Arbeitnehmer diese Vergünstigung entweder kostenlos oder zu einem niedrigeren Beitragssatz, als ihn der Arbeitnehmer zahlen müßte. Diese Vergünstigung wird auch als ein Vorteil für die Arbeitgeber angesehen, die darauf bedacht sind, vorhersehbare Abwesenheiten von höheren Managern zu planen, die eine nicht dringliche ärtlich-medizinische Behandlung nötig haben. Die Kosten dieser Vergünstigung werden zu steuerlichen Zwecken dem Einkommen hinzugefügt.

Subventionierte Darlehen

Arbeitsgeber können ihren Mitarbeitern zinsfreie oder Niedrigzins-Darlehen gewähren.

In London z.B. bieten viele der großen Arbeitgeber ihren Mitarbeitern Darlehen zum Kauf einer Jahresfahrkarte für Zug oder U-Bahn. Die Rückzahlungen werden auf das Jahr verteilt und vom Gehalt des Angestellten abgezogen.

Einige Banken und Finanzinstitute bieten ihren leitenden Angestellten Renovierungsdarlehen (Hypotheken) zu niedrigen Zinssätzen. Diese Zinssätze können so gering sein, daß sie nur ein Fünftel der derzeitigen britischen Darlehenszinssätzen betragen. Viele Arbeitnehmer, die in den Genuß dieser Art Darlehen kommen, erkennen auch die Nachteile – besonders, daß es sich ihnen verbietet, den Arbeitsplatz zu wechseln und dann vielleicht vier- bis fünfmal höhere Zinssätze als jetzt zu zahlen.

Selbstverständlich handelt es sich hierbei um steuerbare Vergünstigungen, und die Steuerbehörde errechnet die Veranlagung aus dem Unterschied zwischen dem gezahlten Zinssatz und dem offiziellen steuerbehördlichen Satz, der in der Regel ein oder zwei Prozentpunkte über dem marktüblichen Satz liegt.

Welcher Mitarbeiter kommt in den Genuß von Vergünstigungen?

In erster Linie sind Vergünstigungen für leitende Angestellte gedacht und sollen deren Gehalt aufbessern. In den vergangenen Jahren waren viele dieser verfügbaren Vergünstigungen äußerst steuerwirksam; aber die Behörden haben die meisten der steuerfreien oder steuersparenden Vorteile zurückgenommen. Vergünstigungen sind manchmal noch immer als Statussymbole beliebt – der von der Firma finanzierte Mercedes oder Jaguar ist noch immer ein starkes Symbol für den Erfolg – meistens aber einfach als eine Tradition, die in der oft gehörten Redewendung zum Ausdruck kommt: «Das gehört doch dazu – oder?».

SONDERVERGÜNSTIGUNGEN

PROZENTSATZ DER ANGESTELLTEN; DIE VERGÜNSTIGUNGEN ERHALTEN NACH POSITIONEN IN ORGANISATIONEN

	Firmenwagen	kostenl. Kraftstoff	zusätzl. Ruhegeld	Krankenversicherung	Anteilsoption	Niedrigzinsdarlehen
Hauptgeschäftsführer	99 %	82 %	45 %	92 %	50 %	12 %
Geschäftsführer	96 %	70 %	30 %	88 %	38 %	4 %
Abteilungsleiter	89 %	57 %	18 %	86 %	12 %	1 %
Gehobenes Management	78 %	36 %	10 %	78 %	4 %	1 %
Mittleres Management	60 %	17 %	7 %	78 %	2 %	1 %

EINIGE EUROPÄISCHE VERGLEICHE

Es ist bekanntermaßen schwieig, akkurate Statistiken zu erstellen, die Gehälter, Vergünstigungen und Lebenshaltungskosten auf vergleichbarer Basis in verschiedenen Ländern miteinander vergleichen. Die zu berücksichtigenden Faktoren sind zahlreich und kompliziert. Dennoch ist man der Ansicht, daß Vergleiche wertvoll sind, selbst wenn sie nicht absolut akkurat sind; und diese Vergleiche stellen die bestmöglichen Vergleichswerte dar.

Arbeitszeit und bezahlter Urlaub

Die folgende Tabelle zeigt einen Vergleich der durchschnittlichen Jahres-Gesamtarbeitszeit in verschiedenen europäischen Städten zusammen mit der durchschnittlichen Zahl bezahlter Urlaubstage.

Die Norm scheint für Europa zwischen 1700 und 1800 Stunden zu liegen. Nur Zürich und Genf übertreffen diese Norm. Beim bezahlten Jahresurlaub liegt der europäische Durchschnitt bei 27 Tagen.

EUROPÄISCHE ARBEITSZEITEN UND BEZAHLTE URLAUBSTAGE

	Jahresarbeitszeit (in Stunden)	Bezahlter Urlaub (in Tagen)
Amsterdam	1714	31,9
Brüssel	1708	24,6
Düsseldorf	1693	29,6
Frankfurt	1650	30,1
Genf	1880	22,7
Lissabon	1742	22,0
London	1737	24,5
Madrid	1710	32,0
Oslo	1583	31,4
Paris	1744	27,0
Zürich	1868	24,0

Quelle: Schweizer Unionsbank 1991

Einkommenssteuer

Die folgende Tabelle zeigt den in verschiedenen europäischen Ländern zu zahlenden Spitzensteuersatz zusammen mit dem Steueraufkommen des betreffenden Landes, das als Prozentsatz des Bruttoinlandsprodukts dargestellt wird und Sozialversicherungszahlungen einschließt.

EUROPÄISCHE SPITZENSTEUERSÄTZE UND STEUERAUFKOMMEN

Land	Spitzensteuersätze in %	Steueraufkommen in % des BIP
Dänemark	68,0	57,4
Deutschland	60,5*	44,6
Niederlande	60,0	55,1
Frankreich	56,8	46,5
Spanien	56,0	35,0
Belgien	55,0	44,1
Schweden	51,0	64,1
Österreich	50,0	46,1
Italien	50,0	41,1
Vereinigtes Königreich	40,0	39,7

* einschließlich 7,5 % vorübergehender Solidaritätsabgabe

Quelle: OECD – 1991

Die folgende Tabelle zeigt Durchschnittsgehälter einschließlich Bonus, Provision und Gewinnbeteiligung auf zwei Ebenen des Top-Managements: Hauptgeschäftsführer und Vorstandsmitglied. Die Gehaltsangaben erfolgen in £ .000 (Tausend Pfund Sterling) und wurden nach den durchschnittlichen Wechselkursen für 1992 umgerechnet.

GEHÄLTER EUROPÄISCHER SPITZENMANAGER

Land	Hauptgeschäftsführer £	Vorstandsmitglied £
Vereinigtes Königreich	82.950	51.600
Deutschland	115.300	66.900
Frankreich	105.200	59.100
Italien	103.750	62.650
Niederlande	83.600	47.650
Schweiz	107.250	70.050
Spanien	92.100	68.750
Belgien	87.520	53.000

Quelle: Michael Page Research and Information Division 1992

ABSCHNITT 5

NÜTZLICHE NAMEN UND ADRESSEN

Government Offices

- Head of State
  H.M. The Queen
  Buckingham Palace
  London
  SW1A 1AA
  Tel: 071 930 4832

- The Prime Minister
  The Rt Hon John Major
  10 Downing Street
  London SW1
  Tel: 071 270 3000

- Ministry of Agriculture, Fisheries & Food
  Whitehall Place
  London
  SW1A 2HH
  Tel: 071 270 3000
  Fax: 071 270 8125

- Ministry of Defence
  Main Building
  Whitehall
  London
  SW1A 2HB
  Tel: 071 218 9000

- Department of Education
  Sanctuary Buildings
  Great Smith Street
  Westminster
  London
  SW1P 3BT
  Tel: 071 925 5000
  Fax: 071 925 6000

- The Department of Employment
  Caxton House
  Tothill Street
  London
  SW1H 9NF
  Tel: 071 273 3000

- Department of the Environment
  2 Marsham Street
  London
  SW1P 3EB
  Tel: 071 276 3000

- Foreign and Commonwealth Office
  Downing Street
  London
  SW1A 2AL
  Tel: 071 270 3000

- Department of Health
  Richmond House
  79 Whitehall
  London
  SW1A 2NS
  Tel: 071 210 3000

- The Home Office
  50 Queen Anne's Gate
  London
  SW1H 9AT
  Tel: 071 273 3000
  Fax: 071 273 2190

- Central Office of Information
  Hercules Road
  London
  SE1 7DU
  Tel: 071 928 2345

- Overseas Development Agency
  94 Victoria Street
  London
  SW1E 5JL
  Tel: 071 917 70 00

- Public Record Office
  Ruskin Avenue
  Kew
  Richmond
  Surrey TW9 4DU
  Tel: 081 876 3444
  Fax: 081 878 8905

- Deparment of Social Security
  Richmond House
  79 Whithall
  London
  SW1A 2NS
  Tel: 081 210 3000

- Deparment of Trade and Industry
  123 Ashdown House
  Victoria Street
  London
  SW1E 6RB
  Tel: 071 215 5000

- Department of Transport
  2 Marsham Street
  London
  SW1P 3EB
  Tel: 071 276 3000
  Fax: 071 276 0818

- H.M. Treasury
  Parliament Street
  London
  SW1P 3AG
  Tel: 071 270 3000

- Northern Ireland Office
  Stormont Castle
  Belfast
  BT4 3ST
  Tel: 0232 763011

- The Scottish Office
  St. Andrews House
  Edinburgh
  EH1 3DG
  Tel: 031556 8400

- The Welsh Office
  Cathays Park
  Cardiff
  CF1 3NQ
  Tel: 0222 825111

Commission of the European Communities

- Jean Monnet House
  8 Storey's Gate
  London SW1P 3AT
  Tel: 071-973-1992
  Fax: 071-973-1900

- Windsor House
  9/15 Bedford Street
  Belfast BT2 7EG
  Tel: 0232-240708
  Fax: 0232-248241

- 4 Cathedral Road
  Cardiff CF1 9SG
  Tel: 0222 371631
  Fax: 0222 395489

– 9 Alva Street
Edinburgh EH2 4PH
Tel: 031 225 2058
Fax: 031 226 4105

The European Parliame

– 2 Queen Anne's Gate
London SW1H 9AA
Tel: 071-222-0411
Fax: 071-222-2713

Department of Trade and Industry

Head Office
– 1-19 Victoria Street
London SW1H OET
Tel: 071-215-5000
Fax: 071-222-2629

– NORTH-EAST
Stanegate House
2 Groat Market
Newcastle upon Tyne
NE1 1YN
Tel: 091-232-4722
Fax: 091-222-1496

– NORTH-WEST
(Manchester)
Sunley Tower
Piccadilly Plaza
Manchester M1 4BA
Tel: 061-838-5000
Fax: 061-838-5236

– NORTH-WEST
(Liverpool)
Graeme House
Derby Square
Liverpool L2 7UP
Tel: 051-224-6300
Fax: 051-236-1140

– YORKSHIRE AND HUMBERSIDE
25 Queen Street
Leeds LS1 2TW
Tel: 0532-443171
Fax: 0532-338301

– EAST MIDLANDS
Severns House
20 Middle Pavement
Nottingham NG1 7DW
Tel: 0602-506181
Fax: 0602-587074

– WEST MIDLANDS
77 Paradise Circus
Queensway
Birmingham B2 4DT
Tel: 021-212-5000
Fax: 021-212-1010

– EAST
Building A
Westbrook Centre
Milton Road
Cambrige CB4 1YG
Tel: 0223-461939
Fax: 0223-461941

– SOUTH-WEST
5TH Floor
The Pithay
Bristol BS1 2PB
Tel: 0272-272666
Fax: 0272-299494

– SOUTH-EAST
(London)
Bridge Place
88-89 Eccleston Square
London SW1V 1PT
Tel: 071-215-0572
Fax: 071-828-1105

– SOUTH-EAST
(Reading)
40 Caversham Road
Reading RG1 7EB
Tel: 0734-395600
Fax: 0734-502818

– SOUTH-EAST
(Reigate)
Douglas House
London Road
Reigate RH2 9QP
Tel: 0737-226900
Fax: 0737-223491

– SCOTLAND
The Scottish Office
Industry Department
Alhambra House
45 Waterloo Street
Glasgow G2 6AT
Tel: 041-248-4774
Fax: 041-242-5404

– WALES
The Welsh Office
Industry Department
Catheys Park
Cardiff CF1 3NQ
Tel: 0222-823185
Fax: 0222-823088

– NORTHERN IRELAND
Department of Economic
Development
Netherleigh
Massey Avenue
Belfast BT4 2JP
Tel: 0232-763244
Fax: 0232-761435

Chambers of Trade and Commerce

– Birmingham Chamber of Industry & Commerce
PO Box 360
75 Harborne Road
Birmingham
B15 3DH
Tel: 021-454-6171

– Cardiff Chamber of Commerce & Industry
101-108 The Exchange
Mount Stuart Square
Cardiff
CF1 6RD
Tel: 0222-481648

– Glasgow Chamber of Commerce & Manufactures
30 George Square
Glasgow
G2 1EQ
Tel: 041-204-2121

- Leeds Chamber of Commerce & Industry
  Commerce House
  2 St Albans Place
  Wade Lane
  Leeds LS2 8HZ
  Tel: 0532-430491

- London Chamber of Commerce & Industry
  69 Cannon Street
  London
  EC4N 5AB
  Tel: 071 248 4444

- Manchester Chamber of Commerce & Industry
  56 Oxford Street
  Manchester
  M60 7HJ
  Tel: 061-236-3210

- Liverpool Chamber of Commerce & Industry
  Number One Hall Street
  Liverpool
  Tel: 051-227-1234

- Norwich & Norfolk Chamber of Commerce & Industry
  112 Barrack Street
  Norwich
  NR3 1UB
  Tel: 0603-625977

- Northern Irland Chamber of Commerce & Industry
  Chamber of Commerce House
  22 Great Victoria Street
  Belfast
  BT2 7BJ
  Tel: 0232-244113

- Nottinghamshire Chamber of Commerce & Industry
  395 Mansfield Road
  Nottingham
  NG5 2DL
  Tel: 0602-624624

- Thames Chiltern Chamber of Commerce & Industry
  Commerce House
  2-6 Bath Road
  Slough
  Berkshire
  SL1 3SB
  Tel: 0753-577877

Overseas Trade Specialist Help

- Export Market Information Centre
  Ashdown House
  123 Victoria Street
  London SW1E 6RB
  Tel: 071-215-5444/5
  Fax: 071-215-4231

- DTI Export Publications
  PO Box 55
  Stratford-upon-Avon
  Warwickshire CV37 9GE
  Tel: 0789-296212

- Export Marketing Research Scheme
  The Association of British Chambers of Commerce
  4 Westwood House
  Westwood Business Park
  Coventry CV4 8HS
  Tel: 0203-694484

– Overseas Promotions Support
Dean Bradley House
Horseferry Road
London SW1P 2AG
Tel: 071-276-2414

– Export Intelligence
Prelink Ltd
Export House
Wembley Hill Road
Wembley
Middlesex HA9 8BU
Tel: 081-900-1313
Fax: 081-900-1268

Consultants (General)

– Client Enquiry Service
Institute of Management Consulants
5th Floor
32-33 Hatton Garden
London EC1N 8DL
Tel: 071-242-2140
Fax: 071-831-4597

– Management Consultancies
Association
11 West Halkin Street
London SW1X 8JL
Tel: 071-235-3897
Fax: 071-235-0825

– Chartered Institute of Marketing
Moor Hall
Cookham
Maidenhead
Berkshire SL6 9QH
Tel: 0628-524922
Fax: 0628-531382

– Chartered Institute of Marketing
3 Quayside Street
Edinburgh
EH6 6EJ
Tel: 031-553-1270
Fax: 031-554-6524

– British Consultants Bureau
1 Westminster Palace Gardens
1-7 Artillery Row
London SW1P 1RJ
Tel: 071-222-3651
Fax: 071-222-3664

Law Societies

– Euro-link for Lawyers
Greatminster House
Lister Hill
Horsforth
Leeds LS18 5DL
Tel: 0532-581638
Fax: 0532-581290

– The Law Society of England and Wales
Law Society's Information Office
50 Chancery Lane
London WC2A 1SX
Tel: 071-320-5673

– The Law Society of Northern Ireland
Law Society House
98 Victoria Street
Belfast BT1 3JZ
Tel: 0232-231614
Fax: 0232-232606

– The Law Society of Scotland
The Law Scotiey's Hall
26 Drumsheugh Gardens
Edinburgh EH3 7YR
Tel: 031-226-7411 Ext 253
Fax: 031-225-2934

– The Bar Council
11 South Square
Gray's Inn
London WC1R 5EL
Tel: 071-242-0082
Fax: 071-831-9217

Professional Organisations

– Association of Consultant Architects
Buchanans Wharf
Redcliff Backs
Bristol BS1 6HT
Tel: 0272-293379
Fax: 0483-426611

– Association of Corporate Tresurers
12 Devereux Court
London WC2R 3JJ
Tel: 071-936-2354
Fax: 071-936-4685

– British Computer Society
13 Mansfield Street
London W1M OBP
Tel: 071-637-0471 Ext 226
Fax: 071-631-1049

– British Institute of Architectural Technicians
397 City Road
London EC1V 1NE
Tel: 071-278-2206
Fax: 071-837-3194

– British Medical Association
BMA House
Tavistock Square
London WC1H 9JP
Tel: 071-383-6228
Fax: 071-383-6233

– British Institute of Management
Management Information Centre
Management House
Cottingham Road
Corby
Northants NN17 1TT
Tel: 0536-204222
Fax: 0536-201651

– British Production and Inventory Control Society
University of Warwick Science Park
Sir William Lyons Road
Coventry CV4 7EZ
Tel: 0203-692266
Fax: 0203-692305

– Chartered Association of Certified Accountants
29 Lincoln's Inn Fields
London WC2A 3EE
Tel: 071-242-6855 Ext 205
Fax: 071-831-8054

- Chartered Institute of Management Accountants
  63 Portland Place
  London W1N 4AB
  Tel: 071-637-2311
  Fax: 071-631-5309

- Chartered Institute of Building
  Englemere
  Kings Ride
  Ascot
  Berkshire SL5 8BJ
  Tel: 0344-23355
  Fax: 0344-23467

- Chartered Society of Physiotherapy
  14 Bedford Row
  London WC1R 4ED
  Tel: 071-242-1941
  Fax: 071-831-4509

- Corporation of Insurance and Financial Advisors
  6-7 Leapale Road
  Guildford
  Surrey GU1 4JX
  Tel: 0483-39121
  Fax: 0483-301847

- Engineering Council
  10 Maltravers Street
  London WC2R 3ER
  Tel: 071-240-7891
  Fax: 071-240-7517

- Council for Professions Supplementary to Medicine
  Park House
  184 Kennington Park Road
  London SE11 4BU
  Tel: 071-582-0866
  Fax: 071-820-9684

- Incorporated Association of Architects and Surveyors
  Jubilee House
  Billing Brook Road
  Weston Favell
  Northampton NN3 4NW
  Tel: 0604-404121
  Fax: 0604-7842200

- Institute of Chartered Accountants in England and Wales
  PO Box 433
  Chartered Accountants' Hall
  London EC2P 2BJ
  Tel: 071-628-7060 Ext 580
  Fax: 071-920-0547

- Institute of Purchasing and Supply
  Easton House
  Easton on the Hill
  Stamford
  Lincs PE9 3NZ
  Tel: 0780-56777
  Fax: 0780-51610

- Institute of Insurance Brokers
  Higham Business Centre
  Midland Road
  Higham Ferrers
  Northants NN9 8DW
  Tel: 0933-410003
  Fax: 0933-410020

- Institution of Chemical Engineers
  Davis Building
  165-171 Railway Terrace
  Rugby CV21 3HQ
  Tel: 07885-78214
  Fax: 07885-60833

- Institute of Civil Engineers
  Great George Street
  Westminster
  London SW1P 3AA
  Tel: 071-222-7722
  Fax: 071-222-7500

- Institution of Manufacturing Engineers
  Rochester House
  66 Little Ealing Lane
  London W5 4XX
  Tel: 081-579-9411
  Fax: 081-579-2244

- Institution of Electrical Engineers
  Savoy Place
  London WC2A OBL
  Tel: 071-240-1871
  Fax: 071-379-7707

- Institution of Plant Engineers
  77 Great Peter Street
  London SW1P 2EZ
  Tel: 071-233-2855
  Fax: 071-233-2604

- London Stock Exchange
  London EC2N 1HP
  Tel: 071-588-2355
  Fax: 071-256-8972

- Royal Institute of British Architects
  66 Portland Place
  London W1N 4AD
  Tel: 071-580-5533
  Fax: 071-255-1541

- Institute of Credit Management
  The Water Mill
  Station Road
  South Luffenham
  Oakham
  Leics LE15 8NB
  Tel: 0780-721888
  Fax: 0780-721333

- Royal College of Nursing
  20 Cavendish Square
  London W1M OAB
  Tel: 071-409-3333 Ext 281
  Fax: 071-355-1379

- Royal Institution of Chartered Surveyors
  12 Great George Street
  London SW1P 3AD
  Tel: 071-222-7000 Ext 216
  Fax: 071-222-9430

- Royal Town Planning Institute
  26 Portland Place
  London W1N 4BE
  Tel: 071-636-9107
  Fax: 071-323-1582

- Society of Investment Analysts
  211-213 High Street
  Bromley
  Kent BR1 1NY
  Tel: 081-464-0811
  Fax: 081-313-0587

Universities, Business Schools and Libraries

European Documentation Centres

- Cambridge University Library
  Official Publications Department
  West Road
  Cambrige CB3 9DR
  Tel: 0223-333138
  Fax: 0223-333160

- University of Essex
  Albert Sloman Liberary
  PO Box 24
  Wivenhoe Park
  Colchester CO4 3UA
  Tel: 0206-873181

- University of East Englia
  Library
  University Plain
  Norwich NR4 7TJ
  Tel: 0603-56161 Ext 2412
  Fax: 0603-58553

- University of London
  Wye College Library
  Ashford TN25 5AH
  Tel: 0233-812401 Ext 497
  Fax: 0233-813320

- University of Sussex
  Library
  Falmer
  Brighton BN1 9QL
  Tel: 0273-678159
  Fax: 0273-678335

- University of Kent
  Library Building
  Canterbury CT2 7NU
  Tel: 0227-764000 Ext 3111
  Fax: 0227-459025

- University of Surrey
  George Edwards Library
  Guildford GU2 5XH
  Tel: 0483-509233
  Fax: 0483-300803

- University of Reading
  Library
  Whiteknights
  PO Box 223
  Reading RG6 2AE
  Tel: 0734-318782
  Fax: 0734-312335

- University of Southampton
  Hartley Library
  Southampton SO9 5NH
  Tel: 0703-595000 Ext 3451
  Fax: 0703-593939

- University of Kent at Canterbury
  Canterbury
  Kent CT2 7NZ
  Tel: 0227-764000
  Fax: 0227-459025

- University of Bath
  Claverton Down
  Bath BA2 7AY
  Tel: 0225-826826 Ext 5594

- University of Bristol
  Wills Memorial Library
  Queen's Road
  Bristol BS8 1RL
  Tel: 0272-303370

- University of Exeter
  Law Library
  Amory Building
  Rennes Drive
  Exeter EH8 9YL
  Tel: 03 92 26 33 56

- Keele University
  Keele
  Staffordshire ST5 5BG
  Tel: 07 82 58 33 70
  Fax: 07 82 71 31 27

- University of Birmingham
  Main Library
  Birmingham B15 2TT
  Tel: 0 21 4 14 58 23
  Fax: 0 21 4 71 46 91

- University of Warwick
  Library
  Coventry CV4 7AL
  Tel: 02 03 52 35 23 Ext 20 41

- Loughborough University of Technology
  Ashby Road
  Loughborough LE11 3TF
  Tel: 05 09 22 29 46
  Fax: 05 09 23 19 83

- Leicester University
  The Library
  University Road
  Leicester LE1 9QD
  Tel: 05 33 52 20 44

- University of Nottingham
  Hallward Library
  Nottingham NG7 2RD
  Tel: 06 02 48 48 48 Ext 37 41/34 28

- Lancaster University
  University Library
  Lancaster LA1 4YH
  Tel: 05 24 6 52 01 Ext 25 39
  Fax: 05 24 6 38 06

- University of Manchester
  John Rylands Library
  Oxford Road
  Manchester M13 9PP
  Tel: 0 61 2 75 37 27/51
  Fax: 0 61 2 73 74 88

- University of Salford Library
  Salford M5 4WT
  Tel: 0 61 7 36 58 43 Ext 72 09
  Fax: 0 61 7 45 59 99

- Durham University Business School
  Small Business Centre
  Mill Hill Lane
  Durham DH 1 3LB
  Tel: 0 91 3 74 22 26
  Fax: 0 91 3 74 37 48

- University College of Wales
  Industrial Liaison Office
  Penglais
  Aberystwyth SY 3DA
  Tel: 09 70 62 23 85
  Fax: 09 70 61 14 46

- University of Leeds
  European Office
  Room 12.52
  Physics and Administration Building
  Leeds LS2 9JT
  Tel: 05 32 33 40 80
  Fax: 05 32 33 41 23

- University of Sheffield
  Unit for Commercial Law Studies
  Faculty of Law
  Sheffield S10 2TN
  Tel: 07 42 76 85 55 Ext 67 59
  Fax: 07 42 72 13 19

- University of York
  Heslington
  York YO1 5DD
  Tel: 09 04 43 32 46
  Fax: 09 04 43 29 17

- University of Bradford
  J B Priestley Library
  Richmond Road
  Bradford BD7 1DP
  Tel: 02 74 38 34 02

- University of Hull
  Brynmor Jones Library
  Hull HU6 7RX
  Tel: 04 82 46 59 40
  Fax: 04 82 46 62 05

- University of Dundee
  Law Library
  Dundee DD1 4HN
  Tel: 03 82 2 31 81 Ext 41 00
  Fax: 03 82 20 16 04

- University of Edinburgh
  Europa Library
  Old College
  South Bridge
  Edinburgh EH8 9YL
  Tel: 0 31 6 50 20 41
  Fax: 0 31 6 67 79 38

- University of Glasgow
  University Library
  Hillhead Street
  Glasgow G12 8QE
  Tel: 0 41 3 39 88 55 Ext 67 44
  Fax: 0 41 3 57 50 43

- University of Aberdeen
  Queen Mother Library
  Meson Walk
  Aberdeen AB9 2UE
  Tel: 02 24 27 25 87
  Fax: 02 24 48 70 48

H M Customs and Excise

Regional Offices

- New Kings Beam House
  22 Upper Ground
  London SE1 9PJ
  Tel: 0 71 6 20 13 13
  (Head Office)

- Portcullis House
  27 Victoria Avenue
  Sothend-on-Sea
  SS2 6AL
  Tel: 07 02 34 89 44
  (Tariff and Statistical Office)

– Collectors' Offices
BELFAST
PO Box 21
Custom House
Belfast BT 1 3EU
Tel: 02 32 23 44 66

– BIRMINGHAM
Alpha Tower, Suffolk Street
Queensway
Birmingham B1 1TX
Tel: 0 21-6 31-35 55

– DOVER
Burlington House
Townwall Street
Dover
Kent CT16 1SY
Tel: 03 04 20 67 89

– EAST ANGLIA
Haven House
17 Lover Brook Street
Ipswich
Suffolk IP4 1DN
Tel: 04 73 23 23 88

– EAST MIDLANDS
Bowman House
100-102 Talbot Street
Nottingham NG1 5NF
Tel: 06 02 47 04 51

– EDINBURGH
44 York Place
Edinburgh EH1 3JW
Tel: 0 31 5 56 24 33

– GLASGOW
Portcullis House
21 India Street
Glasgow G2 4PZ
Tel: 0 41 2 21 38 28

– LEEDS
Royal Exchange House
Boar Lane
Leeds
LS1 5TP
Tel: 05 32 42 26 55

– LIVERPOOL
Custom House
Liverpool L3 1DX
Tel: 0 51 2 27 43 43

– LONDON AIRPORTS COLLECTION
Custom House
Heathrow Airport London
Hounslow TW6 2LA
Tel: 0 81 7 50 15 15

– LONDON CENTRAL
19-29 Woburn Place
London WC1H OJQ
Tel: 071 383 5160

– LONDON NORTH AND WEST
Wingate House
93-107 Shaftesbury Avenue
London W1V 7AE
Tel: 0 71 4 37 98 00

– LONDON PORT
Custom House
Lower Thames Street
London EC3R 6EE
Tel: 0 71 6 20 13 13

– LONDON SOUTH
19 Woburn Place
London WC1H OJQ
Tel: 0 71 3 83 51 60

– MANCHESTER
Custom House
Furness Quay
Salford M5 2XX
Tel: 0 61 8 72 42 82

– NORTHAMPTON
Princess House
Cliftonville Road
Northampton NN 1 5AD
Tel: 06 04 2 14 11

– NORTHERN ENGLAND
Customs House
39 Quayside
Newcastle Upon Tyne
NE1 3ES
Tel: 0 91 2 61 09 81

– READING
161-163 Friar Street
Reading RG1 1JR
Tel: 07 34 58 39 21

– SOUTHAMPTON
Custom House
Orchard Place
Southampton SO9 1ZD
Tel: 07 03 33 03 30

– SOUTH WALES AND THE BORDERS
Portcullis House
21 Cowbridge Road East
Cardiff CF1 9SS
Tel: 02 22 23 95 31

– SOUTH WEST ENGLAND
Froomsgate House
Rupert Street
Bristol BS1 2QP
Tel: 02 72 26 60 91

Export Credit Insurance

The Offices of the Export Credit Guarantee Department

– BELFAST
12th Floor
Windsor House
9-15 Bedford Street
Belfast BT2 7EG
Tel: 02 32 23 17 43
Fax: 02 32 24 48 80

– BIRMINGHAM
Colmore Centre
115 Colmore Row
Birmingham B3 3SB
Tel: 0 21 2 33 17 71
Fax: 0 21 2 36 36 48

– BRISTOL
3 Buckingham Court
Beaufort Office Park
Woodlands Lane
Almondsbury
Bristol BS12 4NF
Tel: 04 54 61 69 99
Fax: 04 54 61 70 16

– CAMBRIDGE
Three Crowns House
72-80 Hills Road
Cambridge CB2
Tel: 02 23 6 88 01
Fax: 02 23 63 94

– CITY OF LONDON
Export House
50 Ludgate Hill
London EC4M 7AY
Tel: 0 71 3 82 70 00
Fax: 0 71 3 82 79 20

– CROYDON
Sunley House
4 Bedford Park
Croydon
Surrey CR9 4HL
Tel: 0 81 6 80 50 30
Fax: 0 81 6 80 08 30

– GLASGOW
Berkeley House
285 Bath Street
Glasgow G2 4JL
Tel: 0 41 3 32 87 07
Fax: 0 41 3 32 30 74

– LEEDS
West Riding House
67 Albion Street
Leeds LS1 5AA
Tel: 05 32 45 06 31
Fax: 05 32 46 74 92

– MANCHESTER
Townbury House
Blackfriars Street
Manchester M3 5AL
Tel.: 0 61 8 34 81 81
Fax: 0 61 8 34 14 57

Development Area Corporations

– Cumbernauld Development Corporation
Corporation Offices
Cumbernauld House
Cumbernauld
Glasgow G67 3JH
Tel: 02 36 72 11 55
Fax: 02 36 73 95 28

– East Kilbride Development Corporation
Ahtoll House
East Kilbride
Glasgow G74 1LU
Tel: 0 35 52 4 11 11
Fax: 0 35 52 4 39 99

– Glenrothers Development Corporation
Unicorn House
Falkland Place
Glenrothes
Fife KY7 5PD
Tel: 05 92 75 43 43

– Irvine Development Corporation
Perceton House
Irvine
Ayrshire KA11 2AL
Tel: 02 94 21 41 00
Fax: 02 94 21 14 67

- Livingston Development Corporation
  Livingston
  West Lothian
  EH54 6QA
  Tel: 05 06 41 41 77
  Fax: 05 06 3 30 18

Recruitment Advice and Assistance from Michael Page Group

- LONDON
  Page House
  39-41 Parker Street
  London WC2B 5LH
  Tel: 0 71 8 21 20 00

- BRISTOL
  29 St. Augustine's Parade
  Bristol BS1 4UL
  Tel: 02 72 27 65 09

- BIRMINGHAM (Sales & Marketing)
  Bennetts Court
  6 Bennetts Hill
  Birmingham B2 5ST
  Tel: 0 21 6 43 62 55

- The Citadel (Finance)
  190 Corporation Street
  Birmingham B4 6QD
  Tel: 0 21 6 25 33 80

- LEATHERHEAD
  Cygnet House
  45-47 High Street
  Leatherhead Surrey
  KT22 8AG
  Tel: 03 72 37 56 61

- ST ALBANS
  Centurion House
  136-142 London Road
  St Albans Herts AL1 1SA
  Tel: 07 27 86 58 13

- LEEDS (Finance)
  Leigh House
  28-32 St. Paul's Street
  Leeds LS1 2PX
  Tel: 05 32 45 02 12

- Aquis House (Sales & Marketing)
  6th Floor
  Greek Street
  Leeds LS1 5RU
  Tel: 05 32 42 35 30

- NOTTINGHAM
  The Imperial Buildings
  20 Victoria Street
  Nottingham
  NG1 2EX
  Tel: 06 02 48 34 80

- GLASGOW
  150 West George Street
  Glasgow
  G2 2HG
  Tel: 0 41 3 31 25 97

- WINDSOR
  Windsor Bridge House
  1 Brocas Street
  Eton Berks SL4 6BW
  Tel: 07 53 85 61 51

- MANCHESTER
  Clarendon House
  81 Mosley Street
  Manchester M2 2LQ
  Tel: 0 61 2 28 03 96

Michael Page International

- AUSTRALIEN
  Level 19
  1 York Street
  Sydney NSW 2000
  Tel: 00 6 12 2 35 14 88

- Level 18
  600 Bourke Street
  Melbourne
  Victoria 3000
  Tel: 00 6 13 6 00 16 13

- NIEDERLANDE
  Byzantium
  Stadhouderskade 14b
  1054 ES Amsterdam
  Tel: 00 31 20 6 12 91 01

- Begijnenhof 35
  5611 EK Eindhoven
  Tel: 00 31 40 43 37 35

- BELGIEN
  Avenue Moliere 262
  1060 Brüssel
  Tel: 00 3 22 3 47 02 10

- FRANKREICH
  LBW + MPI Accounts
  (not Recruitment)
  10 rue Jean Goujon
  75008 Paris
  Tel: 00 3 31 42 89 30 03

- 30 Bis rue Spontini
  (Banking + Finance)
  Recruitment
  75016 Paris
  Tel: 00 3 31 45 53 26 26

- DEUTSCHLAND
  Steinstrasse 13
  Eingang Brunnenhof
  4000 Düsseldorf
  Tel: 2 1 13 2 44 55

The Department of Employment Main Offices of the Employment Service

- EAST MIDLANDS & EASTERN
  Newton House
  Maid Marian Way
  Nottingham NG1 6GG
  Tel: 06 02 48 33 08

- WALES
  Companies House
  Crown Way
  Maindy
  Cardiff CF4 3UU
  Tel: 02 22 38 85 88

- WEST MIDLANDS
  2 Duchess Place
  Hagley Road
  Birmingham B16 8NS
  Tel: 0 21 4 56 25 48

- YORKSHIRE & HUMBERSIDE
  Jubilee House
  33-41 Park Place
  Leeds LS1 2RJ
  Tel: 05 32 44 62 99

- SOUTH WEST
  The Pithay
  Bristol BS1 2NQ
  Tel: 02 72 27 37 10

- SCOTLAND
  9 St Andrew Square
  Edinburgh EH2 2QX
  Tel: 0 31 2 25 85 00

- NORTHERN
  Broadacre House
  Market Street
  Newcastle Upon Tyne NE1 6HH
  Tel: 0 91 2 36 61 81

- LONDON & SOUTH EAST
  236 Grays Inn Road
  London WC1X 8HL
  Tel: 0 71 2 78 03 63

- NORTH WEST
  Ontario House
  2 Furness Quay
  Salford
  Manchester M5 2XZ
  Tel: 0 61 8 73 10 00

Bevölkerung Großbritannien

Alter, Personen in Tausend	1985	1986	1987	1988	1989	1990
0 – 4	3610	3634	3671	3747	3808	3840
5 – 14	7286	7151	7044	7013	7017	7074
15 – 19	4540	4481	4372	4250	4079	3921
20 – 24	4747	4796	4791	4728	4651	4559
25 – 34	7873	8032	8204	8387	8590	8801
35 – 44	7568	7727	7812	7852	7871	7886
45 – 59	9291	9222	9206	9264	9358	9436
60 – 74	8086	8064	8031	7971	7931	7903
75 +	3617	3690	3762	3852	3933	3976
Total	56618	56798	56891	57065	57236	57395

Alter, Personen in Tausend	1991	1992	1993	1994	1995	1996
0 – 4	3878	3918	3940	3976	4004	4019
5 – 14	7157	7272	7398	7459	7499	7556
15 – 19	3723	3544	3425	3414	3454	3517
20 – 24	4500	4400	4280	4114	3951	3752
25 – 34	8954	9078	9151	9195	9188	9155
35 – 44	7911	7752	7698	7721	7797	7932
45 – 59	9531	9834	10079	10272	10422	10541
60 – 74	7904	7926	7964	7981	7853	7764
75 +	4003	4000	3958	3933	4071	4178
Total	57561	57723	57892	58065	58240	58413

Quelle: Government Actuary

Bevölkerungsentwicklung in %

Alter, Veränderung in %	1985*	1986	1987	1988	1989	1990
0–4	-0.3	0.7	1.0	2.1	1.6	0.8
5–14	-1.8	-1.9	-1.5	-0.4	0.1	0.8
15–19	-2.4	-1.3	-2.4	-2.8	-4.0	-3.9
20–24	2.2	1.0	-0.1	-1.3	-1.6	-2.0
25–34	0.8	2.0	2.1	2.2	2.4	2.5
35–44	1.7	2.1	1.1	0.5	0.2	0.2
45–59	-0.5	-0.7	-0.2	0.6	1.0	0.8
60–74	-0.4	-0.3	-0.4	-0.7	-0.5	-0.4
75+	2.1	2.0	2.0	-2.4	2.1	1.1
Total	0.0	0.3	0.2	0.3	0.3	0.3

* 1985 figure derived from 1983-based projections

Alter, Veränderung in %	1991	1992	1993	1994	1995	1996
0–4	1.0	1.0	0.6	0.9	0.7	0.4
5–14	1.2	1.6	1.7	0.8	0.5	0.8
15–19	-5.0	-4.8	-3.6	-0.3	1.2	1.8
20–24	-1.3	-2.2	-2.7	-3.9	-4.0	-5.0
25–34	1.7	1.4	0.8	0.5	0.0	-0.4
35–44	0.3	-2.0	-0.7	0.3	1.0	1.7
45–59	1.0	3.2	2.5	1.9	1.5	1.1
60–74	0.0	0.3	0.5	0.2	-1.6	-1.1
75+	0.7	-0.1	-1.1	-0.6	3.5	2.6
Total	0.3	0.3	0.3	0.3	0.3	0.3

Quelle: Henley Centre analysis of Government Actuary data.